国家级铁路劳动安全培训教材

人力资源和社会保障部教材办公室 组织编写

铁路职业劳动安全

Railway Occupational Labor Safety

（第二版）

· 赵彦星 著

中国劳动社会保障出版社

图书在版编目（CIP）数据

铁路职业劳动安全/赵彦星著. -- 2版. -- 北京：中国劳动社会保障出版社，2020

ISBN 978-7-5167-4258-7

Ⅰ.①铁…　Ⅱ.①赵…　Ⅲ.①铁路运输-交通运输安全　Ⅳ.①U298

中国版本图书馆CIP数据核字（2020）第063708号

中国劳动社会保障出版社出版发行

（北京市惠新东街1号　邮政编码：100029）

*

北京市艺辉印刷有限公司印刷装订　新华书店经销

787毫米×1092毫米　16开本　24.5印张　400千字

2020年5月第2版　2022年5月第6次印刷

定价：68.00元

读者服务部电话：（010）64929211/84209101/64921644

营销中心电话：（010）64962347

出版社网址：http://www.class.com.cn

内容简介

本书应用风险控制技术，对铁路建设、勘察、设计、施工、运营、维护和应急救援等生产活动中的劳动安全和职业健康风险进行了全面辨识和评估，并结合国家相关法律法规和铁路行业规章制度，制定了风险控制措施和应急处置预案，内容包括通用、消防设备、危险化学品、电焊与气割（焊）、特种设备、车务、货物装卸、车站客运、旅客列车、机务运用、机务检修、工务、大型养路机械、信号、通信、接触网、电力、变配电所、车辆运用、事故救援、房建、给排水、暖通、道路交通、食堂等劳动安全知识。

本书分为基础知识、风险管控、应急避险和现场急救四篇内容，其中：第一篇为基础知识，主要介绍铁路职业劳动安全卫生术语和相关法律法规；第二篇为风险管控，主要介绍各种任务特点、存在风险、现场案例以及预控措施；第三篇为应急避险，主要介绍突发事件和自然灾害形成规律、突发迹象以及危险时刻应急避险措施；第四篇为现场急救，主要介绍劳动者受到意外事故伤害、职业危害或急症，在获得专业医疗救助之前，非医务人员或劳动者自身应采取的急救措施。

本书将数字处理、云服务和网络信息化技术融入纸质出版物，通过智慧教育平台实现手机端特定任务和规章快速查询等功能。封底增加智慧教育平台的二维码，可免费下载、注册和使用。书末附件收录了铁路列车车型缩写字母对照表、智慧教育平台功能简介，以及本书相关法律法规和标准目录。

本书适用于铁路、地铁等相关企业从业人员岗前和在岗劳动安全培训，可作为铁路设计、科研、施工、运营、维护以及铁路营业线设备安装、调试、服务等人员的劳动安全培训教材，也可作为相关培训机构和大中专院校的安全培训教学用书。

再版说明

《铁路职业劳动安全》（ISBN：978-7-5167-3283-0）自出版以来，对铁路安全教育和劳动安全起到了一定作用，受到了铁路施工、运营、维护、科研、设计等单位以及铁路院校和专业培训机构的广泛重视，得到了铁路安全监管和安全管理人员的一致肯定，取得了铁路从业人员普遍认可，需求持续增加。该教材 2019 年被人力资源和社会保障部评审为国家级职业培训教材（人社厅函〔2019〕52 号）和国家职业技能提升行动推荐教材（通用职业素质培训），文件要求各省、自治区、直辖市及新疆生产建设兵团人力资源社会保障厅（局）做好推荐和指导使用工作。

为进一步满足铁路行业安全发展需求，根据国家法律法规和国家铁路局有关规范标准最新变动情况，结合专家指导意见和使用单位反馈建议，对《铁路职业劳动安全》进行改版。《铁路职业劳动安全（第二版）》分为基础知识、风险管控、应急避险和现场急救四篇内容，每篇首页增加了导言，并在封底增加智慧教育平台二维码，提供任务和规章快速查询等信息化功能。其中，第一篇为基础知识，新增了铁路职业劳动安全卫生术语和相关法律法规；第二篇为风险管控，在第一版的基础上增加了部分作业任务，新增和更新了相关法律法规依据、部分案例，修订了部分预控措施；第三篇为应急避险，新增了突发事件和自然灾害形成规律、突发迹象以及危险时刻应急避险措施；第四篇为现场急救，新增了劳动者受到意外事故伤害、职业危害或急症，在获得专业医疗救助之前，非医务人员或劳动者自身应采取的急救措施。

《铁路职业劳动安全（第二版）》搭载智慧教育云服务平台，把传统纸质读物与网络信息数据、传统安全培训与智慧科技体验、传统出版社与现代科技企业有机融合，运用人工智能、云服务和网络信息化技术，通过数据静态激活、动态应用，实现了术语、法律法规、生产任务、安全规章的手机端快速查询等功能，并与智慧题库丛书配套使用。这样的设计，改变了传统安全培训形式，开启了铁路劳动安全“智慧教育”新模式，实现了传统纸媒向现代“纸媒+智慧记忆”方式的转变，创新学习方式、激发学习潜能，实现了从以教育者为中心向以受教育者为中心的智能化知识传播方式转型。

在此，对本书再版提出了宝贵建议和审核意见的国家铁路局韩晓根、北京铁路公安局林树春、中国铁路北京局集团有限公司陆传贵、中国铁路南昌局集团有限公司陈小燕、中国铁路济南局集团有限公司廉兴奎、中国铁路上海局集团有限公司楼湖广、中国铁路郑州局集团有限公司张小伟、中国铁路太原局集团有限公司明建闻、中国铁道科学研究院集团有限公司徐上、朔黄铁路发展有限责任公司丁茂廷、河北同发铁路公司董素琴、中国人民解放军联勤保障部队第九八〇医院赵肖、山西省中西医结合医院王淑琴、河北雄安交控科技有限公司曹俊华等同志，表示感谢！

同时，在本书校稿、信息系统数据核对中，得到了吴海平、段翠霞、周文领、孙静、高胜利、龚慧、赵敬、王帅、尹园园、边云霞、秦素芳、成晨、张卉、娄云贵等同志的帮助；另外，米元、秦婉婉、师兰兰、周明薇、杨海丽、刘丽莉、寇京等同志志愿扮演伤者或施救者为本书配图，在此一并表示感谢。

著作者

2020 年 1 月 6 日

前 言

伴随着铁路高速、重载技术的迅猛发展，铁路运输对安全的需求越来越高，铁路从业人员自身面临的风险也越来越大。为规避风险，远离违章，提升铁路劳动安全风险管控水平，推进铁路安全文化建设，创新生产文明长效机制，本书践行“安全第一、预防为主、综合治理”的安全生产方针，以全面覆盖、全员参与为视角，采用现代风险管理理念，辨识了铁路行业涉及的劳动安全风险，并有针对性地选编了事故案例，制定了风险预控措施。

“愚者以流血汲取教训，智者以教训制止流血”。本书尽最大努力挖掘前人用鲜血和生命换来的、留给后人的特殊“财富”，用朴实的语言、严谨的描述方法，将事故改编成故事，通过情景再现，用一件件惨痛的事故教训，一个个鲜活生命离去的惨状，一幕幕刻骨铭心的往事，警示人们“违章作业痛快一时，酿成事故痛苦一生”。本书案例来自应急管理部、公安部、原铁道部、中国铁路和相关铁路局、站段、地方铁路、合资铁路、工程建设等单位的事故通报，以及相关事故案例书籍、视频、教材、互联网等，个别带有五岳地名案例为作者依据可能发生的风险自编。案例中涉及的当事人均采用了化名，不针对任何单位和个人，不作为事故调查和追责依据。

尊重生命，敬畏规章，发展决不能以牺牲安全为代价。本书将法律法规、国家标准、行业规范以及相关规章条文拆分成条款，在充分理解条文原意的基础上，反复斟酌，有机融合，并将法规用词细化为可读性语言，应用于铁路生产过程风险控制，增加了法规的实用性、适用性和可操作性，便于铁路从业人员理解、记忆、掌握和自觉执行。

本书创作中参考了中国铁路、朔黄铁路公司有关规章，得到了贾晋中、赵振海、李文红、曹广河、张剑、李长生、陈海滨、李永青、刘志斌等领导给予的关心、帮助和支持，在此一并表示感谢。

同时，感谢吴宏儒、赵洪涛、张福田、丁源、王巍、刘寿山、柴书明、王风、林树春、尹成斐、于国旺、张朝辉、徐新利、刘志刚、陆生、陈会波、李洪人、李保龙、吴伟中、贺相林、祝启峰、贾培志、陈博、张永青、谢跃辉、李永胜、张力、高胜利、梁志高、王志军、徐克勤、王玉麟、那书金、杨东法、王文帅、齐媛媛、李志云、王修文、龚慧、张利、崔志超、刘义安、高婷、秦素芳、文志强、段翠霞、贾文、张彦军等同志在本书创作过程中给予本人的帮助。

最后，感谢中国铁路南昌局集团有限公司安监室陈小燕对本书进行校审。

著作者

2017 年 12 月

Contents

目 录

第一篇 基础知识

第三篇 应急避险

第四篇　现场急救

第一篇
基础知识

【导言】

本篇基础知识用于学习铁路职业劳动安全卫生相关术语，掌握劳动安全卫生基础知识，了解安全生产相关法律法规，熟知企业安全生产主体责任和从业人员权利与义务，提高劳动者安全与健康意识，增强劳动安全卫生风险管控理论水平。

第一章

相关术语

第一节　劳动安全卫生相关术语

一、职业安全

以防止职工在职业活动过程中发生各种伤亡事故为目的的工作领域及在法律、技术、设备、组织制度和教育等方面所采取的相应措施。

二、职业卫生

以职工的健康在职业活动过程中免受有害因素侵害为目的的工作领域及在法律、技术、设备、组织制度和教育等方面所采取的相应措施。

三、职业安全卫生

以保障职工在职业活动过程中的安全与健康为目的的工作领域及在法律、技术、设备、组织制度和教育等方面所采取的相应措施。

四、防护措施

为避免职工在作业时身体的某部位误入危险区域或接触有害物质而采取的隔离、屏蔽、安全距离、个人防护、通风等措施或手段。

五、安全卫生防护措施基本要求

能预防生产过程中产生的危险和有害因素；能处置危险和有害物，并将其降低到国家规定的限值内；能从作业区排除危险和有害因素；能预防生产装置失灵或操作失误时产生的危险和有害因素；发生生产安全事故时，能为遇险人员提供自救条件。

六、职业禁忌证

不宜从事某种作业的疾病或解剖、生理等状态。因在该状态下接触某些职业性危害因素时导致以下情况：原有疾病病情加重、诱发潜在的疾病、对某种职业性危害因素易感、影响子代健康。

七、个人防护用品

为使职工在职业活动过程中免遭或减轻事故和职业危害因素的伤害而提供的个人穿戴用品。

八、个体防护装备

从业人员为防御物理、化学、生物等外界因素伤害，所穿戴、配备和使用的各种防护用品的总称。在生产作业场所穿戴、配备和使用的个人防护用品，也称个体防护装备。

个体防护装备按防护部位分为头部、呼吸器官、眼（面部）、听觉器官、手部、足部、躯干、皮肤、防坠落及其他防护用品。

个体防护装备按防护功能分为普通、防尘、防水、防寒、防冲击、防毒、阻燃、防静电、防高温、防电磁辐射、防射线、防酸碱、防油、防坠落、水上救生、防烫、防昆虫、给氧、防风沙、防强光、防噪声、防振、防切割、防滑、防穿刺绝缘以及其他。

九、物体打击

物体在重力或其他外力的作用下产生运动中打击人体造成的人身伤亡事故，不包括因机械设备、车辆、起重机械、坍塌等引发的物体打击。

十、车辆伤害

机动车辆在行驶中引起的人体坠落和物体倒塌、下落、挤压、撞车或倾覆等造成的人身伤亡事故，不包括起重设备提升、牵引车辆和车辆停驶时发生的事故。

十一、机械伤害

机械设备运动（静止）部件、工具、加工件直接与人体接触引起的夹击、碰撞、剪切、卷入、绞、碾、割、刺入等伤害。

十二、起重伤害

起重作业（包括起重机安装、检修、试验）中发生的挤压、坠落（吊具、吊重）、折臂、倾翻、倒塌等引起的对人的伤害。

十三、触电

电流流经人体或带电体与人体间发生放电而造成的人身伤害。

十四、淹溺

人落水之后，因呼吸道被阻塞导致的急性缺氧窒息而造成的伤亡事故。

十五、灼烫

由于火焰烧伤、高温物体烫伤、化学灼伤（酸、碱及酸碱性物质引起的体内外灼伤）、物理灼伤（光、放射性物质引起的体内外灼伤）而引起的人身伤亡事故。

十六、火灾

在时间或空间上失去控制的燃烧所造成的灾害。

十七、高处坠落

在高处作业中发生坠落造成的伤亡事故，不包括触电坠落事故。高处作业指距坠落高度基准面 2 m 以上有可能坠落的高度进行的作业。

十八、坍塌

物体在外力或重力作用下，超过自身强度极限或因结构稳定性遭破坏而造成的陷落和倒塌事故，如挖沟时的土石塌方、脚手架坍塌、堆置物倒塌等。

十九、锅炉爆炸

锅炉受压部件或集汽箱等在承压状态下瞬时破裂，导致锅炉内储存的大量热能全部释放的爆炸事故。

二十、容器爆炸

容器的物理性爆炸、化学性爆炸和容器破裂后的二次空间爆炸。

二十一、中毒

有毒物质进入体内引起某些生理功能或组织器官受到急性健康损害的事故。

二十二、窒息

机体由于急性缺氧发生晕倒甚至死亡的事故。窒息分为内窒息和外窒息，吸入窒息性气体可导致内窒息，生产环境中严重缺氧可导致外窒息。

二十三、应急预案

针对可能发生的事故，为迅速、有序地开展应急行动而预先制定的行动方案。

二十四、应急准备

针对可能发生的事故，为迅速、有序地开展应急行动而预先进行的组织准备和应急保障。

二十五、应急响应

事故发生后，有关组织或人员采取的应急行动。

二十六、应急救援

在应急响应过程中，为消除、减少事故危害，防止事故扩大或恶化，最大限度地降低事故造成的损失或危害而采取的救援措施或行动。

第二节　安全生产过程相关术语

一、安全生产

通过人—机—环的和谐运作，使社会生产活动中危及劳动者生命和健康的各种事故风险和伤害因素始终处于有效控制的状态。

二、本质安全

通过设计等手段使生产设备或生产系统本身具有安全性，即使在误操作或发生故障的情况下也不会造成事故。

三、生产过程

劳动者在生产领域从事生产活动的全过程。

四、生产经营单位

在中华人民共和国领域内从事生产、经营、建设活动的企业、个体经济组织及其他单位。

五、生产经营单位主要负责人

有限责任公司、股份有限公司的董事长、总经理，其他生产经营单位的厂长、经理、矿长，以及对生产经营活动有决策权的实际控制人。

六、安全生产标准化

生产经营单位通过落实安全生产主体责任、全员全过程参与、建立并保持安全生产管理体系，全面管控生产经营活动各环节的安全生产与职业卫生工作，实现安全健康管理系统化、岗位操作行为规范化、设备设施本质安全化、作业环境器具定置化，并持续改进。

七、安全设备

在生产经营过程中专门用于防范、控制、减少危险因素及其危害后果的技术措施，既包括在生产经营场所单独设置的报警、通风、防静电、防泄漏等设备，也包括附属于生产经营设施、设备、器材的相关装置。

八、相关方

工作场所内外与企业安全生产绩效有关或受其影响的个人或单位，如承包商、供应商等。

九、承包商

在企业工作场所，按双方协定的要求向企业提供服务的个人或单位。

十、营业线施工

影响营业线设备稳定、使用和行车安全的各种施工作业。

十一、邻近营业线施工

在营业线两侧一定范围内，新建铁路工程、既有线改造工程及地方工程等，影响或可能影响铁路营业线设备稳定、使用和行车安全的施工作业。

十二、临边作业

在工作面边沿无围护或围护设施高度低于 0.8 m 的高处作业。

十三、悬空作业

在周边无任何防护设施或防护设施不能满足防护要求的临空状态下进行的高处作业。

十四、有限空间

封闭或部分封闭，与外界相对隔离，进出口受到限制，自然通风不良，有毒有害、易燃易爆物质容易聚集或者氧含量不足的空间。

十五、动火作业

在禁火区进行焊接、切割作业，及在易燃、易爆场所使用喷灯、电钻、砂轮等进行可能产生火焰、火花和炽热表面的临时性作业。

十六、安全生产费用

企业按照规定标准提取，在成本中列支，专门用于完善和改进企业或项目安全生产条件的资金，简称安全费用。安全费用按照“企业提取、政府监管、确保需要、规范使用”的原则进行管理。

第三节　劳动安全事故相关术语

一、安全

人没有受到威胁、危险、危害、损失。

二、劳动安全

生产经营单位通过依法合规建立健全劳动安全卫生制度，采取劳动生产安全组织和技术措施，严格执行国家劳动安全卫生规程和标准，对劳动者进行劳动安全卫生教育，防止劳动过程中发生伤亡事故和减少职业危害的总称。

三、职业危害

在生产劳动过程中所发生的对从业人员人身的威胁和伤害。

四、职业病

用人单位的劳动者在职业活动中，因接触粉尘、放射性物质和其他有毒、有害因素而引起的疾病。

五、生产安全事故隐患

生产经营单位违反安全生产法律、法规、规章、标准、规程和安全生产管理制度的规定，或者因其他因素在生产经营活动中存在可能导致事故发生的人的不安全行为、物的不安全状态、场所的不安全因素和管理上的缺陷，分为一般生产安全事故隐患和重大生产安全事故隐患。

六、危险和有害因素

可对人影响健康、导致疾病、造成伤亡的因素。

七、危险源

可能导致伤害或疾病、财产损失、工作环境破坏或这些情况组合的根源或状态。

八、风险

某一特定危险情况发生的可能性和后果的组合。

九、事件

导致或可能导致事故的情况。

十、事故

造成死亡、疾病、伤害、损坏或其他损失的意外情况。

十一、铁路交通事故

铁路机车车辆在运行过程中与行人、机动车、非机动车、牲畜及其他障碍物相撞，或者铁路机车车辆发生冲突、脱轨、火灾、爆炸等影响铁路正常行车的交通事故。

十二、伤亡事故

职业活动过程中发生的职工人身伤亡或急性中毒事件。

十三、伤亡事故类别

伤亡事故类别分为物体打击、车辆伤害、机械伤害、起重伤害、触电、淹溺、灼烫、火灾、高处坠落、坍塌、冒顶片帮、透水、放炮、火药爆炸、瓦斯爆炸、锅炉爆炸、容器爆炸、其他爆炸、中毒和窒息、其他伤害。

十四、伤亡事故等级

根据事故造成的人员伤亡或者直接经济损失，伤亡事故分为特别重大事故、重大事故、较大事故、一般事故。

1. 特别重大事故：造成 30 人以上死亡，或者 100 人以上重伤（包括急性中毒，下同），或者 1 亿元以上直接经济损失。

2. 重大事故：造成 10 人以上 30 人以下死亡，或者 50 人以上 100 人以下重伤（包括急性中毒），或者 5 000 万元以上 1 亿元以下直接经济损失。

3. 较大事故：造成 3 人以上 10 人以下死亡，或者 10 人以上 50 人以下重伤，或者 1 000 万元以上 5 000 万元以下直接经济损失。

4. 一般事故：造成 3 人以下死亡，或者 10 人以下重伤，或者 1 000 万元以下直接经济损失。

上述所称“以上”包括本数，“以下”不包括本数。

第二章

相关法律法规

第一节　安全生产法

一、安全生产方针

安全第一、预防为主、综合治理。

二、安全生产条件

生产经营单位应具备安全生产法和有关法律、行政法规和国家标准或行业标准规定的安全生产条件。不具备安全生产条件，不得从事生产经营活动。

三、安全警示标志

生产经营单位应在有较大危险因素的生产经营场所和有关设施、设备上，设置明显的安全警示标志。

四、职业危害告知

生产经营单位与从业人员订立的劳动合同，应载明有关保障从业人员劳动安全、防止职业危害的事项，以及依法为从业人员办理工伤保险的事项。

五、生产经营单位主要负责人职责

1. 建立、健全并落实本单位安全生产责任制。
2. 组织制定并落实本单位安全生产规章制度和操作规程。
3. 组织制定并实施本单位安全生产教育和培训计划。
4. 保证本单位安全生产投入的有效实施。
5. 督促、检查本单位的安全生产工作，及时消除生产安全事故隐患。
6. 组织制定并实施本单位的生产安全事故应急救援预案。
7. 及时、如实报告生产安全事故。

六、生产经营单位安全生产管理机构和管理人员职责

1. 组织或参与拟订本单位安全生产规章制度、操作规程和生产安全事故应急救援预案。
2. 组织或参与本单位安全生产教育和培训，如实记录安全生产教育和培训情况。
3. 督促落实本单位重大危险源的安全管理措施。
4. 组织或者参与本单位应急救援演练。
5. 检查本单位安全生产状况，及时排查生产安全事故隐患，提出改进安全生产管理的建议。
6. 制止和纠正违章指挥、强令冒险作业、违反操作规程的行为。
7. 督促落实本单位安全生产整改措施。

七、生产经营单位义务

生产经营单位必须遵守安全生产法和其他有关法律法规，加强安全生产管理，建立、健全安全生产责任制和规章制度，改善安全生产条件，推进安全生产标准化建设，提高安全生产水平，确保安全生产。

八、从业人员权利

1. 有权了解其作业场所和工作岗位存在的危险因素、防范措施及事故应急措施。
2. 有权对本单位的安全生产工作提出建议，对存在的问题有权提出批评、检举、控告。

3. 有权拒绝违章指挥和强令冒险作业。

4. 发现直接危及人身安全的紧急情况时，有权停止作业或采取可能的应急措施后撤离作业场所。

5. 因生产安全事故受到损害的从业人员，除依法享有工伤保险外，依照有关民事法律尚有获得赔偿权利的，有权向本单位提出赔偿要求。

九、从业人员义务

1. 在作业过程中，应严格遵守本单位安全生产规章制度和操作规程，服从管理，正确佩戴和使用劳动防护用品。

2. 接受安全生产教育和培训，掌握本职工作所需的安全生产知识，提高安全生产技能，增强事故预防和应急处理能力。

3. 发现事故隐患或者其他不安全因素，应立即向现场安全生产管理人员或者本单位负责人报告。

第二节　劳动法

一、劳动安全卫生

用人单位必须建立、健全劳动安全卫生制度，严格执行国家劳动安全卫生规程和标准，对劳动者进行劳动安全卫生教育，防止劳动过程中的事故，减少职业危害。

二、用人单位义务

1. 用人单位应建立职业培训制度，按国家规定提取和使用职业培训经费，根据本单位实际，有计划地对劳动者进行职业培训。

2. 劳动安全卫生设施必须符合国家规定的标准。

3. 用人单位必须为劳动者提供符合国家规定的劳动安全卫生条件和必要的劳动防护用品，对从事有职业危害作业的劳动者应定期进行健康检查。

三、劳动者义务和权利

1. 在劳动过程中，必须严格遵守安全操作规程。

2. 从事特种作业的劳动者必须经过专门培训并取得特种作业资格。

3. 对用人单位管理人员违章指挥、强令冒险作业，有权拒绝执行。

4. 对危害生命安全和身体健康的行为，有权提出批评、检举和控告。

第三节　职业病防治法

一、职业病防治

用人单位应建立、健全职业病防治责任制，加强职业病防治管理，提高职业病防治水平，对本单位产生的职业病危害承担责任。

二、职业卫生要求

产生职业病危害的用人单位的设立除应当符合法律、行政法规规定的设立条件外，其工作场所还应当符合下列职业卫生要求：

1. 职业病危害因素强度或者浓度符合国家职业卫生标准。
2. 有与职业病危害防护相适应的设施。
3. 生产布局合理，符合有害与无害作业分开的原则。
4. 有配套的更衣间、洗浴间、孕妇休息间等卫生设施。
5. 设备、工具、用具等设施符合保护劳动者生理、心理健康的要求。
6. 法律、行政法规和国务院卫生行政部门关于保护劳动者健康的其他要求。

三、用人单位职业病防治管理措施

1. 设置或指定职业卫生管理机构或组织，配备专职或者兼职的职业卫生管理人员，负责本单位的职业病防治工作。
2. 制定职业病防治计划和实施方案。
3. 建立、健全职业卫生管理制度和操作规程。
4. 建立、健全职业卫生档案和劳动者健康监护档案。
5. 建立、健全工作场所职业病危害因素监测及评价制度。
6. 建立、健全职业病危害事故应急救援预案。

四、职业病防治措施公布

1. 用人单位应在醒目位置设置公告栏，公布有关职业病防治的规章制度、操作规程、职业病危害事故应急救援措施和工作场所职业病危害因素检测结果。

2. 对产生严重职业病危害的作业岗位，应在其醒目位置，设置警示标识和中文警示说明。警示说明应载明产生职业病危害的种类、后果、预防以及应急救治措施等内容。

五、职业病应急措施

1. 对可能发生急性职业损伤的有毒、有害工作场所，用人单位应设置报警装置，配置现场急救用品、冲洗设备、应急撤离通道和必要的泄险区。

2. 任何单位和个人不得将产生职业病危害的作业转移给不具备职业病防护条件的单位和个人。不具备职业病防护条件的单位和个人不得接受产生职业病危害的作业。

六、劳动者职业卫生保护权利

1. 获得职业卫生教育、培训。

2. 获得职业健康检查、职业病诊疗、康复等职业病防治服务。

3. 了解工作场所产生或者可能产生的职业病危害因素、危害后果和应采取的职业病防护措施。

4. 要求用人单位提供符合防治职业病要求的职业病防护设施和个人使用的职业病防护用品，改善工作条件。

5. 对违反职业病防治法律法规以及危及生命健康的行为提出批评、检举和控告。

6. 拒绝违章指挥和强令进行没有职业病防护措施的作业。

7. 参与用人单位职业卫生工作的民主管理，对职业病防治工作提出意见和建议。

第四节 刑法

一、铁路运营安全事故罪

铁路职工违反规章制度，致使发生铁路运营安全事故，造成严重后果的，处3年以下有期徒刑或者拘役；造成特别严重后果的，处3年以上7年以下有期徒刑。

二、重大责任事故罪

在生产、作业中违反有关安全管理的规定，因而发生重大伤亡事故或者造成其他严重后果的，处 3 年以下有期徒刑或者拘役；情节特别恶劣的，处 3 年以上 7 年以下有期徒刑。

强令他人违章冒险作业，因而发生重大伤亡事故或者造成其他严重后果的，处 5 年以下有期徒刑或者拘役；情节特别恶劣的，处 5 年以上有期徒刑。

三、重大劳动安全事故罪

安全生产设施或者安全生产条件不符合国家规定，因而发生重大伤亡事故或者造成其他严重后果的，对直接负责的主管人员和其他直接责任人员，处 3 年以下有期徒刑或者拘役；情节特别恶劣的，处 3 年以上 7 年以下有期徒刑。

四、大型群众性活动重大安全事故罪

举办大型群众性活动违反安全管理规定，因而发生重大伤亡事故或者造成其他严重后果的，对直接负责的主管人员和其他直接责任人员，处 3 年以下有期徒刑或者拘役；情节特别恶劣的，处 3 年以上 7 年以下有期徒刑。

五、不报、谎报安全事故罪

在安全事故发生后，负有报告职责的人员不报或者谎报事故情况，贻误事故抢救，情节严重的，处 3 年以下有期徒刑或者拘役；情节特别严重的，处 3 年以上 7 年以下有期徒刑。

第五节　安全生产法实施规定

一、安全文化

生产经营单位应开展安全文化建设，培养从业人员安全意识、安全责任、安全行为，形成零违章、零偏差操作安全行为习惯，发挥安全文化的引领推动作用。

二、安全生产责任制

1. 主要负责人及其他分管负责人的安全生产责任。
2. 各部门负责人的安全生产责任。
3. 岗位作业人员的安全生产责任。
4. 其他从业人员的安全生产责任。
5. 安全生产责任考核标准及奖惩措施。
6. 其他应明确的内容。

三、安全生产管理制度和操作规程

1. 安全生产会议制度。
2. 安全生产资金投入保障制度。
3. 安全生产教育和培训制度。
4. 安全生产风险分级管控制度。
5. 生产安全事故隐患排查治理制度。
6. 重大危险源管控制度。
7. 危险作业管理制度。
8. 劳动防护用品管理制度。
9. 安全设备管理制度。
10. 特种作业人员管理制度。
11. 生产安全事故应急救援、报告和调查处理制度。
12. 岗位操作规程。
13. 其他保障安全生产的制度、规程。

四、安全告知

1. 生产经营单位应在明显位置设置公告栏，公布有关安全生产规章制度、岗位操作规程、事故应急预案的主要内容。

2. 生产经营单位应向有关从业人员发放告知卡，告知其作业岗位存在的危险因素、防范措施及应急处置等内容。

3. 公众聚集场所的经营管理单位应采取播放安全告知、张贴安全须知或者设置安全警示标志等方式，向社会公众进行安全提示。

五、从业人员有权了解的事项

1. 作业场所和工作岗位存在的危险因素。

2. 已采取的防范生产安全事故和职业危害的技术、管理措施及相关劳动防护用品配备情况。

3. 发生直接危及人身安全的紧急情况时的应急措施。

六、安全生产资金投入

生产经营单位的决策机构、主要负责人或者个人经营的投资人应当保证本单位下列安全生产资金投入：

1. 从业人员安全生产教育和培训的经费。

2. 为从业人员配备劳动防护用品的经费。

3. 安全设施、安全设备建设、购置及维护、保养、检测的支出。

4. 重大危险源检测、评估、监控的支出。

5. 安全生产风险评估、生产安全事故隐患排查治理技术措施的支出。

6. 配备必要的应急救援器材、设备和物资及其维护、保养的支出。

7. 法律法规规定的其他资金投入。

第六节　生产安全事故应急条例

一、应急工作责任制

生产经营单位应加强生产安全事故应急工作，建立、健全生产安全事故应急工作责任制，其主要负责人对本单位的生产安全事故应急工作全面负责。

二、应急救援预案

生产经营单位应针对本单位可能发生的生产安全事故的特点和危害，进行风险辨识和评估，制定相应的生产安全事故应急救援预案，并向本单位从业人员公布。

三、应急救援人员培训

按照国家有关规定对应急救援人员进行培训，使其具备必要的专业知识、技能、身体素质和心理素质。应急救援人员经培训合格后，方可参加应急救援工作。

四、从业人员教育和培训

生产经营单位应对从业人员进行应急教育和培训，保证从业人员具备必要的应急知识，掌握风险防范技能和事故应急措施。

五、启动应急救援预案

发生生产安全事故后，生产经营单位应立即启动生产安全事故应急救援预案，采取下列一项或多项应急救援措施，并按照国家有关规定报告事故情况：

1. 迅速控制危险源，组织抢救遇险人员。

2. 根据事故危害程度，组织现场人员撤离或者采取可能的应急措施后撤离。

3. 及时通知可能受到事故影响的单位和人员。

4. 采取必要措施，防止事故危害扩大和次生、衍生灾害发生。

5. 根据需要请求邻近的应急救援队参加救援，并向其提供相关技术资料、信息和处置方法。

6. 维护事故现场秩序，保护事故现场和相关证据。

7. 法律法规规定的其他应急救援措施。

第七节　工伤保险条例

一、认定工伤的情形

职工有下列情形之一的，应当认定为工伤：

1. 在工作时间和工作场所内，因工作原因受到事故伤害的。

2. 工作时间前后在工作场所内，从事与工作有关的预备性或者收尾性工作受到事故伤害的。

3. 在工作时间和工作场所内，因履行工作职责受到暴力等意外伤害的。

4. 患职业病的。

5. 因工外出期间，由于工作原因受到伤害或者发生事故下落不明的。

6. 在上下班途中，受到非本人主要责任的交通事故或者城市轨道交通、客运轮渡、火车事故伤害的。

7. 法律、行政法规规定应当认定为工伤的其他情形。

二、视同工伤的情形

职工有下列情形之一的，视同工伤：

1. 在工作时间和工作岗位，突发疾病死亡或者在 48 小时之内经抢救无效死亡的。

2. 在抢险救灾等维护国家利益、公共利益活动中受到伤害的。

3. 职工原在军队服役，因战、因公负伤致残，已取得革命伤残军人证，到用人单位后旧伤复发的。

职工有上述第 1 项、第 2 项情形的，按照《工伤保险条例》的有关规定享受工伤保险待遇；职工有上述第 3 项情形的，按照《工伤保险条例》的有关规定享受除一次性伤残补助金以外的工伤保险待遇。

三、不得认定或视同工伤的情形

职工符合认定为工伤或者视同工伤规定，但有下列情形之一的，不得认定为工伤或者视同工伤：

1. 故意犯罪的。

2. 醉酒或者吸毒的。

3. 自残或者自杀的。

第二篇
风险管控

【导言】

本篇内容中的风险管控是针对铁路从业人员在劳动中可能遇到的事故隐患、危险和有害因素，指出安全卫生风险，结合真实案例，采用消除、预防、减弱、隔离、警示等风险控制方法，通过特殊限制、条件允许、始终禁止、改变方式和插入安全专用流程等技术途径，依据国家法律法规和行业标准，制定风险预控措施，以防治生产过程中的伤亡事故和职业病危害。

第三章 通用劳动安全

第一节 安全培训

一、实习、学习人员

实习人员一般是指未与企业签订劳动合同的在校学生；学习人员是指与企业签订劳动合同，但未任职顶岗的新员工。这些人员的共同特点是对企业的生产、经营和安全管理制度不了解，对生产环境和作业过程风险不清楚，特别是对电气化铁路区段人身安全风险不清楚。如果在实习、学习人员进入生产现场前，不组织专门安全培训，或虽经过培训但无在岗人员的指导下独立作业，都会给他们带来人身安全风险。

案例

2003 年 8 月 22 日，北京铁路局保定机务段，SS_1 型 187 号机车司机、副司机和学习副司机担当 21045 次货物列车值乘任务。当日 20 时 51 分，3 人在保定南站 3 道开始整备作业。21 时左右，司机和副司机上机车后未见到学习副司机，便立即寻找。最终，发现学习副司机已被下行Ⅰ道通过的 T77 次列车撞轧身亡。

2015 年 2 月 6 日 18 时 42 分，西安铁路局新丰镇站，学习制动员孙国华在该站调车作业过程中，下车时身体侵限，被调车车辆车梯刮碰，经抢救无效死亡。

为控制实习、学习人员人身安全风险，根据《中华人民共和国安全生产法》《生产经营单位安全培训规定》《企业安全生产标准化基本规范》《铁路技术管理规程》，制定预控措施：

1. 实习、学习人员，应经段或分（子）公司、车间、班组三级安全教育培训，考试合格后，方准进入作业现场。

2. 学习人员应签订师徒合同，学习期间，不得单独作业。

3. 实习、学习人员，应在正式值乘、值班或本岗位人员的亲自指导和负责下，方准作业。

二、新任职、提职、改职人员

我国安全生产法规定，生产经营单位应当对从业人员进行安全生产教育和培训，保证从业人员具备必要的安全生产知识，熟悉有关安全生产规章制度和安全操作规程，掌握本岗位安全操作技能，了解事故应急处理措施，熟悉自身在安全生产方面的权利和义务，未经安全生产教育和培训合格的从业人员，不得上岗作业。新任职、提职、改职人员，往往对新岗位技术标准、规章制度、安全基础知识掌握不够，操作技能不熟，对设备运行环境和作业过程风险缺乏认知。如果不对新任职、提职、改职人员进行岗位资格性培训，或考核不合格允许其单独上岗作业，就很容易造成人身伤亡事故。

案 例

2010 年 1 月 27 日，济南铁路局某供电段，新改职的电力工孙小宁和翟建明，在济南供电车间院内练习横担安装。孙小宁上杆后，在未检查围杆带挂钩与半圆环是否连接牢固、是否推上保险闭锁的情况下，盲目松开双手，造成围杆带挂钩与半圆环脱开。孙小宁从杆上 3.5 m 处坠落，导致左胸、腰部和右足软组织挫伤。

为控制新任职、提职、改职人员人身安全风险，根据《铁路技术管理规程》，制定预控措施：

1. 铁路行车有关人员在任职、提职、改职前，应进行拟任岗位资格性培训，并经职业技能鉴定和考试考核，取得相应职业资格证书和岗位培训合格证书，改职人员还应经段或分（子）公司级安全和技能培训，考试合格后，方可任职。

2. 其他从业人员在任职、提职、改职前，应根据拟任岗位安全生产知识和

技能要求进行培训，经段或分（子）公司级考试合格后，方可任职。

3. 任职期间，应定期参加岗位适应性培训和业务考试，考试不合格，不得继续履职。

三、在职人员

随着企业设备、设施、列车编组、运行方式以及检测、维护、施工等作业和环境因素的不断变化，从业人员的劳动安全风险也会随之发生变化，如果仅在任职前对其进行一次安全培训，仍不能保障从业人员在面临新风险时进行有效规避。另外，如果对从业人员不进行经常性安全教育和警示，特别是较长时间未发生险情或事故后，部分人员就可能淡忘安全规章，遗忘事故教训或在作业中贪图省事、简化程序，“经验做法”和“技术违章”在大脑中逐渐蔓延，居安思危的安全意识逐渐消退，甚至因不安全行为导致险情或人身伤亡事故。

案例

2011 年 2 月 18 日 2 时 52 分，南昌铁路局九江桥工务段 3 名职工在前往作业现场途中，行至昌九城际、庐山城际场北部 101#道岔处，被列车撞轧身亡。

2011 年 5 月 30 日 0 时 11 分，兰州铁路局兰州西工务段职工张玉龙，在兰新线永登站 13#道岔处准备进行天窗维修作业时，被 83989 次货物列车碰撞身亡。

为控制在职人员人身安全风险，根据《中华人民共和国安全生产法》《铁路技术管理规程》，制定预控措施：

1. 段或分（子）公司级应对电气化区段作业人员、特种作业人员、驻站联络员、现场防护员、远端防护员、隔离开关操作人员、汽车驾驶员等进行安全培训，考试合格后方能上岗。

2. 段或分（子）公司级应每年对员工进行防洪、防寒人身安全培训和考试。

3. 段或分（子）公司级应建立员工安全生产教育和培训档案，如实记录安全生产教育和培训的时间、内容、参加人员以及考试、考核结果等情况。

四、待岗、长期离岗人员

待岗和长期离岗人员恢复原工作岗位时，往往对岗位标准化作业程序和作业技能生疏；对新知识、新技术、新工艺以及新的安全管理制度没有持续培训学习，原有风险控制和应急处置能力不能满足新岗位需求。如果待岗和长期离岗人员未经培训盲目上岗，就有可能导致人身伤害事件发生。

案 例

1996 年 2 月 7 日 12 时 50 分，乌鲁木齐铁路局原鱼儿沟机务分段，外勤值班员王富学因病休假 1 年 7 个月。休假结束上岗后，王富学和扳道员郭东亮在库内 4 道操纵 3306 号机车连挂 7211 号机车。3 次连挂失败后，郭东亮进入两机车间调整钩位，王富学在未得到连挂信号的情况下，盲目动车连挂，将横跨地沟正在调整钩位的郭东亮挤在两车钩之间。郭东亮因伤势过重，在送往医院途中死亡。

为控制待岗、长期离岗人员人身安全风险，根据《生产经营单位安全培训规定》《牵引变电所安全工作规程》《铁路电力安全工作规程》和《普速铁路接触网安全工作规则》，制定预控措施：

1. 牵引变电所、电力运行和检修人员，待岗、长期离岗 3 个月以上重新上岗时，应经车间、班组级安全和技能培训，考试合格后，方可上岗作业。

2. 普速铁路接触网运行和检修人员，待岗、长期离岗 6 个月以上重新上岗时，应经车间、班组级安全和技能培训，考试合格后，方可上岗作业。

3. 其他人员待岗、调整工作或离岗 1 年以上重新上岗时，应经车间、班组级安全和技能培训，考试合格后，方可上岗作业。

五、特种作业人员

特种作业是指容易发生事故，对操作者本人、他人的安全健康及设备、设施的安全可能造成重大危害的作业。国家安全生产行政主管部门对特种作业范围有明确规定，其中，铁路行业涉及的特种作业有焊接与热切割作业、电工作业、高处作业、制冷与空调作业等。如果从事特种作业的人员不经安全技术培训，就不能掌握特种作业的基本知识和操作安全要求，作业中很容易导致人身伤害事件发生。

案 例

2014 年 11 月 24 日 14 时左右，浙江省温州市瓯海区郭溪街道，金银全带着铁管、废铁、电焊机，到朋友郑永刚五金店里帮忙搭雨棚。因金银全没有电焊证，也未经过任何培训，焊接铁架时，电焊火花掉下，引燃北面隔墙上的塑料布，火势很快蔓延到塑料布下面皮鞋厂后院堆放的海绵等鞋料。虽经扑救，但火势难以控制，大火从皮鞋厂的一楼烧至五楼。大火扑灭后，人们在皮鞋厂仓库里发现员工占某、田某、郑某尸体。经鉴定，3人都是在燃爆过程中，被烟熏致死。

为控制特种作业人员人身安全风险，根据《中华人民共和国安全生产法》《特种作业人员安全技术培训考核管理规定》，制定预控措施：

1. 特种作业人员应经专门的安全技术培训并考核合格，取得《中华人民共和国特种作业操作证》后，方可上岗作业。

2. 离开特种作业岗位6个月以上的特种作业人员，应当重新进行实际操作考试，经确认合格后方可上岗作业。

3. 《中华人民共和国特种作业操作证》有效期为6年，每3年复审1次。

4. 生产经营单位应建立健全特种作业人员培训、复审档案，做好申报、培训、考核、复审的组织工作和日常检查工作。

六、特种设备作业人员

除从事房屋建筑工地和市政工程工地起重机械、场（厂）内专用机动车辆作业及其相关管理人员外，锅炉、压力容器（含气瓶）、压力管道、电梯、起重机械、客运索道、大型游乐设施、场（厂）内专用机动车辆等特种设备的作业人员及其相关管理人员统称特种设备作业人员。特种设备作业人员作业种类与项目目录由国家质量监督行政主管部门统一发布，铁路行业涉及的特种设备有电梯、锅炉、救援吊、轨道吊、航吊、挖掘机、装载机等。在生产过程中，如果从事使用、维护和管理特种设备的人员，不经专业安全培训，作业中就很容易违反操作规程或违章指挥，引发爆炸、挤压、坠落等人身伤害事故。

案 例

2013年1月29日，浙江省慈溪市施山社区雅群制面店，因司炉工回河南老家，面店老板为维持正常营业，临时指派无锅炉操作资质的王军替代司炉工作。运行中，王军未察觉锅炉升温过快，持续超压，5天后锅炉突然爆炸，造成5人死亡、6人受伤。

为控制特种设备作业人员人身安全风险，根据《中华人民共和国特种设备安全法》《特种设备作业人员监督管理办法》，制定预控措施：

1. 特种设备作业及相关管理人员，应经省级质量监督行政主管部门指定的特种设备作业人员考试机构或国家质量监督行政主管部门指定的考试机构考试合格，取得国家统一格式的《特种设备作业人员证》，方可从事相应的作业或者管理工作，《特种设备作业人员证》应每4年复审一次。

2. 用人单位或委托专业培训机构，应对特种设备作业人员进行特种设备安全教育和安全技术培训，使其具备必要的特种设备安全作业知识、作业技能和及时进行知识更新。

3. 用人单位应制定特种设备操作规程和有关安全管理制度；建立特种设备作业人员管理档案；并为其提供必要的安全作业条件。

4. 特种设备作业人员应持证上岗，严格执行特种设备操作规程和有关安全规章制度；发现事故隐患或不安全因素，应当立即向现场管理人员和单位有关负责人报告；特种设备运行不正常时，应拒绝违章指挥，按操作规程采取有效措施保证安全。

5. 特种设备经营、使用单位及其主要责任人，对其经营、使用的特种设备安全负责，不得随意改装。

七、新工艺、新技术、新材料、新设备设施使用人员

随着科技发展，各种新工艺、新技术、新材料、新设备设施（“四新”）不断投入使用，现场作业人员短时间内不能全面掌握新技术、新规则的要求，难以了解“四新”带来的人身安全风险，在使用维护过程中，容易出现操作不适应、不熟练。如果惯性沿用传统经验和方法作业，不仅可能损坏设备，甚至危及行车和人身安全。

案 例

2011 年 7 月 23 日 19 时 30 分左右，上海铁路局甬温线温州南站，沿线铁路牵引供电接触网或附近大地遭雷击后，通过大地阻性耦合或空间感性耦合，在信号电缆上产生浪涌电压。在多次雷击浪涌电压和直流电流共同作用后，新投入运用的通号集团 LKD2—T1 型列控中心设备采集驱动单元采集电路电源回路中的保险管 F2 熔断。熔断前，温州南站列控中心管辖区间轨道无车占用，因温州南站列控中心设备严重缺陷，导致后续时段实际有车占用，列控中心设备仍按熔断前无车占用状态控制输出，致使温州南站列控中心设备控制的区间信号机错误升级保持绿灯状态。此次雷击造成的信号设备升级，导致永嘉至温州南区间由杭州开往福州南站的 D3115 次列车在故障区段前停车 7 分钟后，转目视模式继续运行的列车占用闭塞分区，向后续追踪的北京南开往福州站的 D301 次列车发送区间空闲码，调度指挥人员也未能及时提醒后续追踪的 D301 次列车注意运行，导致 D301 次列车以 99 km/h 速度与前方 16 km/h 速度运行的 D3115 次列车在永嘉站至温州南站 K583+831 处发生追尾，事故造成 40 人死亡、172 人

受伤。

为控制新工艺、新技术、新材料、新设备设施使用人员人身安全风险，根据《中华人民共和国安全生产法》《安全生产培训管理办法》《企业安全生产标准化基本规范》和《铁路技术管理规程》，制定预控措施：

1. 生产经营单位采用新工艺、新技术、新材料或者使用新设备设施（“四新”），应了解、掌握其安全技术特性，采取有效安全防护措施。

2. “四新”技术投入应用前，企业应根据新的操作规程、竣工图纸等技术文件，制定作业办法，设备维护、应急处置办法和管理细则。

3. “四新”投入使用前，企业应对有关从业人员进行专门的安全生产和职业卫生教育培训，确保其具备相应的安全操作、事故预防和应急处置能力，未经培训或培训不合格，不得上岗。

八、临时聘用、业务外包人员

临时聘用人员是指为完成临时或特定任务，与企业签订短期合同的劳动者；业务外包人员是指受外包单位或机构派遣参与企业正常生产经营活动，与企业自身未直接签订劳动合同的劳动者。这些人员虽掌握一定技术，能熟练操作一些设备，但对企业规章制度和作业方法不适应，特别是临时聘用的农民工，对铁路标志标识、设备设施、生产过程、安全注意事项和应急救护知识有可能一无所知。如果对临时聘用和业务外包人员不进行针对性安全培训，直接安排上岗，极易导致人身伤亡事故发生。另外，铁路企业为处置突发事件或完成事故抢险救援等任务，往往在现场会临时雇用农民工和具有特种技能人员等参与抢险，这种情况虽然来不及签订劳动合同，但在口头劳动报酬等约定上已经构成了雇佣关系，如果对这些人员不讲清任务风险和突发情况时的应急逃生预案，直接安排进入现场，同样存在人身安全风险。

案例

2014年11月25日17时25分，济南铁路局青荣城际铁路，莱阳至海阳北区间，业务外包单位中交二航局临时聘用的农民工，在无正式员工带班的情况下，擅自打开栅栏门，上道补砟。D5232次试验列车通过时，将这2名农民工当场撞死。

为控制临时聘用、业务外包人员人身安全风险，根据《中华人民共和国安全生产法》，制定预控措施：

1. 临时聘用、业务外包人员，应经段或分（子）公司级安全和技能培训，

考试合格后，方可上岗作业。

2. 临时聘用但未签订合同人员，应经现场安全培训，并在在职人员带领或监护下作业，严禁单独作业。

九、承包商（含供应商）人员

承包商、供应商是指合同中的供方（以下统称承包商）。铁路企业为提升运输效率、提高设备质量、增强安全保障和应对突发事件，需要承包商完成设计、施工、监理、科研试验、设备安装和调试、参与事故抢险救援等任务。承包商对铁路企业安全规章和运输组织知之甚少，人员素质参差不齐，特别是承包商雇用的农民工，安全防范意识不强，自我约束能力差，现场容易出现违章指挥、违章作业，甚至发生人身伤亡事故。所以，对承包商相关人员进行安全培训至关重要。

案例

2014 年 4 月 26 日，河南省安阳市林州八建工程公司，承揽京广线汤阴站防护栅栏工程后，郑州铁路局郑州北建筑段未对施工单位相关人员进行安全培训，擅自批准并配合施工单位在南岔区西侧进行栽桩作业。16 时 51 分，1 名劳务工横越线路时，被通过的 K630 次旅客列车撞轧身亡。

2003 年 11 月 15 日 9 时 50 分，太原铁路建设集团公司，在京广线内邱至官庄间 K358+674～K359+871 处进行提速改造施工。施工前承建单位安全培训不到位，培训流于形式。施工间歇期间，4 名人员回驻地拿东西，在穿越下行线时，被通过的 T91 次列车撞轧。事故造成 3 人当场死亡、1 人重伤。

为控制承包商人员人身安全风险，根据《中华人民共和国安全生产法》《建设工程安全生产管理条例》，制定预控措施：

1. 承包商项目经理、副经理，安全、技术、质量等主要负责人和监理人员，应由项目建设单位每年组织 1 次安全培训、考试，合格后方可任职。

2. 承包商安全员、防护员、联络员、工班长和带班人员，应由设备管理单位每年组织 1 次培训、考试，合格后方可上岗。

3. 承包商全体人员（含雇用人员），应执行先培训后上岗制度，并由承包商每年至少组织 1 次安全教育培训，经考核合格后方可进入作业现场。

4. 建设单位和设备管理单位，应对承包商全体人员（含雇用人员）安全培训考试情况进行监督抽查、督办整改。

5. 承包商雇用人员，应在与承包商签订劳动合同的人员带领或监护下作

业，严禁单独作业。

十、检查、学习、指导等外来人员

外来人员是指短期进入生产区域进行检查、学习、指导、参观、技术服务等现场活动的非本单位人员，铁路生产区主要是指铁路线路、车站行车室、机车检修库、变配电所、信号机械室、通信机房、易燃易爆危险品库房等。外来人员进入生产区域前，如果不告知外来人员安全注意事项及应急逃生预案等，就可能给来访者带来人身安全风险。

案例

2005年2月1日，原郑州铁路局西安铁路分局宁西线某变电所，铁路驻站民警协同当地派出所一行4人，到变电所就治安问题进行走访。变电所值班员只告知来访者禁止进入触电区域，未提醒注意通道障碍。走访结束后，当地派出所1名女民警在出变电所控制室时，被门口防鼠挡板绊倒，导致腿部及右手摔伤。

为控制检查、学习、指导等外来人员人身安全风险，根据《中华人民共和国安全生产法》《企业安全生产标准化基本规范》《用人单位劳动防护用品管理规范》，制定预控措施：

1. 了解外来人员意图，办理登记等手续。

2. 介绍生产情况、告知安全规定、危险有害因素、应急知识等。

3. 为外来人员提供个体防护用品，并监督其正确使用。

4. 指定路线，专人引领，全程监护。上线路时，应设专职防护员。

第二节　劳动安全基本要求

一、班前准备

铁路企业生产具有列车行驶速度快、制动距离长、乘务员瞭望条件差、站场线路复杂、作业环境危险性大、事故后果严重等特点，这些特点决定了行车有关人员班中必须保持头脑清醒、精力充沛、动作准确。如果班前不充分休息，班前饮酒，就有可能在作业中精神萎靡不振、手脚震颤、行动笨拙、反应迟钝、步履蹒跚，很容易发生人身伤亡事故。

案 例

2015 年 2 月 18 日 13 时 59 分，武汉铁路局襄阳机务段，外点酒精测试设备配备不到位，襄阳运用车间杨风林、张充生组成机班，驾驶 HXD_{3C}—0217 号机车牵引 K1064 次旅客列车。14 时 06 分，运行到焦柳线鲁山至平顶山西站间上行线 K254+486 处，因值乘司机酒后精神恍惚，无法正常操纵机车，导致列车惰力运行，停于接触网分相无电区内，随后列车向后溜逸 5 m，机车 LKJ 启动防溜自停。请求救援后，公安人员上车闻到司机有酒味，18 时 44 分，经洛阳市第三人民医院抽血检测和洛阳机务段派班室酒精测试，确认杨风林酒后上岗。

为控制班前准备不规范带来的人身安全风险，根据《铁路技术管理规程》，制定预控措施：

行车有关人员，接班前应充分休息，严禁饮酒。

二、横越线路

案 例

2015 年 2 月 26 日 8 时 46 分，南昌铁路局南昌车务段丰城站货运员王红江，从货场返回车站途中，背朝来车方向横越线路，被通过列车撞轧致死。

2019 年 7 月 20 日，北京铁路局天津动车客车段车辆钳工张艳龙在横越库内平过道时，被顶送的 K5282 次列车撞轧死亡。

为控制横越线路中的人身安全风险，根据《铁路车站行车作业人身安全标准》《铁路电务安全规则》，制定预控措施：

横越线路时，应“一站、二看、三通过”，注意左右机车、车辆动态及脚下有无障碍物。

这里所说的：

“一站”是指在机车、车辆限界外安全地方站住。

“二看”是指向上看，接触网有无异状；向左右看，是否有机车、车辆通过；向下看，通过处线路上有无障碍物。

“三通过”是指在确认安全的情况下，快速垂直通过线路。

三、横越停留机车、车辆线路

当听到机车启动前的鸣笛，看到机车车辆闸瓦与轮毂已经分离，推送车列前试拉已完成，调车或列车信号机已经开放等，都表示机车车辆将要移动，如果这时抢越通过停留的机车、车辆就非常危险了。横越线路时，一般情况下，人的步行速度为 5 km/h 左右，在行人通过 4.88 m（最大建筑限界 2 440 m）铁路线路时间内，停留的机车车辆压钩、起步、溜逸后，一般不会超过 5 m 位移。如果横越停留机车、车辆时，距离停留的机车、车辆过近，机车、车辆突然移动，极易造成人身伤害事故。另外，车辆底部距离地面空间较小，车钩处还有制动软管和手制动机等配件，如果采用钻车方式横越停留车辆，将会因车辆下部空间受限，导致动作不灵活，车辆下部配件还可能挂住衣物等，延缓横越时间，一旦机车、车列突然移动，将无法躲闪，造成人身伤害。

案例

2007 年 3 月 27 日，兰州铁路局武南车务段张掖站，列尾作业员丁国良出场接车，横越 6 道时，距离推进车列过近，被 6 道推进调车作业的车列撞轧致死。

2016 年 3 月 28 日 6 时 23 分，广州铁路集团公司衡阳北运用车间出发场列检四班 1 分组，开始对 11 道 X22303 次始发列车进行技检作业。6 时 47 分，中部往南（2 号）检车员王立志 11 道作业完毕，自东向西返回中部待检室途中，遇 5 道停留车列。6 时 49 分，王立志从车列中部两车连接处车钩下方钻越过程中，车列突然启动，由北往南推进运行，王立志在车钩连接部下方随车移动，至车列被叫停时，王立志背部被车列推进方向第 26 位车辆的第 1 位转向架后的第 1、3 位车轮碾轧，当场身亡。

为控制横越停留机车、车辆线路中的人身安全风险，根据《铁路车站行车作业人身安全标准》《铁路电务安全规则》，制定预控措施：

1. 横越停有机车、车辆的线路时，先确认机车、车辆暂不移动，然后与其保持 5 m 以上距离绕行通过；严禁在运行中的机车、车辆前抢越。

2. 必须横越停留车辆时，先确认车辆暂不移动，再由车钩上方通过，手抓牢、脚踩稳，严禁踩踏钩锁、钩颈和折角塞门把手。禁止钻车。

四、与车同行

与车同行是指在铁路线路上人员行走方向，暂时与附近列车、调车列、机车走行方向一致的一种场景。与车同行时，个别人员总想贪图方便，非作业需要违章扒乘机车、车辆以车代步。以车代步易造成的后果是：一方面在扒乘走行中的机车、车辆时，容易发生踩空、绊倒，肢体衣物被机车车辆拖挂或被地面设备碰剐等事件；另一方面由于机车、车辆运行终点不是扒乘人员要去的地方，这就势必造成扒乘人员在机车、车辆运行中由车上跳下，造成坠落、摔伤事件。

案 例

2007 年 2 月 3 日，兰州铁路局嘉峪关工务段腰泉子线路车间巡道工杨克恩，以车代步，扒乘通过的 10818 次货物列车前往换牌地点换牌，行至兰新上行线 K775+350 处不慎摔下，被车轮轧伤左脚，造成左小腿中部以下截肢。

为控制与车同行中的人身安全风险，根据《铁路车站行车作业人身安全标准》，制定预控措施：

严禁扒乘机车、车辆，以车代步。

五、站场行走

站内线路线间距一般最小为 5 m，而机车车辆限界为 1.7 m，相邻线路有机车车辆时，两线间只有 1.6 m 宽空间，在这狭窄的空间里，顺线路行走人员可能还会绕行灯桥支柱、接触网支柱、脱轨器标志等障碍物。所以顺线路行走时，如果不注意相邻线路机车、车辆和货物装载状态，就容易被装载的突出货物、车辆"涨帮"或与其他突出物剐碰。另外，道心、枕木头均在机车、车辆限界以内，在道心、枕木头上行走时，因道心石砟和轨枕凸凹不平，行走人员必然要时刻注意脚下，很少观察前方和留意后方，特别是后方溜放或推送车组，声音很小，这就容易发生行走人员伤亡事故。同时，在钢轨面、道岔连接杆、尖轨上行走时，人体很难保持平衡，容易滑倒或扭伤腿脚，脚踏尖轨还容易被扳动的道岔带倒或挤伤。

案 例

2007 年 5 月 25 日，兰州工务机械段岔枕大修车间准备进行卸料作业时，现场防护员翟宏建进入线路，在道心行走，被后方开来的 T210 次旅客列车撞伤，经抢救无效死亡。

为控制站场行走中的人身安全风险，根据《铁路车站行车作业人身安全标准》，制定预控措施：

1. 顺线路走时，应走两线路中间，并注意邻线的机车、车辆和货物装载状态。

2. 严禁在道心、枕木头上行走，不准脚踏钢轨面、道岔连接杆、尖轨等。

六、区间行走

案例

2010年8月19日13时35分，哈尔滨工务机械段机械清筛车间工长带领3名线路工，在滨洲线哈拉苏至卧牛河上行线检查前一天施工清筛后线路的整理情况，行走至K427+500处时，未执行不间断瞭望制度，导致从后方开来的ML56次货物列车与3人相撞。事故致3人当场死亡。

为控制区间行走中的人身安全风险，制定预控措施：

1. 在区间行走时，应走路肩。

2. 在道床上行走或工作时，应不断前后瞭望。

3. 在复线区间行走时，应逆列车运行方向行走，并不断前后瞭望。

七、现场休息

人们在休息和使用手机时，容易忽视周围环境变化带来的安全风险。在铁路线路上，无论作业与休息，都始终面临被列车撞轧的风险。钢轨上、车底下、枕木头、道心均在机车、车辆运行限界之内，如果在这些地点乘凉、休息、看手机，或躲避风、雨、雪等十分危险，稍有不慎，就会带来灭顶之灾。

案例

2015年1月20日22时48分，成都铁路局凯里工务段青溪线路工区，新任职线路工孙小勇在沪昆线上行K1686+550处左侧路肩上，使用手机打电话时，被Z150次旅客列车碰撞死亡。

据铁路部门不完全统计，每年因在钢轨上、枕木头、道心内行走、坐卧、休息等，撞死撞伤的有300余人；因在车底下、车体旁休息、躲避恶劣天气，被突然启动的列车碾轧或车上坠落物砸死、砸伤的有100余人；因在线路上使用手机，听不见列车鸣笛和周围人员提醒，而被列车撞伤的有近百人。

为控制现场休息中的人身安全风险，根据《铁路车站行车作业人身安全标准》，制定预控措施：

不准在钢轨上、车底下、枕木头、道心里、道床边坡上坐卧、站立、吸烟和使用手机等电子产品。

八、桥梁下、涵洞外休息

列车在线路上运行时，受线路条件、运行速度、司机操控和车辆装载状态因素影响，装载的货物如石砟、煤块等随时可能滑落或坠落。人们在桥梁下、涵洞外乘凉休息时，极有可能被坠落物意外砸伤。

案 例

2007年6月3日11时，一列货物列车通过湖北省武汉市汉口太平洋铁路桥时，桥梁上的水泥块被震落，正巧砸在从桥下经过的市民陈建生右手上，送进医院救治，被缝合多针。

为控制桥梁下、涵洞外休息中的人身安全风险，制定预控措施：

禁止在边坡上、桥梁下、涵洞外坐卧、休息、乘凉。

九、上下机车

机车车梯位于机车底部，车体登乘支点空间和踏面较小，司乘、检修、添乘、检查等人员上下机车时，如果手持物件或背对机车上下，极有可能因握力不足，造成脱手、踏空，导致坠落伤害。

案 例

2003年5月28日8时50分，郑州铁路局偃师站利用41036次本务机车进行调车作业。作业到货场1道挂5辆，牵引34辆返回站内4道途中，调车长邢永春摘掉调车灯显机控器，从正在以26 km/h运行的机车前端驾驶室右侧门携带机控器反面下车，不慎滑落。副司机卢宝光发现后立即呼叫非常停车，机车走行65 m后停稳，邢永春被本务机车轧断左臂，并挤伤头部和胸部，经医院抢救无效死亡。

2019年5月7日，呼和浩特铁路局包头西机务段司机张希盟，在包头西库内从机车司机室下车时摔伤，经抢救无效死亡。

为控制上下机车中的人身安全风险，制定预控措施：

1. 上下机车时，应面向车门，手抓牢、脚踏稳。

2. 禁止背对车门上下或跳跃下车。

3. 上下机车时，不得手持物件。

4. 机车走行中，严禁人员上下。

十、开关机车车门

机车车门主要有司机室门、机械间门、走廊重联门，为降低噪声、保证密封效果，一般采用厚重钢材制成，有的带有弹性自锁功能。应该说，开关车门是乘务、检修和添乘检查等人员登乘机车时遇到的最简单、最频繁、最普通的一件事。但开关车门时，如果手握门扇边缘关门或抓扶门框借用惯性关门，都容易造成车门夹手；另外，在运行中，打开司机室门，还容易造成车上人员坠落事件。

案 例

2013 年 11 月 17 日 15 时 20 分，朔黄铁路公司机辆分公司运管中心，学习司机关世平下车签点时，左手握住手把杆，右手拽门边缘，利用惯性关门，结果造成右手食指、中指被挤压粉碎性骨折。

2014 年 1 月 6 日凌晨 3 时，太原铁路局湖东机务段值乘的 78494 次货物列车，在非操纵端搭乘着 1 名由曹妃甸西站上车准备前往大同的机车调度员，列车运行至大秦线菱角山—迁安 K8+350 处时，该调度员擅自打开车门，自车上坠至线路坡下，造成死亡。

为控制开关机车车门中的人身安全风险，制定预控措施：

1. 开关机车车门时，应手握把手，全程不得松脱。

2. 关门时，不得用手抓扶门框。

3. 机车运行中，不得打开司机室门。

十一、站场使用交通工具

随着重载列车开行，车站到发线有效长度和车站“咽喉区”不断延长，作业人员一次作业行走时间无法满足运输组织需求，自行车、电动车、电瓶车等交通工具被逐步应用到现场作业中。但由于站场作业繁忙，机车、车列移动频繁，线间便道及路肩狭窄等环境因素，增加了作业人员的骑行难度，稍有不慎，极易造成骑行人员被机车车辆拖挂、撞轧或因躲避机车、车辆产生恐惧心理，导致操控失稳坠落事故。

案 例

1994 年 8 月 25 日 9 时 15 分，原北京铁路局临汾电务段，通信工刘国荣骑自行车进入灵石至两渡区间进行同轴电缆巡视作业，在路肩上绕行公里标时，未控制好速度，连人带车从 5 m 多高的路肩上摔下，跌至与铁路并行的公路上，造成头部重度摔伤、昏迷。

为控制站场使用交通工具中的人身安全风险，制定预控措施：

1. 站场内使用配备的自行车、电动车等交通工具时，应有固定行走路线和

存放地点，必要时应放倒存放。

2. 邻线过车时，禁止骑行。

3. 路肩、线间距小于6.5 m的两线间、无硬面化便道，严禁使用自行车、电动车等交通工具。

第三节　劳动保护

一、职业危害因素

职业危害因素是指在生产劳动或其他职业活动中，存在危害劳动者身体健康的物理性、化学性、生物性等各种有害因素的总称。铁路企业常见的职业危害因素有粉尘、噪声、电磁辐射、有毒有害气体等。长期在危害场所的作业人员，将面临罹患职业病的危险。

案 例

2003年9月15日，广东省深圳市观澜某五金制品厂，原本三氯乙烯清洗车间安装有降低有害气体浓度的工业排风扇，冲压车间无相应劳动防护措施。厂方盲目加快生产进度，违规将清洗作业从清洗车间移至冲压车间，生产中，导致4名女工中毒。

为控制职业危害因素带来的人身安全风险，根据《中华人民共和国职业病防治法》，制定预控措施：

1. 职业病防治坚持预防为主、防治结合的方针，建立用人单位负责、行政机关监管，行业自律职工参与和社会监督的机制，实行分类管理、综合治理。

2. 用人单位应采用有效职业病防护设施，提供防护用品，定期对工作场所危害因素检测、评价。

3. 劳动者应遵守操作规程，正确使用防护设备和防护用品。

4. 用人单位应组织从事接触职业病危害的劳动者上岗前、在岗期间和离岗时职业健康检查，并将检查结果书面告知劳动者。

二、班中着装

铁路工作服和防护用品是铁路员工劳动保护的重要措施，根据工作性质，铁路各专业都设计配备了符合自己专业安全特点的工作服和防护用品。另外，铁路管理部门为现场作业人员还专门制作了防护服。铁路防护服在设计上采用了橙、黄两种颜色，夜间具有反光功能，这主要是为便于机车乘务员及时发现、采取措施，避免造成人身伤害。

案 例

2014 年 8 月 17 日 3 时 38 分，北京铁路局天津电务段管内，京沪线南仓站 111#道岔反位无表示。在处理故障中，南仓信号工区工长孙文强在防护服外套穿了没有反光警示标志的老式雨衣后，赶赴现场，单人上道处理故障。电务驻站联络员到达行车室后，忙于道岔扳动实验和机械室检查，未及时通知现场列车运行情况。3 时 46 分，K52 次列车通过南仓站时，将正在处理故障的孙文强撞轧致死。之后，列车连续通过北仓、汉沟镇、杨村站，到廊坊北站技术停车时乘务员才发现机车前端有被撞轧人员。

为控制班中着装不规范带来的人身安全风险，制定预控措施：

1. 行车有关人员执行任务时，应按规定着装，佩戴防护用品。

2. 作业中应服装整齐、扣紧纽扣、紧身利落。

3. 不得穿高跟鞋、凉鞋、拖鞋、塑料底鞋和带钉子的鞋。

三、防护用品选择与采购

劳动防护用品是用人单位为劳动者配备，使其在劳动过程中免遭或减轻事故伤害及职业病危害的个体防护装备。《用人单位劳动防护用品管理规范》规定：劳动防护用品应由用人单位提供；用人单位使用的劳务派遣工、接纳的实习学生应纳入本单位人员统一管理，并配备相应的劳动防护用品；对处于作业地点的其他外来人员，应按照与进行作业的劳动者相同的标准，正确佩戴和使用劳动防护用品。防护用品质量直接关系着劳动者的安全健康，选择适合劳动者的防护用品，采购符合国家和行业标准的防护用品，是保障劳动者职业健康的重要环节。如果用人单位防护用品选择不当，配备标准不满足劳动者现场需求，甚至采购未经检验、鉴定不符合标准的防护用品，就不能保证劳动者的安全与健康。

案 例

2011 年 6 月 20 日 13 时 58 分，贵州省都匀市某建筑工地，钢筋工娄树义和黄建新一起去伙房吃饭，经过工地水龙头时，突然从建筑物上掉下一块木板，正好砸在黄建新头部，安全帽瞬间变成碎片，黄建新鲜血直流，头骨破裂。后经调查发现，该工地经营者为节约成本，所购置的都是市场上最便宜的劣质安全帽。

为控制防护用品选择与采购不规范带来的人身安全风险，根据《用人单位劳动防护用品管理规范》，制定预控措施：

1. 用人单位应根据工作场所危险、有害因素种类及危害程度、劳动环境条件、防护用品有效使用时间，制定适合本单位的防护用品配备标准。

2. 按照识别、评价、选择的程序，结合作业方式和工作条件，选择防护功能和效果适用的防护用品。

3. 不得选择和采购无安全标志、生产许可证、产品合格证，不符合国家和行业标准的防护用品。

四、防护用品使用

铁路防护用品是指铁路从业人员在生产过程中人身安全与健康所必备的防御性装备，它对于减少职业危害起着十分重要的作用。铁路行业常用的防护用品有安全带、安全绳、绝缘手套、绝缘鞋、安全帽、防毒护具等。如果使用前不检查防护用品状态，不按规定周期对防护用品进行检测试验，作业中防护用品不正确使用、超寿命周期使用等，都将使防护用品失去安全保障作用，使从业人员面临职业危害风险。

案 例

2012年8月13日，中铁电气化局在某站进行接触网施工中，1名职工未正确佩戴安全帽，在梯车上挂安全带时，身体未保持好平衡，不慎从梯车上坠落，经抢救无效死亡。

为控制防护用品使用不规范带来的人身安全风险，根据《劳动防护用品配备标准》《用人单位劳动防护用品管理规范》，制定预控措施：

1. 防护用品使用前，应仔细检查是否有效，不得超过出厂标示的有效周期使用。

2. 进入生产场所人员，应按规章制度和劳动防护用品使用规则正确佩戴和使用防护用品。

3. 绝缘手套、绝缘鞋除按期更换外，每半年应检测一次绝缘性能；安全带、安全绳每年应进行1次拉力试验。

4. 用人单位应定期对劳动防护用品使用情况进行检查。

5. 公用劳动防护用品应由车间或班组统一保管、定期维护。

6. 用人单位应对劳动防护用品进行经常性维护、检修，定期检测其性能和

效果，保证其完好有效。

7. 安全帽、呼吸器、绝缘手套等安全性能要求高、易损耗的劳动防护用品，应按有效防护功能最低指标和有效使用期，到期强制报废。

五、安全帽使用

安全帽可缓冲、分散瞬间冲击力，避免或减轻头部直接伤害，是防止冲击物伤害头部的主要防护用品，是作业人员遇到意外风险的保命措施。如果在头部可能受到伤害的作业环境下，不佩戴安全帽或不正确使用安全帽，将使作业人员面临头部被砸、被撞击，甚至失去生命的危险。

案 例

1998 年 5 月 26 日，某供电段变电检修车间进行变电所断路器检修作业。由于天气较热，该单位职工王振江坐在断路器的背阴面休息，将安全帽取下放到地上。另一职工张涛在杆顶紧固断路器线夹时，由于用力过猛，扳手不慎掉落，正好砸在王振江头上，造成重伤。

1986 年 6 月 23 日 14 时 40 分，青海省格尔木市某工程公司承建的供热扩建工程主厂房施工，临时工孙广祥感觉安全帽闷热，擅自将安全帽内衬缓冲层拆掉，致使帽壳内侧紧贴头部。当他往手推车上装模板时，从 16 m 高的脚手架上掉下一根 1 m 长的槽钢，正好击中孙广祥头部，造成颅骨粉碎性骨折。

为控制安全帽使用不规范带来的人身安全风险，根据国家标准《安全帽》规定：

1. 遇有高处作业、有限空间作业、有飞来或坠落物体场所，头部可能碰撞到尖锐、坚硬物体处所等头部可能受到伤害处所，应戴安全帽。

2. 安全帽使用前，应确认外部完整无损，内部帽衬顶端与帽壳内顶保持 25~50 mm 间隙。发现安全帽有开裂、下凹、老化、裂痕和磨损等情况，不得使用。

3. 安全帽使用时，应戴稳戴正，并调整好帽箍，系紧下颏带。

六、安全带使用

安全带是防止高处作业人员发生坠落或发生坠落后将作业人员安全悬挂的个体防护装备。作业人员有时因作业时间短或嫌麻烦、图省事，心存侥幸，往往在高处作业中不使用安全带，这就失去了对高处作业人员的安全保障作用，使作业人员面临高处坠落风险。另外，如果在高处作业中，“低挂高用”安全带，就会人为突破安全带有效保护行程，坠落时重力加速度会增加安全带冲击负荷，使安全带断裂；受力瞬间还会使作业人员腰部受伤，或在空中摆动撞击，造成其他部位伤害。因此，安全带使用应遵循“高挂低用”。

案 例

2000 年 6 月 1 日 9 时 55 分，陕西兴文变电所员工谷鑫和孟繁明，共同清扫 1#主变压器门型架绝缘子。当清扫完第一串绝缘子，谷鑫解开安全带，在安全带还没有重新系牢的情况下，便向第二串绝缘子移动。在移动过程中，身体突然失去重心，从 6 m 高的门型架上坠落，当场死亡。

为控制安全带使用不规范带来的人身安全风险，根据国家标准《安全带》，制定预控措施：

1. 坠落高度 2 m 及以上作业应系安全带，作业中不得以任何理由停止或间断使用安全带。

2. 安全带使用前，应确认外观完好，保险环功能有效。

3. 安全带使用时，应正确佩戴，连挂牢固，扣好保险环。

4. 一般情况下，安全带应“高挂低用”，防止摆动。

七、绝缘手套使用

绝缘手套用橡胶、乳胶、塑料等材料制成，具有防电、防水、防化、防油、耐酸碱等功能，是间接带电作业中的辅助性防护用品。部分人员往往认为，间接带电作业已经有了主要防护措施，绝缘手套只是冗余措施，作业时戴上绝缘手套很不方便也不习惯。事实上，如果现场间接带电作业不使用绝缘手套，就很可能造成作业人员被电击伤害。

案 例

1987 年 9 月 22 日，云南省滇南地区连续降雨，空气潮湿，滇南变电站助理值班员于丽红在准备清扫 1#主变压器时，未对绝缘手套进行气密性检查，便直接戴上已经破损的手套，去手动断开 1011 隔离开关，在 1011 隔离开关刀闸分离瞬间，泄漏电流通过隔离开关传动杆将于丽红右手部严重电伤。

为控制绝缘手套使用不规范带来的人身安全风险，根据《普速铁路接触网安全工作规则》《牵引变电所安全工作规程》，制定预控措施：

1. 隔离开关手动倒闸及利用绝缘杆等间接带电作业时，应戴绝缘手套。

2. 绝缘手套使用前应进行外观检查，如有发黏、裂纹、破口、气泡、发脆

等情况，禁止使用。

3. 绝缘手套使用前应进行气密性检查。具体方法：将手套从口部向上卷，用力将空气压至手掌及手指部位，检查有无漏气，如有漏气禁止使用。

4. 使用绝缘手套时，应将上衣袖口套入手套筒口内。

八、女职工劳动保护

女职工在月经期、怀孕期和哺乳期，容易受到作业环境和作业强度带来的安全风险，使女职工自身及孕婴健康受到伤害。因此，在此期间，女职工应享有与其他劳动者不同的劳动待遇。

案 例

2015 年 2 月，浙江某服装店生意兴隆，工作繁忙，员工每天工作时间都在 12 小时以上。销售员吴琴发现自己怀孕后，多次提出休息，未获批准。2 月 28 日 22 时，吴琴终因劳累过度，在店内值班中晕倒，第二天醒来，发现自己躺在医院，胎儿已流产。

为控制女职工劳动保护不规范带来的人身安全风险，根据《女职工劳动保护特别规定》，制定预控措施：

1. 女职工在月经期，不得安排从事高空、低温、冷水和国家规定的三级体力强度的劳动。

2. 女职工在怀孕期，不得安排从事三级体力强度和孕期禁忌从事的劳动，不得延长劳动时间；对不能胜任原劳动的，应减轻劳动量或安排其他劳动；怀孕 7 个月及以上时，不得安排夜班，并安排一定时间休息。

3. 女职工在哺乳期，不得安排从事三级体力强度和哺乳期禁忌从事的劳动，不得延长劳动时间，不得安排夜班。

九、扛抬重物

人力搬运或装卸重物时，往往需要多人共同参与进行。如果用力不均、动作不协调或受空间环境限制等因素影响，容易造成扛抬重物人员扭伤、砸伤、致残等伤害。

案 例

2012 年 10 月 11 日 10 时 40 分，中铁十五局电务公司在朔黄铁路公司肃宁北站作业，雇用 4 人抬运 BES—1600 型扼流变压器上道。行至护坡处，后方抬运民工刘志辉不慎滑倒，扼流变压器落地，将其右脚砸伤。

为控制扛抬重物工作中的人身安全风险，制定预控措施：

1. 扛抬重物时，应采取防护措施，男性单次重量不得超过 50 kg，女性不得超过 20 kg。

2. 搬运及装卸重物时，应尽量使用机械作业。

3. 多人扛抬时，应统一指挥、动作一致。

4. 夜间应有充足照明。

5. 禁止负重登高。

十、腐蚀性化学品使用

腐蚀性化学品主要是指强酸、强碱和对人体具有腐蚀性的化学品，这些化学品能灼伤人体组织并对金属物品造成损坏，如硫酸、氢氧化钠、氨水等。铁路给水所消毒使用的盐酸、二氧化氯等都属于腐蚀性化学品，如果操作使用不当，就会对人体造成严重伤害。

案 例

2007 年 12 月 22 日，朔黄铁路公司定州西站给水所，委外单位中铁十八局值班员李富国，在未戴防护眼镜的情况下，向二氧化氯发生器加注盐酸。加注过程中，李富国感到盐酸气体刺激眼部、视觉模糊，匆忙撤离时，不慎将盐酸洒在身上，造成衣物腐蚀、皮肤灼伤。

为控制腐蚀性化学品使用中的人身安全风险，根据《常用化学危险品贮存通则》《化学品贮存使用安全规定》，制定预控措施：

1. 腐蚀性化学品作业，应戴防护手套、防护眼镜，穿防护服，并执行危险化学品安全操作使用说明。

2. 作业后应及时清除遗留、洒落药液，封存剩余化学药品。

3. 作业后应及时洗手，清洗使用过的防护用品。

第四节　作业防护

一、防护资质

为防止现场作业人员被机车、车辆撞轧，保障营业线作业人员人身安全，作业单位应针对作业任务、作业地点和作业环境等，设置驻站联络员、现场防护员和远端防护员，一般情况下统称为防护员。防护员岗位十分重要，如果随意指定防护员或不具备资质的人员担当防护，以及防护人员不熟悉作业特点、影响范围、相关列车运行常识等，就很容易误判、错报、漏报列车运行信息，给作业人员带来安全风险，甚至造成群死群伤事故。

案 例

2014年3月22日12时30分，太原铁路局茶坞工务段，铁炉村线路车间雇用包工队在大秦线延庆至下庄区间军都山隧道内进行重车线清污作业，现场安排了未经培训的民工担任防护员。当本线来车时，防护员未能及时通知作业人员下道避车，导致77155次列车与2名作业人员相撞，其中1人经抢救无效死亡。

为控制防护资质不规范带来的人身安全风险，根据《铁路营业线施工安全管理办法》，制定预控措施：

1. 防护员包括驻站联络员、现场防护员和远端防护员等负责现场人身安全的专职防护人员。

2. 防护员应经本专业职业技能鉴定，并由路局或公司级有关部门培训考试，取得相应职业和岗位资格证书。

3. 实习生、临时工不得担任防护员。

4. 接触网作业防护员安全等级不得低于三级。

二、驻站联络员

驻站联络员是与行车指挥人员保持联系，及时了解列车运行动态，准确向作业现场通报列车运行信息，反馈现场作业情况的关键人员，是现场作业人身安全的第一道防线，驻站联络员一般设置在行车室。遇调度集中控制区段的无人值守站，驻站联络员一般设在调度所，又叫驻调度所联络员。本书为简化书写方式，把驻站联络员或驻调度所联络员统称为驻站联络员。驻站联络员通过预报、确报和变更通知等形式通知现场防护员或负责人等，预报是指车站对作业区间办理闭塞时，驻站联络员应立即向现场防护员发出预报；如遇通过列车，则应提前一个车站（即邻站向本站发车时）发出预报；确报是指车站向作业区间发车时，驻站联络员应立即向现场防护员发出确报；变更通知是指预报、确报有变化时，驻站联络员应向现场防护员发出变更通知。作业地点距车站较近或作业条件较复杂，需要提前预报、确报时，作业负责人还应事先与驻站联络员商定明确，并通知全体防护及作业人员。驻站联络员在履行防护职责过程中，如果漏报、误报、错报列车运行信息，后果将不堪设想。

案 例

2009年5月17日，安徽省凤阳县劳务合作中心17名作业人员，在京沪线K1314~K1315处清理清筛余土结束后，沿上行线路肩，返回驻地洛社站。当行走至洛社站东侧4#道岔附近时，因路肩堆有轨枕，现场防护员询问驻站联络员上行线列车运行情况，驻站联络员未确认控制台显示，也未与值班员联系，便盲目回复："上行无车。"现场防护员随即指挥人员从砟肩绕行，当行走至K1312+950处，被通过的D5420次列车撞轧，造成2人死亡、3人重伤。

为控制驻站联络员作业不规范带来的人身安全风险，根据《普速铁路工务安全规则》《铁路电务安全规则》，制定预控措施：

1. 区间或站内作业应设驻站联络员。驻站联络员负责办理施工、维修的登记、销记手续；向作业负责人传达调度命令。

2. 驻站联络员应通过控制台或显示器、车机联控信息等渠道，及时准确地掌握列车预报、确报、变更等信息，并向现场防护员和远端防护员通报列车运行情况。

3. 作业负责人应通过驻站联络员与车站值班员保持密切联系，设置好防护后方可作业。作业过程中应密切注意来车预报、确报等信号。

三、现场防护员

铁路营业线作业时，按通过列车或调车车列给作业人员劳动安全带来的危害等级，可分为三种情况：一是在铁路线路上从事影响或不影响行车安全的施工和维修作业；二是在铁路建筑限界以外的路肩上或线路间距内从事有可能侵入铁路机车车辆限界的作业；三是在路肩外侧路基、坡脚、涵洞、护坡等区域作业，一般不超过铁路护网。第一种和第二种情况的作业人员不掌握列车运行信息提前下道避车，就有可能被通过的机车、车辆撞轧；第二种和第三种情况的作业人员不掌握列车运行信息，不注意观察通过列车运行情况，就有可能被通过的机车、车辆上坠落物砸伤，或被固定货物的铁丝、绳索等漂浮物剐伤。所以，营业线作业现场应设防护员。如果不设现场防护员或现场防护员在防护过程中不履行职责，或现场防护员站位距离作业人员过近，被动听到作业人员交流语音，不由自主地观看作业过程，甚至主动帮忙、参与作业，这都有可能造成现场防护员在列车接近时不能提前发现，从而酿成撞轧或剐碰等事故，甚至造成作业人员群死群伤。另外，列车接近后，现场防护员发现人员、机具不能及时下道避车时，如果不果断采取紧急措施拦停列车，也有可能导致撞轧事故。

案例

2006年12月5日，武汉工务机械段清筛三车间整修防护工区，职工张德庆带领7名民工在焦柳下行线K664+700处进行整理线路外观并封镐窝作业（因12月4日捣固后镐窝未封），7时30分上道作业，张德庆带班兼防护，未设专职现场防护员。8时20分巡道工用对讲机呼喊职工王安琪（在K664+300处检查线路），说K663+100处有一线路三角坑病害需处理，但王安琪未答应去。民工头叶鸿飞让职工张德庆去处理，张德庆离开K664+700处作业现场，造成现场作业无人防护。9时00分，焦柳上行线41086次货车通过，作业民工未下道。9时01分，下行线由西安开往宜昌的N361次列车接近，民工下道不及时，被N361次列车撞上，造成2人死亡、4人受伤。

2012年10月6日11时30分，成都铁路局涪陵工务段，黔江车间甘家坝工区，在渝怀线甘家坝至鱼泉间K321+100处进行线路补修。天窗结束后，现场未设专职防护员继续作业，构成点内项目点外进行。列车通过时，作业人员下道不及时，造成4人被撞轧身亡。

为控制现场防护员作业不规范带来的人身安全风险，根据《普速铁路工务安全规则》《铁路电务安全规则》，制定预控措施：

1. 在区间、站内侵入铁路建筑限界或邻近营业线作业时，应设现场防护员。

2. 现场防护员应站在作业地点附近，距离作业人员10 m以外，且瞭望条件较好的地方进行防护。

3. 现场防护员接到驻站联络员或远端防护员列车运行信息时，应及时通知现场负责人组织下道避车。遇有特殊情况，可直接通报车站值班员、机车乘务员或通知远端防护员拦停列车。

四、远端防护员

遇有现场防护员瞭望条件困难，与驻站联络员联系不畅，人员、机具、路料不能随时下道，设备不能随时恢复等情况，一般在现场设有远端防护员。远端防护员应位于线路最大允许速度运行的列车紧急制动距离外方。当线路允许速度不超过120 km/h时，远端防护员距作业地点应不小于800 m。如果远端防护员设置距离不足、不设远端防护员，或远端防护员不认真瞭望、不及时给现场防护员通报列车运行情况等，都有可能给作业人员带来安全风险。

案 例

2011 年 1 月 13 日 12 时 48 分，兰州西工务段河口南线路车间华家山线路工区在兰新线龙泉寺至大路间上行 K66+940 处瞭望不良地段作业，未设置远端防护员。当现场防护员发现乌鲁木齐开往上海的 T54 次旅客列车接近作业地点时，为时已晚，导致工长许玉山被撞身亡。

2010 年 1 月 31 日 21 时 56 分，南昌铁路局南昌供电段昌北接触网工区接到京九线乐化站 21#接触网支柱倾斜故障通知，作业人员乘接触网作业车到达乐化站后，还未来得及设置驻站联络员和远端防护员，4 名接触网工便匆忙下车，并携带照明灯具和检修工具沿上行道心赶赴故障现场，行至北端岔区 K1442+310 处时，其中 1 人发现来车跳下线路，其他 3 人被后方驶来的南昌至宁波 2532 次旅客列车以 110 km/h 速度撞轧，当场死亡。

为控制远端防护员作业不规范带来的人身安全风险，根据《普速铁路工务安全规则》，制定预控措施：

1. 遇有区间或站内封锁施工、使用轨道小车，人员、机具、路料不能随时下道，设备不能随时恢复时，现场作业应设远端防护员。

2. 远端防护员与现场防护员联系困难时，应增设远端防护员。

3. 远端防护员以瞭望防护为主，发现列车接近时，应及时通知现场防护员。

4. 远端防护员应与驻站联络员、现场防护员随时保持联系，接到现场防护员拦车指令后，应及时拦停列车。

五、防护作业

铁路营业线上作业时，作业人员精力主要集中于作业任务和作业质量上，对来往列车和周围环境变化带来的安全风险，主要依靠防护员提供信息。驻站联络员、现场防护员、远端防护员，任何一种防护员在防护过程中，防护职能失效，都有可能给现场作业人员带来安全风险。比如防护员在防护过程中，与他人聊天、参与作业等延误或错失列车运行信息，现场作业人员人身安全就将无法得到保障。

案 例

2012 年 6 月 7 日 9 时 20 分，青藏铁路公司德令哈工务段泉水梁工区的作业人员，利用列车间隔，在青藏线连湖至欧龙山下行线 K582+740 处进行捣固作业。现场防护员参与作业，防护失效，作业人员未发现 57097 次列车接近，导致 3 名职工未及时下道，被列车撞轧，当场死亡 2 人、重伤 1 人，重伤者在送往医院途中死亡。

为控制防护作业不规范带来的人身安全风险，根据《普速铁路工务安全规则》《铁路电务安全规则》，制定预控措施：

1. 防护员应持证上岗，按规定穿着防护服，佩戴标志和防护用品。

2. 防护期间防护员不得临时调换，不得与他人聊天、参与作业，不得做与本职工作无关的事项。

六、防护信息传递

防护信息传递是指驻站联络员、现场防护员、远端防护员以及作业负责人之间的信息传达，主要包括作业开始命令、作业地点、列车运行情况、作业结束恢复运行命令等。信息传递过程中，遇有现场环境噪声大、电台通信不良、用语不标准、不执行呼唤应答制度等，都有可能出现误听、误传信息，使安全防护信息不能及时、准确传递至现场作业人员，给现场作业带来安全风险。

案 例

2010 年 5 月 22 日 14 时 29 分，成都铁路局西昌工务段燕岗线路车间，在成昆线 K165~K168 处临时进行补修作业。驻站联络员通知现场防护员："44116 次列车接近!"但因现场环境噪声较大，防护员未能听到通知信息。当现场防护员发现列车接近时，匆忙通知作业人员下道，可惜为时已晚，最终造成 2 名劳务工因被撞轧死亡。

为控制防护信息传递作业不规范带来的人身安全风险，根据《普速铁路工务安全规则》，制定预控措施：

安全防护信息传递，应使用标准用语，执行呼唤应答和复诵制度。

七、驻站联络员与现场防护员联系中断

防护通信设备受信号干扰、电池电量不足或受现场列车、机具等环境噪声影响，甚至现场防护员参与作业，可能会出现驻站联络员呼叫不到现场防护员或远端防护员，造成列车运行信息不能及时传达至现场作业人员，导致现场作业人员、机具不能及时下道避车，或恢复线路运行条件。此时，驻站联络员若不及时通报车站值班员、机车乘务员，采取关闭信号、变更进路、列车减速或非常停车等措施，就有可能导致现场作业人员人身伤害事故。

案例

2016年12月10日，京广线安阳地区雾霾天气严重，能见度较低。郑州铁路局新乡电务段，安阳北信号检修工区利用列车间隔，在安阳站客场南岔区加装道岔融雪装置。转移作业位置，9名作业人员到达下行正线166#道岔后，将发电机放置在道岔融雪装置线路东侧4~5 m处，并在南北侧各设1名现场防护员。9时35分，南侧防护员袁炜阳向室内驻站联络员曹斐汇报了作业位置，作业负责人董爱国带领6名劳务工开始作业。当车站值班员办理X103次列车接车作业时，室内驻站联络员分别在信号开放、列车接近、列车进站3个关键点先后向现场防护员预报，但在现场防护员没有应答的情况下，没有采取其他有效措施。9时41分，北京机务段SS_9—0045机车牵引的X103次特快行包专列，以125 km/h速度接近作业地点时，机车乘务员发现运行前方有作业人员侵入限界，立即鸣笛并距作业地点93 m处采取紧急制动措施。在减速过程中，机车与作业人员相撞，造成信号工董爱国、袁炜阳及劳务工魏会成、任春成、秦文洋、孟庆德共6人当场死亡。

为控制驻站联络员与现场防护员联系中断带来的人身安全风险，根据《普速铁路工务安全规则》，制定预控措施：

1. 驻站联络员应与现场防护员随时保持联系，至少3~5分钟联系1次。

2. 联系中断时，应采用其他通信方式通知现场作业人员，必要时应及时通知车站值班员采取措施。

八、现场防护员与驻站联络员联系中断

遇防护通信设备故障或驻站联络员闲谈、看书、离岗、从事与防护作业无关事项时，可能会出现现场防护员呼叫不到驻站联络员，造成现场作业人员无法及时掌握列车运行信息。此时，如果现场继续作业，列车通过时，极有可能因作业人员、机具下道晚，或不具备线路运行条件，导致撞轧或行车事故。

案例

2015年10月11日15时10分，太原铁路局侯马北工务段桥上线路车间组织晋鑫铁路维护公司9人，在侯月线桥上至翼城东北沟隧道内下行K66+300曲线处，利用列车间隔使用便携式内燃捣固机、液压起道器等机具进行线路维修作业。现场仅在上行线28#避车洞内设1名通话柱联络员兼任现场防护员，该处对下行线瞭望距离不足100 m，且未增设中间防护员和远端防护员。作业中，

机械噪声较大，防护员未能听到列车运行通知信息。15 时 47 分，53225 次单机运行至该处，将正在作业的 3 名雇用人员撞伤，经翼城县人民医院抢救无效先后死亡。

为控制现场防护员与驻站联络员联系中断带来的人身安全风险，根据《普速铁路工务安全规则》《铁路电务安全规则》，制定预控措施：

1. 现场防护员应以瞭望为主，并与驻站联络员和远端防护员随时保持联系，至少 3~5 分钟联系 1 次。

2. 联系中断时，应立即通知作业负责人停止作业，人员、机具撤出线路，必要时将线路恢复到准许放行列车状态。

九、防护范围

防护范围是指作业人员能清晰听到现场防护员防护指令的有效距离。防护范围受周围环境影响较大，遇有邻线列车通过、站内作业繁忙、与公路并行或交叉地段，容易受到列车或机动车等环境噪声干扰。因此，现场防护员应控制作业区段长度，一旦作业人员超出防护范围而失去防护，极易造成人身伤害。

案 例

2012 年 12 月 18 日 14 时 15 分，哈尔滨铁路局鸡西工务段 8 名职工，在图佳线宝林站上行咽喉区域进行道岔除雪作业。由于现场人员分散，作业面广，当 26313 次货运列车通过上行咽喉区域时，1 名线路工超出防护范围，未能听到防护员下道通知，被Ⅰ道通过的货运列车撞轧，当场死亡。

为控制防护范围不规范带来的人身安全风险，根据《普速铁路工务安全规则》，制定预控措施：

1. 作业地段不宜过长。一般情况下，现场防护员距离最远端作业人员不宜超过 50 m，必要时，应增设现场防护员。

2. 不得指派人员到防护区段以外线路上作业。

十、移动作业防护

移动作业防护主要是针对线路上使用轻型车辆或小车作业的一种防护作业。这里所说的轻型车辆是指随乘人员能随时撤出线路外的轻型轨道车及其他非机动轻型车辆，小车是指轨道检查仪、钢轨探伤仪、单轨小车、吊轨小车等。执行移动作业防护时，现场防护员和远端防护员应保持与轻型车辆或移动小车速度同步，并以停车手信号防护。如果远端防护员与轻型车辆或小车距离过近，不能满足列车紧急制动距离时，就失去了对移动作业人员的有效防护。

案例

2014年5月13日4时05分，上海铁路局杭州工务段衢州探伤工区作业组，6名作业人员在沪昆下行线衢州—后溪街站K447+350处，利用天窗点进行探伤作业时，被反方向运行的中铁电气化局杭州维管段接触网作业车撞上，造成2人死亡、1人重伤。

为控制移动作业防护不规范带来的人身安全风险，根据《普速铁路工务安全规则》，制定预控措施：

1. 利用列车间隔在区间使用能随时撤出线路的小车时，应设驻站联络员并办理登记手续。

2. 移动作业应在前后方向按线路最大速度等级的列车紧急制动距离位置，设置远端防护，并随车移动。

3. 现场防护员和远端防护员应显示停车手信号，并注意瞭望。

十一、配合作业防护

铁路结合部设备施工、检修等作业时，通常需相关设备单位人员现场配合共同完成。由于配合单位不是施工、检修主体单位，一般只派少数专业人员到现场配合作业。配合作业往往人员少、作业面广，配合人员具有作业穿插、流动性大、行为约束力小等特点，再加上配合单位负责人通常不到现场或到达现场的负责人不随时监督配合人员，造成现场配合人员往往以完成任务为主，安全警戒性容易放松。如果主体单位对配合人员疏于管理，就有可能发生配合人员伤亡事故。

案例

2011年1月10日，北京铁路局保定电务车间信号工佟剑锋，在京广线北河店站10#道岔配合工务整修作业。现场防护员通知下道避车后，佟剑锋单人去道岔后检查时身体侵入邻线，被通过的K749次旅客列车撞轧致死亡。

2014年3月19日2时54分，成都电务段成都北信号工区，在成都北环下行线配合成都工务段大机捣固作业，1名信号工前去北环下行线检查轨道电路接续线，行至达成线K331+377处道心时，被通过的CX614次货物列车碰撞，当场死亡。

为控制配合作业防护不规范带来的人身安全风险，制定预控措施：

1. 配合人员的人身安全防护工作，应由作业主体单位负责。

2. 配合人员在配合作业过程中，应服从作业主体单位的防护指令。

十二、检查指导防护

在营业线上道或侵入限界检查、指导工作的领导干部及管理人员，往往不掌握现场列车运行情况和作业环境安全风险，而且检查内容、检查地点也随时变化。特别是跨专业、多单位管理干部现场观摩或指导时，防护主体不明确，现场作业单位容易依赖对方防护，思想麻痹，极易发生人身伤害事故。

案 例

1998 年 5 月 16 日，原北京通号公司副段长朱卫忠，在南同蒲线襄汾至柴庄区间上行线弯道处检查自动闭塞改造施工进度时接听电话，且边接边走，单人进入下行线，现场防护员未能及时发现、制止。此时，2085 次列车从弯道驶来，朱卫忠躲闪不及，被当场撞死。

2013 年 4 月 10 日，南昌铁路局南昌工务段线路科 2 名干部，陪同路局工务处 1 名干部前往京九线 K1455+350 维修作业现场检查工作，沿上行道心行走至 K1457+420 处时，被上行通过的 D118 次动车组列车撞轧，造成 2 人死亡、1 人重伤。

为控制检查指导防护不规范带来的人身安全风险，制定预控措施：

1. 检查指导人员进入作业现场，应由作业主体单位负责安全防护。

2. 检查指导人员进入非作业现场，由设备主管单位或管理人员所属专业单位负责安全防护。

十三、故障抢修防护

营业线行车设备发生故障时，一方面值班人员少，故障抢修时间紧；另一方面抢修人员顾虑故障抢修时间长，面临考核心理压力大。故障抢修过程中，抢修人员往往专注于故障分析、判断和应急处置，容易简化程序，甚至违章作业。如果不设专职防护员参与抢修，或间断防护，都会给故障抢修人员带来安全风险。

案 例

1986 年 8 月 17 日 0 时 38 分，京广线新安村—新乐区段，雷雨天气，区间 2287 信号机突然灭灯报警，正在值班的信号工区工长李志义，单人上道赶赴现场处理故障，未发现通过的7007次货物列车，被该列车撞轧死亡。

2009年10月8日13时18分，沈阳铁路局溪辽甲线某电务段，本溪信号车间专组站工区，单人值班的信号工方国权，在专组站下行接近区段K64+121处查找轨道电路红光带故障时，被通过的49015次列车当场撞死。

为控制故障抢修防护不规范带来的人身安全风险，根据《铁路电务安全规则》《普速铁路工务安全规则》，制定预控措施：

1. 营业线设备故障抢修时，应设驻站联络员和现场防护员。

2. 邻线未封锁时，人员、机具、材料等不得侵入限界。

3. 故障抢修人员未下道，驻站联络员和现场防护员不得擅离岗位，参与故障抢修。

十四、灾害抢险防护

营业线发生自然灾害时，往往伴随着恶劣天气，灾害现场及周边环境复杂，危害程度随时变化，难于预测，极易发生次生灾害。特别是遇有洪水冲垮铁路桥梁、路基，或山体滑坡、泥石流掩埋铁路线路等严重水害时，参加灾害抢险单位、人员、机械多，各单位都往往急于抢通线路、恢复设备，容易忽视人身安全。

案 例

2009年7月29日4时22分，柳州地区连日持续强降雨，焦柳线古砦—寨隆K1568+261处，3 000~5 000 m^3 山体滑坡，10多米高的挡土墙崩塌，掩埋线路。由襄樊开往湛江的1473次旅客列车，运行至滑坡地点，机车及机后1~4位车辆脱轨，造成4名旅客死亡、50余名旅客受伤，焦柳线中断行车。6辆挖掘机和近2 000名救援人员参与抢险，抢险过程中，山体上方不断有土石滚落，十分危险。

为控制灾害抢险防护不规范带来的人身安全风险，根据《普速铁路工务安全规则》，制定预控措施：

1. 灾害抢险时，应封锁线路，设置停车信号防护，并通知车站，停止放行列车。

2. 灾害现场应单一指挥，统一协调，指定抢修范围，任何人不得擅自进入危险区域。

3. 指派专人调查水害现场及附近有无冲空、坍塌和其他异状，监护危险处所，发现险情要及时防护。

4. 使用重型机械时，应指派专人指挥，防止机械设备倾倒、滑落及碰伤人员。

5. 邻线未封锁时，应设警戒线，人员、机具、材料等不得侵入限界。

十五、鸣笛标、作业标防护

位于铁路营业线弯曲处的声屏障、树木、山体、高大建筑物以及隧道等构筑物或建筑物，限制了机车乘务员的瞭望距离。列车通过这些地段时，一旦发现前方线路有人，即使采取紧急制动也避免不了人身伤害事故的发生。另外，在这些地段作业，线上人员瞭望视角受到限制，难以发现列车接近而提前下道避车，所以通常在上述地段运行前方设置有鸣笛标，工务专业在作业地段两端还设有作业标。如果这些标志缺失、字迹不清、位置错误等，就不能提醒列车乘务员加强瞭望、采取措施，给线上人员带来安全风险。

案 例

2013 年 11 月 6 日 9 时 17 分，中铁十二局组织 15 人进入朔黄下行线 K222+261 处，在未设作业标防护的情况下，使用单轨小车收运旧枕。当 4057 次货物列车通过刘家沟隧道后，乘务员发现前方 600 m 左右线路上有大量人员作业，立即鸣笛并采取紧急制动措施，作业人员才慌忙下道避车，险些酿成群死群伤事故。

为控制鸣笛标、作业标防护不规范带来的人身安全风险，根据《铁路技术管理规程》《普速铁路工务安全规则》，制定预控措施：

1. 道口、大桥、隧道及视线不良地点作业，应在作业地点前方 500～1 000 m 处列车运行方向左侧设鸣笛标。

2. 在区间线路上进行不影响行车安全的作业，应在作业地点两端 500～1 000 m 处列车运行方向左侧设作业标。

十六、列车主动防护

鸣笛标、作业标、移动停车信号等是保障现场作业人员人身安全的重要措施。列车乘务员在运行中，如果不彻底瞭望，不及时按标志及信号指示采取措施，就有可能造成相撞事故。另外，列车运行至隧道内或遇有雨、雪、雾、霾等能见度不足的天气，不开启头灯，线路上作业现场人员会因瞭望困难，难以远距离发现列车，待到能看清楚列车时，就可能为时过晚，错过最佳下道避车时机，从而酿成相撞事故。

案 例

2007 年 4 月 18 日 17 时 41 分，原柳州铁路局百色工务段品甸工区，作业人员在南昆线 K487+450 处，利用列车运行间隔进行扣件紧固、螺栓涂油补修作业，设置好作业标后，便开始作业。作业中远端防护员和现场防护员参与作业，现场无人防护。自南宁方向开来的 40233 次货物列车运行至作业地点附近，乘务员间断瞭望，未能发现作业标。当列车驶离弯道，司机发现运行前方线路有人作业，立即采取鸣笛和紧急停车措施，制动过程中，将慌忙下道中的涂油人员撞飞，造成 4 人死亡、1 人受伤。

为控制列车主动防护不规范带来的人身安全风险，根据《铁路技术管理规程》，制定预控措施：

1. 列车通过鸣笛标、作业标时，应长声鸣笛，并注意瞭望前方人员、路料、机具等，必要时，采取鸣笛、减速或停车措施。

2. 列车发现移动停车信号时，应采取措施在移动停车信号前停车。

3. 列车在隧道内或遇有雨、雪、雾、霾等恶劣天气瞭望不良时，应开启头灯。

第五节　避车

一、避车横向距离

避车横向距离是指列车或车列通过时，人员、路料、机具等距离钢轨头部外侧的安全距离。列车运行速度越高，列车周围产生的气流负压区域就会越大、气流负压差也会越大。避车时，如果距离通过的列车过近，就容易发生碰撞事故，甚至被通过列车产生的负压卷入车底而造成人身伤害。

案 例

2009 年 3 月 18 日，哈尔滨铁路局哈尔滨工务段，线路工翟金龙在滨绥线尚志站 6#道岔处进行除雪作业。下道避车时，因地面冰雪较滑，距离线路较近，列车通过时受气流吸附，不慎摔倒，头部撞击在电务转辙机硬面化边棱上，经抢救无效死亡。

为控制避车横向距离不规范带来的人身安全风险，根据《普速铁路工务安全规则》，制定预控措施：

列车速度小于 200 km/h，避车人员距钢轨头部外侧距离应不小于 2 m 以上。

二、本线来车避车

铁路线路允许速度是指根据工务、供电（有接触网设备时）、电务、房建等固定设备技术条件确定的列车通过铁路线路时的最高速度。线路允许速度和列车构造速度决定了不同种类列车的最高运行速度，列车最高运行速度是计算列车紧急制动距离的关键参数，运行速度越高，制动距离越长。本线来车避车是指作业线有列车或调车列通过时，作业线上人员、机具下道避车行为。本线来车下道避车时机，或者说列车距离作业地点多远距离（避车纵向距离）开始下道避车，由线路运行的列车紧急制动距离决定。下道过早，作业时间就短，下道过晚，就有可能拦停列车。通过对不同等级列车在相同速度下列车紧急制动后走行的距离分析发现：平坡上，单机 74 km/h 制动后走行 571 m，用时 49 秒；万吨空车 76 km/h 制动后走行 419 m，用时 38 秒；万吨重车 75 km/h 制动后走行 651 m，用时 52 秒；在 4‰下坡道，两万吨重车 78 km/h 制动后走行 690 m，用时 53 秒。而实践证明，人们发现列车开来到人开始动作一般需要 5~10 秒，停止手中工作并收拾工具材料一般为 15~20 秒，从线路下到路肩为 10~15 秒，累计下道时间在 30~45 秒。对于列车运行速度 120 km/h，按制动距离下道，时间仅有 30 秒左右。遇有机具、路料不能在正常下道，施工负责人通知远端防护员向列车发出降速或停车信号时，远端防护员应处在列车乘务员瞭望视线内，也就是说此时远端防护员展示停车信号，列车紧急制动后不应越过远端防护员所处位置，即使越过也必须在作业地点前方停车。所以作业人员、机具、材料至少应在一个制动距离外方下道完毕，再考虑列车正常运行中司机发现并确认远端防护员停车信号至采取制动措施的预留时间，下道时间提前在 3~5 分钟为宜。客货车共线的线路，客车与货车、客车与客车之间速度差异较大，列车速度不易掌握，列车运行最高速度（v_{max}）宜就高不就低。本线来车时如果不提前下道避车，遇有瞭望条件不良，机车乘务员采取停车措施不及时，或作业人员、机具、路料下道晚等情况，就会拦停列车，甚至造成相撞事故。

案 例

2010 年 2 月 26 日 10 时 29 分，南昌铁路局鹰潭工务段贵溪线路车间，童家巡养站工长等 10 名工人在沪昆线童家车站 2#道岔处进行道岔综合整治作业。驻站联络员通知现场防护员 L8801 次旅客列车邻站开车，现场防护员通知作业组负责人 L8801 次旅客列车开过来了，但作业组负责人未及时要求作业人员下道避车，最终因避车不及，导致 1 名民工被列车以 95 km/h 速度撞轧，当场死亡。

为控制本线来车避车中的人身安全风险，根据《普速铁路工务安全规则》，制定预控措施：

1. 本线 v_{max}≤60 km/h 时，应不小于 500 m 下道完毕。
2. 60 km/h<本线 v_{max}≤120 km/h 时，应不小于 800 m 下道完毕。
3. 120 km/h<本线 v_{max}≤160 km/h 时，应不小于 1 400 m 下道完毕。
4. 160 km/h<本线 v_{max}<200 km/h 时，应不小于 2 000 m 下道完毕。

三、邻线作业或避车

邻线作业或避车是指列车或车列通过时，在线路间距小于 6. 5 m 的相邻线路作业或避车行为。营业线有列车特别是万吨和两万吨列车通过时，噪声大、持续时间长，而且通过列车速度越快，相邻线路形成的噪声就会越大。如果列车通过时，在相邻线路作业或避车，遇有作业或避车线有列车开来时，作业人员受通过列车的噪声影响，就很难听到现场防护员和作业负责人的下道避车命令，以及听不见接近列车的鸣笛声，使现场作业或避车人员失去了应有的安全保障。所以，作业时邻线有车通过和列车通过时在邻线避车，往往是造成现场人员群死群伤的最危险时刻。

案例

1993 年 4 月 11 日 15 时 23 分，原北京铁路局临汾电务段义棠信号工区，在义棠站内进行轨道电路检修作业。2025 次列车下行Ⅰ道正线通过时，信号工张国生进入上行Ⅱ道避车，此时，上行Ⅱ道正线通过的 K374 次旅客列车开来，信号工张国生听不到现场防护员的下道防护命令和 K374 次列车鸣笛声，未能及时下道避车，最终被上行通过的 K374 次列车撞轧身亡。

2012 年 8 月 22 日，沈阳铁路局四平工务段郭家店养路工区代工长周金鑫，带领 9 名线路工，在区间下行线 K912+880 处进行撤板捣固作业。7 时 32 分，上行线 11102 次货物列车通过时，作业人员没有下道避车。此时，下行线 87021 次货物列车接近作业地点，作业人员无法听到防护员下道避车通知。待作业人员自己发现列车接近时，匆忙下道，结果导致列车以 81 km/h 速度撞上 1 名作业人员，制动过程中又撞上 2 人，其他 2 人在避车时摔伤，最终造成 3 死 2 伤。

为控制邻线作业或避车中的人身安全风险，根据《普速铁路工务安全规则》，制定预控措施：

1. 作业线通过列车时，禁止在邻线和两线中间躲避列车。

2. 站内正线或区间通过列车时，相邻线路作业人员应下道避车。

3. 站内非正线通过列车时，相邻线路应停止作业，加强瞭望，可不下道避车。

4. 速度小于 120 km/h 区段，瞭望条件大于 2 000 m 时，钢轨探伤仪、轨道检查仪作业，邻线来车可不下道，但应停止作业，加强瞭望。

四、本线封锁时邻线来车避车

区间或站内单线封锁施工时，施工线路虽然不会有列车通过，但相邻线路列车通过时，本线作业人员、机具随时有可能侵入邻线。特别是多家单位联合施工，人员多、机具多，人们往往关注本线施工进度和质量，忽视邻线正常运行的列车。如果作业人员盲目侵入邻线，就很可能被邻线运行的列车撞轧；如果机具或材料侵入邻线限界被通过的列车刮碰飞起或滚动，还有可能伤及本线作业人员。

案例

2009 年 8 月 29 日，成都铁路局工务机械段，在沪昆线下行 K1930+（100~500）处，进行封锁点内单根抽换轨枕作业，劳务工宴会山、李天海 2 人忙于作业，侵入邻线限界，被邻线通过的 57020 次列车撞伤。

为控制本线封锁时邻线来车避车中的人身安全风险，根据《普速铁路工务安全规则》，制定预控措施：

1. 邻线 v_{max}≤120 km/h 时，本线可不下道。

2. 120 km/h<邻线 v_{max}≤160 km/h 时，本线可不下道，但必须停止作业。

3. 邻线 v_{max}>160 km/h 时，本线必须下道，距离不小于 2 000 m。

4. 现场防护员应注意邻线列车运行状态，监视人员、机具处于不侵限位置。

五、进路不明或瞭望不良避车

由于站场岔区结构复杂、股道较多，调车和接发列车频繁，特别是遇有非正常接发列车时，作业人员和现场防护员难以辨认列车运行进路，不能给作业人员提前、准确通报列车运行信息，待能够准确判断列车运行线路时，往往会贻误最佳避车时机；另外，在区间或站内瞭望条件不良时，邻线列车运行状态难以观察，不能提前采取措施，这都给现场作业人员带来安全风险。

案 例

2008 年 3 月 31 日 8 时 11 分，成都铁路局西昌工务段，越西维修作业组 8 名职工在站场行走，防护员将 4 道通过的列车误判为 5 道通过，造成在 4 道行走的职工被通过的列车撞轧，导致 3 死 1 伤。

为控制进路不明或瞭望不良避车带来的人身安全风险，根据《普速铁路工务安全规则》，制定预控措施：

1. 列车进路不明时，应下道避车。

2. 瞭望条件不良，邻线来车时应下道避车。

六、桥梁、隧道避车

桥梁步行板、隧道水沟盖板距离钢轨头部外侧往往不足 2 m，为保障作业人员人身安全，铁路桥梁上设置有避车台，隧道内设置有避车洞。遇桥梁上或隧道内有车通过时，作业人员应进入避车台或避车洞避车，如果在桥梁步行板或隧道水沟盖板上避车，就极易被列车剐碰，或被列车上的坠落物砸伤。另外，在桥梁或隧道人行道板上行走时，遇有桥梁步行板、隧道水沟盖板或桥梁检查孔盖板等翘起、位移、塌陷、断裂、缺失等情况时，还容易发生行走人员踏空、摔伤，甚至坠落；如果这些道板上堆有钢轨、枕木等路料或机具，还容易造成行走人员绊倒、摔伤；如果作业人员较多，避车时集中涌向就近某一个避车台或避车洞，还有可能受避车台或避车洞空间限制，使部分人员不能完全进入，甚至过度拥挤造成避车台护栏断塌。此时，外方人员如果再奔向相邻其他避车台或避车洞，还有可能错过最佳避车时机，被列车剐碰、拖挂。

案 例

2009 年 8 月 4 日，成都铁路局六盘水工务段巡道工甄富国，单人巡线至沪昆线狮子口隧道内 K2304+665 处时发现列车接近，未能提前进入避车洞内躲避列车，身体侵限，被通过的 K853 次列车撞轧致死。

2016 年 10 月 13 日，1997 年投入使用的安徽皖江物流（集团）股份有限公司淮南铁路运输分公司，潘谢铁路专运线西淝河特大桥上设有避车台，相邻两个避车台距离约 30 m，避车台入口处设有梁端检查孔，上面用体积为 990 mm×980 mm×60 mm、质量为 145 kg 的水泥盖板覆盖。因设计施工存在缺陷，该桥投入使用时，在梁端检查孔位置无防止盖板移动固定装置，桥梁长期振动导致梁端检查孔盖板发生移位，存在坠落安全风险。当日按计划，工务段对钱庙至张北区间 K35~K36+300 大机捣固封锁施工，现场负责人刘伟带领曹连江、李龙、成祖祥负责配合大机捣固平整道砟作业，张集车间副主任杨长新负责捣固车跟班作业，其余人员起道作业。施工前，人员列队沿西淝河特大桥上行方向左侧步行前往作业地点，跟班副主任杨长新走在队伍最前端，刘伟、成祖祥、曹连江、李龙分别跟随其后。6 时 39 分，捣固车由钱庙站进入封锁区间。6 时 45 分左右，队伍行至 K35+157 处，听到对讲机呼叫"下道避车"，作业人员随即由左侧跨越线路至右侧避车台避车。曹连江、李龙先行进入避车台，刘伟在接近避车台时脚踏梁端检查口盖板，盖板突然脱落，刘伟随盖板一起坠落至桥下地面，坠落高度达 11 m。事发后，副主任杨长新立即拨打 120 急救电话，7 时 50 分，"120"救护车到达现场，对刘伟紧急施救后送至新华医疗集团北方医院，9 时 35 分经抢救无效死亡。

为控制桥梁、隧道避车不规范带来的人身安全风险，根据《普速铁路工务安全规则》，制定预控措施：

1. 设有避车台的桥梁，应进入避车台避车；无避车台时，应在桥梁外方避车。

2. 设有避车洞的隧道，应进入避车洞避车；无避车洞时，应在隧道外方避车。

3. 避车时，人员应分散进入就近避车台、洞，避免人员过度集中、拥挤，并注意桥上护栏的稳固状态。

4. 在桥梁步行板、隧道水沟盖板等人行道板上行走时，应时刻注意脚下，及时躲避障碍物和失效、断裂、缺失的道板等。

七、机具、材料避车

随着现代工业技术发展和自动化程度的不断提高，铁路各专业现场作业使用的小型机械也日益增多，常用的小型机械有捣固机、发电机、机动扳手、切轨机、打磨机、钻孔机等。这些机具通常体积大、质量大，列车接近时，需要在较短时间内多人合作扛抬下道避车，这就可能造成机具下道不彻底而侵入限界，与机车车辆相撞导致人身伤害事故。营业线在施工和维修作业中，常用的笨重器材，如轨枕、钢轨、转辙机、扼流变压器等，下道避车时同样需要多人合作抬移，也存在同样的人身安全风险。作业人员较多时，遇有列车接近匆忙下道，有可能在线路上遗忘工具、材料，列车通过时碰撞飞起，也容易伤及周围人员。

案 例

2009年8月17日9时50分，广铁集团公司怀化电务段中修一工区，在区间隧道内进行信号机地线焊接作业。当T62次列车接近时，作业使用的小型发电机未能彻底下道，侵入限界，被机车剐碰后，砸伤信号工马东林右腿。

为控制机具、材料避车不规范带来的人身安全风险，根据《普速铁路工务安全规则》，制定预控措施：

1. 人员下道避车时，应将机具、材料移出线路，并堆码牢固，不得侵入建筑限界。

2. 线间距小于6.5 m时，两线间不得放置机具、材料。

八、人员避车

人员避车时，应注意列车速度，观察车体及货物装载加固等列车运行状态，这通常也被称为观察运行。如果下道避车时不观察列车运行状态，列车装载物撒落、超限，车门开放，货物加固绳索、铁线余尾过长，篷布脱落等，都有可能造成避车人员人身伤害；遇有客车通过时，个别旅客向窗外抛掷杂物，也会伤及避车人员。

案 例

1975年9月12日9时15分，南昌铁路局某工务段下埠集工区，巡道工颜松林在浙赣线K564+500处下道后背向列车避车，结果被列车上拖带的钢丝绳击伤头部，当场死亡。

2001年7月13日20时53分，四川省达成铁路公司，装载着石油钻井设备的29008次货物列车，运行到营山至小桥间，捆绑钻井设备的铁丝断裂，钻井摇臂向运行方向右侧转动倒下，倾倒部件超出车辆边梁1 800 mm，最低处距轨面440 mm，导致沿铁路线坐卧乘凉及行走人员被摇臂连续撞死、撞伤，列车运行21.479 km后停车，共造成22人死亡、16人受伤。

2008年3月28日15时10分，兰州铁路局兰州西工务段永登线路车间永登线路工区，在兰新线上行K88+300～K101+300进行小机群捣固作业准备，已经下道的线路工董穆伦从兰新线上行K97+715处左侧路肩接触网支柱东侧突然上道，被本线通过的T70次列车撞出线路，经抢救无效死亡。

为控制人员避车中的人身安全风险，根据《普速铁路工务安全规则》，制定预控措施：

人员避车时，应面向列车认真瞭望，防止列车上的抛落物、坠落物或绳索伤人。

第六节　营业线作业登记、销记

一、作业准备

在铁路营业线上进行行车有关设备检修、施工等作业，时间较短时，可利用列车间隔时间进行；任务较大、用时较长时，一般需要调整列车间隔或利用天窗进行，这些作业都必须在行车人员发布的调度命令或批准时间内进行。但现场往往有工务、电务、供电等设备单位或施工单位部分作业人员，为赶进度、省时间，给后续作业做准备等，极有可能会臆测行车组织、主观判断现场设备使用情况，在行车人员未发布调度命令或签字批准时，擅自进入营业线提前进行作业准备，人为造成抢点作业。抢点作业在影响行车安全的同时，给作业人员带来很大风险，极易造成相撞、电击等人身伤害事故。

案例

2009年6月12日21时53分，淄博工务段潍坊客专线路车间潍坊线路作业工队，班长曹高峰带领4名职工在胶济客专潍坊至昌邑下行K160+70处，准备按天窗维修计划进行钢轨打磨作业。在封锁命令未下达情况下，班长曹高峰不听防护员和职工劝阻，擅自带领职工提前进入栅栏并上道作业，被开来的D61次列车撞轧，经抢救无效死亡。

2010年3月2日，成都工务机械段25名职工和燕华劳务公司120名劳务工，在沪昆线下行K2063+（700~800）处进行换轨作业。车间副工长马庆国考虑当天施工前拆卸轨距杆工作量大，自认为不影响行车，安排人员提前拆卸轨距杆和散发新配件。10时18分，武昌至昆明的L965次旅客列车与上行K9464列车交会时，发现前方有大量人员作业，列车紧急制动后以81 km/h速度撞上1名作业人员，制动过程中又撞上2名作业人员，其他2名作业人员在避车时摔伤，最终造成作业人员3死2伤。

为控制作业准备中的人身安全风险，根据《铁路技术管理规程》，制定预控措施：

1. 未经批准，任何人员不得擅自进行影响运用中设备的作业。

2. 调度命令下达前，严禁施工人员进入铁路建筑限界以内活动。

二、登记

登记要点是铁路营业线行车设备从正常使用变更为暂时停用模式的关键环节，批准的起止时间决定了停用时间的长短。作业主体单位作业前，应在车站《行车设备检查登记簿》上登记起止时间、作业地点、设备名称、作业内容、影响范围以及作业完毕运输条件等，需相关单位配合作业时，配合人员签字确认，最后经车站值班员（调度员）签字同意后方可作业。事实上，登记要点就是设备管理单位或由设备管理单位委托的施工单位与行车设备使用单位签订的一种双方或多方特殊“合同”。如果不登记或登记内容不准确，直接动用使用中的行车设备，就会打破设备使用单位和作业单位之间的配合默契，也会影响正常铁路运输组织，甚至导致车务人员使用正在维护、施工的行车设备，造成现场作业人员被转换的道岔挤伤或被通过的列车撞轧。

案 例

2008 年 1 月 23 日 20 时 48 分，济南铁路局胶济线安丘—昌邑 K131+200 处，中铁十六局施工作业人员，虽然已经在行车登记簿上登记要点，但慢行命令未下达，车站值班员还未签字同意，施工负责人、监理、设备管理部门及建设单位现场监控人员还没有到位，先期到达的作业人员砸开防护栅栏门锁，强行进入营业线擅自作业，被时速 200 km 通过的 D59 次列车撞轧，造成 18 人死亡、9 人受伤。

2009 年 10 月 20 日，上海铁路局南京桥工段南京大桥车间，桥北线路工区 19 人分成 3 组，利用维修天窗进行单根抽换失效轨枕作业。驻站联络员还未到行车室办理作业登记要点手续，现场各组就已经开始做更换轨枕前的准备工作。此时，车站排列了下行 Ⅰ 道 D3017 次列车通过进路，驻站联络员在去往车站行车室途中，发现列车通过，立即通知现场作业人员注意避车，其中 1 人避车不及，被撞身亡。

2017 年 11 月 20 日 8 时 07 分，武汉铁路局襄阳工务段在汉丹线吴家山—新沟 K23+870 处上行天窗作业期间，利用列车间隔组织人员在下行线使用内燃冲击镐进行捣固作业，下行 D5281 次列车通过作业地点时，将 2 名线路工撞伤，均经抢救无效死亡。

为控制登记不规范带来的人身安全风险，根据《铁路技术管理规程》《铁

路电务安全规则》，制定预控措施：

1. 上道作业或影响营业线行车设备性能、状态或使用的作业，作业主体单位应在《行车设备检查登记簿》上登记起止时间、作业地点、作业内容、影响范围以及作业完毕的运输条件。

2. 设备维护单位和相关单位，应共同签字确认登记内容。

3. 经车站值班员审核签字确认后，方可进行作业。

4. 监理、相关配合人员等发现超范围施工，应立即制止。

三、销记

销记是铁路营业线上行车有关设备检修、施工等作业任务结束，设备测试、试验良好，具备行车条件交付车务人员正常使用的重要工序，主要由作业主体单位销记，配合单位签字确认，调度员确认发令或车站值班员签字确认几个环节组成。销记时间是行车有关设备由检修、施工状态转变为使用状态的重要时间节点，销记后车务人员为将检修、施工等作业影响的运输任务补上，所以会立即放行列车或组织调车作业。但在作业现场时，往往会有人员凭经验判断，认为刚刚销记，短时间内没有列车通过作业地点或接触网不可能马上送电等，常常导致现场三种人身安全风险：靠惯性思维继续作业；继续在原作业区域克服作业中遗留的设备缺陷；因点内施工任务大或组织不力，导致施工延时，又为免于考核，提前销令，导致作业人员滞留在原作业区域作业或收拾工具、材料等收尾工作，这都给人身和行车安全埋下了事故隐患，很容易发生作业人员被撞轧或被电击事故。

案 例

2008 年 7 月 15 日 2 时 26 分至 4 时 30 分，上海铁路局上海工务段在京沪上行线戚墅堰至湾城站间 K1297+000～K1293+700 处进行钢轨调边、焊接封锁施工。施工结束时，驻站联络员在不掌握现场情况、不确认施工开通条件，现场还有人员继续作业的情况下，盲目按施工封锁点的时间申请开通。4 时 32 分，首列 87552 次列车由戚墅堰站开出进入施工区间时，驻站联络员忙于将开通命令抄写在防护员手册上，直到列车接近时才匆忙呼叫现场。现场作业人员在施工封锁区段开通后，臆测认为首趟列车运行速度缓慢，作业地点距列车较远。当发现 87552 次列车时，才慌忙下道，施工小车来不及撤出线路。列车制动过程中于 K1294+500 处撞上施工小车，险些造成人身伤害。

2014 年 10 月 27 日 1 时 43 分，兰州铁路局武威工务段武威南线路车间头坝河线路工区，天窗点内完成兰新线头坝河站2号道岔短轨焊复后，已经销点恢复列车运行，但作业人员没有及时撤离施工现场，仍滞留在原作业区，继续搬运更换下的旧钢轨。当K170次旅客列车通过头坝河站作业地点时，将2名作业人员撞轧死亡。

2015年3月24日1时05分，北京西电务段丰台南信号工区，现场4名作业人员在站内进行天窗设备检修作业，1时45分办理了销记手续。1时48分，工长张树彬将现场4名作业人员分为2组，继续组织更换轨道变压器箱内检修测试记录卡。张树彬兼职现场防护员和见习生王晨羽分为一组。2时15分，张树彬在使用的无线电台电池无电情况下仍继续作业，2时32分，因见习生王晨羽在21#道岔处更换轨道变压器箱内检修测试记录卡时侵入限界，被上行通过的K7704次列车刷撞头部，经抢救无效死亡。

为控制销记不规范带来的人身安全风险，制定预控措施：

1. 检修、施工等作业任务完成，作业人员、机具、材料等完全撤离现场后，方准登记、销点。

2. 不具备开通条件，不得履行销记手续。

3. 销记后，禁止人员再次上道作业。

第七节　特殊天气作业

一、恶劣天气作业

遇有降雾、暴风、雨、雪、霾、扬沙等恶劣天气，能见度较低，防护人员瞭望困难，不能及时发现接近列车，提前通知作业人员下道避车。所以恶劣天气一般规定不得进行上道作业。但遇有故障处理、事故抢险或特殊任务等必须上道作业时，如果不采取增设远端防护员、登记停用设备等特殊防护措施而盲目上道，就很可能被列车撞轧，甚至造成群死群伤事故。

案 例

2007年11月26日8时11分，广铁集团公司焦柳线周家寨车站，大雾天气，能见度不足10 m。张家界工务段吉首线路车间，在未设远端防护员的情况下，7名职工在I道进行点油和整外观作业。8时19分，驻站联络员通知现场负责人兼现场防护员谢忠全："13019次货物列车接近！"但正在参与作业的谢忠全在大雾中未能发现来车，也未组织人员下道避车。8时23分，从雾中驶来的13019次列车，将正在作业的2名职工当场撞死。

为控制恶劣天气作业中的人身安全风险，根据《普速铁路工务安全规则》，制定预控措施：

1. 遇有降雾、暴风、雨、雪、霾、扬沙等恶劣天气影响瞭望时，应停止线上作业和上道检查。

2. 恶劣天气必须作业时，应采取特殊安全措施，以保证来车之前按规定距离及时下道。

二、雷雨天作业

乌云密布、电闪雷鸣、狂风暴雨通常被人们称为雷雨天气。在铁路线路上作业时，遇到雷雨天气，人们的第一反应是寻找避雨场所。但由于铁路线路空旷、暴露，无法避雨，作业人员往往会寻找附近大树、车体、涵洞或高大建筑物等避雨，慌乱中就很可能造成触电、雷击，或被列车撞轧等人身伤害，甚至到涵洞内避雨，被洪水淹没。另外，雷雨、大风天气往往会撕裂活动板房，吹起彩钢板、广告牌等加固不良物料，砸死、砸伤周围人员。遇有连续暴雨还可能造成洪水聚集，导致低洼处所工作或生活的人员被淹没、冲走。

案 例

2004年6月26日，浙江省临海市杜桥镇，村民在田间劳作，一片繁忙景象。14时20分，突然狂风肆虐、电闪雷鸣，暴雨袭来，村民放下手中农活，急忙奔向4棵大水杉树下避雨。此时，一道闪电从天而降，击中大树，结果造成树下15人被雷击身亡、15人伤残。

为控制雷雨天作业中的人身安全风险，根据《电气化铁路有关人员电气安全规则》《普速铁路工务安全规则》《普速铁路接触网安全工作规则》《铁路电务安全规则》，制定预控措施：

1. 雷雨季节，应对活动板房、彩钢板、广告牌等易被风吹起或吹落的物料提前采取加固措施，低洼积水地带人员应提前撤离。

2. 可见闪电或可听到雷声时，即为雷电天气，雷电天气禁止高处作业。

3. 雷雨天气，严禁在接触网支柱旁、电杆旁、大树下、铁塔下和涵洞内躲避。

4. 雷雨天气巡视检查时，不准靠近避雷针、避雷器。

5. 雨天作业时，应远离接触网支柱、接地线、回流线等设备，禁止进行避雷器、地线维护工作。

三、暑期作业

暑期气温高、空气干燥，人体水分消耗大，室外长时间作业，易引起犯困、头晕，甚至导致中暑。另外，暑天炎热、穿着衣物较少，甚至个别员工不穿防护服、绝缘鞋，作业中一旦操作失误，就很容易造成触电、烫伤、外力碰伤等人身伤害。

案 例

2002 年 8 月 2 日 15 时，中原地区骄阳如火、闷热难耐，原郑州铁路局某供电段接触网工区，在陇海线铁门至新安县区间进行接触网断杆事故抢修。事故现场安全员钟广民连续在烈日下暴晒 3 个小时后，脸色发白、嘴唇发紫、浑身冒汗，中暑晕倒在路基上。后被段领导发现，急忙组织人员将其抬到阴凉处，解开衣扣紧急施救，休息 40 分钟后，才勉强恢复能站立行走。

为控制暑期作业中的人身安全风险，根据国家铁路局相关标准和《铁路技术管理规程》，制定预控措施：

1. 暑期应配齐防暑药品和清凉饮料等防暑用品。

2. 作业前应充分休息，作业中应按规定着装，佩戴防护用品。

3. 除施工、天窗、故障处理等必须作业外，应尽量避免高温时段室外作业。

4. 高温天气期间作业，应符合下列规定：

（1）日最高气温达到 40 ℃以上，应停止当日室外露天作业。

（2）日最高气温达到 37 ℃以上、40 ℃以下时，室外露天作业时间累计不得超过 6 小时，且在气温最高时段 3 小时内不得进行室外露天作业。

（3）日最高气温达到 35 ℃以上、37 ℃以下时，应采取换班轮休等方式，缩短连续作业时间，并不得安排室外露天作业劳动者加班。

5. 禁止下池塘、河流游泳。

四、冬季作业

冬季天气寒冷，特别是我国北方地区冬季多雪，气温较低、寒风刺骨。人们为保暖御寒，往往穿得厚、捂得严，行动十分不便，上道作业时，很容易被运行中的机车车辆拖挂、刷伤。如果线上作业人员戴无耳孔防寒帽或忘记打开耳孔，以及使用围巾包裹头部、面部等，还会导致听力下降，被列车撞轧。如果室外作业不带防寒手套，直接抓握露天金属设备、机具等物件，还容易发生皮肤被粘连冻伤，造成人身伤害。如果在密闭室内用火炉取暖，很容易发生煤气中毒。

案 例

2009 年 2 月 21 日 7 时 23 分，沈阳铁路局沈阳车务段浑河站支部书记、值班站长和沈阳电务段浑河信号工区工长 3 人，在浑河站 4 号道岔岔心进行除雪作业时，因戴无耳孔防寒帽而没有听见列车鸣笛，被通过的沈阳北至大连 N120 次旅客列车以 111 km/h 速度碰撞，造成 2 人当场死亡，另 1 人受伤送医院后，经抢救无效死亡。

为控制冬季作业中的人身安全风险，根据《铁路技术管理规程》，制定预控措施：

1. 冬季室外作业人员，应按规定着装。

2. 防寒帽应有耳孔，上道作业时耳孔应打开。

3. 防寒大衣应扎紧，安全带应扎在大衣外面。

4. 工作处所及走行道上不得泼水，积雪应随时清除，必要时铺撒垫层，防止滑倒摔伤。

5. 室内火炉取暖时，火炉周围不得堆放易燃、易爆物品，并采取留通风口、烟囱小头朝外顺序安装密封、烟囱出口加装防风帽等防煤气中毒措施。

五、道岔除雪作业

北方地区冬季多风、气温较低，遇有降雪，室外道岔滑床板、连接转换通道、密贴杆调整余量和尖轨与基本轨之间等转换部位往往被积雪覆盖，甚至结冰，影响道岔正常使用。对上述部位清扫除冰作业，通常称为道岔除雪作业。除雪作业一般由车务人员担任，遇有大雪，还会有电务、工务等其他人员参加。除雪时，现场应设防护员，室内应设驻站联络员。车务人员除雪时，驻站联络员职责一般由值班员或信号员兼任。除雪时，现场人员通常携带笤帚、小铲、除冰铲、风力除雪机等设备上道作业，一方面，作业人员容易横越或侵入其他线路；另一方面，风力除雪机噪声大，操作人员难以听到机车鸣笛和防护人员通知。如果除雪作业不设现场防护员和驻站联络员，或使用风力除雪机不执行“一机一人”防护，除雪人员就容易被通过的机车车辆撞轧，造成人身伤害事故。

案 例

2012 年 11 月 14 日 8 时 51 分，哈尔滨铁路局红旗营站，副站长林森和助理值班员孙绍忠在清扫6#道岔积雪作业时，联控值班员王润波用车站专用频道电台呼叫："T310次Ⅱ道通过，1343次Ⅰ道通过，南北头扫雪人员请下道！"携带背式除雪机正在除雪的林森未听见电台呼叫，被Ⅱ道通过的T310次列车撞出线路，经抢救无效死亡。

为控制道岔除雪作业中的人身安全风险，制定预控措施：

1. 道岔除雪前，应得到车站值班员或有关人员同意，作业完毕，应及时报告。

2. 除雪作业时，应设现场防护员，非车务人员除雪作业时，还应设驻站联络员。

3. 使用机械除雪时，应执行"一机一人"防护，防护人员随时与现场防护员保持联系，并注意机车车辆动态。

4. 严禁将手、脚置于尖轨与基本轨之间或道岔连接杆等活动部位。

第八节　电气化区段作业

一、安全距离

电气化铁路接触网电压为27.5 kV，带电的接触网周围会有很强的电磁场。当人体或人体经导体接近接触网时，接触网高压会使空气电离，形成导体，通过人体对地产生弧光放电，致人受电击死亡。

案 例

2001年12月20日，郑州铁路局某工务段赵海舟、张卫兵等4名技术人员，在陇海线跨桥上测量桥底面距接触网垂直距离。赵海舟手捧卷尺盒，张卫兵单腿跪地将皮尺伸向接触网，当皮尺触及承力索时发生放电，烧断承力索，两人触电受伤，被立即送往就近医院，张卫兵经抢救无效死亡。

2014年12月24日13时18分，承揽成都车站保洁任务的四川亮丽保洁服务有限公司保洁员吴小莉在所属新津站二站台使用伸缩清洁器清扫雨棚作业过程中，清洁器与线路上方接触网反定位管碰触，被高压电击伤致死。

为控制安全距离不规范带来的人身安全风险，根据《电气化铁路有关人员电气安全规则》《铁路电务安全规则》，制定预控措施：

1. 任何人员及所携带物件、作业工器具、设备设施与牵引供电线、正馈线、接触线、承力索等高压带电部分应保持2 m以上距离，与回流线、架空地

线、保护线等应保持 1 m 以上距离。距离不足时，牵引供电设备应停电。

2. 必须在距离接触网带电部分不足 2 m 处作业时，接触网应停电，并由接触网人员验电、接地后，在接触网人员现场监护的情况下，方可作业。地线拆除后，禁止再进行作业。

二、跨步电压

跨步电压是指电气设备发生接地故障时，在接地电流入地点周围电位分布区，行走人员两脚之间的电位差。当接触网导线、承力索或高压供电线断线落地时，高压电流从落地点流入大地返回变电所，形成以落地点为中心的电势分布区域，距离落地点越近，电流越集中，地面电势也越高，行走人员两脚之间的电压也越高。如果人员在落地点 10 m 内行走，就会因跨步电压过高，流经两腿之间电流过大，致人倾倒，肢体落地，引发电击伤亡事故。目前，电气化铁路接触网一般都安装有过流保护装置，该装置能在接触网大电流入地瞬间使接触网断电，但在断电后 2 秒左右，接触网自动重合闸装置会自动合闸送电 1 次。另外，在查找处理接触网接地故障时，也有可能采用人工强送电使接触网带电，这就都会在断线落地点周围形成跨步电压，给周围人员带来电击风险。

案 例

2014 年 9 月 17 日，海南电网公司万宁供电局石梅供电所，日月湾线 35 kV 线路受大风影响，12#耐张杆导线抽脱落地，保护装置未能跳闸断电。员工胡严昌前往现场查找处理问题时，在距离供电导线落地点 5 m 处，被跨步电压击倒，经抢救无效死亡。

为控制跨步电压带来的人身安全风险，根据《中华人民共和国安全生产法》《电气化铁路有关人员电气安全规则》，制定预控措施：

1. 发现牵引供电设备断线及其部件损坏，或挂有线头、绳索等异物，均不得与之接触，应立即通知附近车站及相邻设备单位。

2. 牵引供电设备检修人员未到现场采取措施前，任何人员应与已断线索或异物保持 10 m 以上距离，并对现场进行监控。

3. 已进入断线点 10 m 以内范围时，应单足或双足并拢跳离危险区。

三、攀登车顶

攀登车顶特指电气化铁路行车有关人员根据作业需要登上机车或车辆顶部

的行为。比如，通信人员检修或更换车顶无线电台天线；机务检修人员或乘务员登上车顶擦拭绝缘、检修受电弓或在途中处理弓网故障损坏的受电弓；车务人员登上车顶对车辆装载物加固、检查等。如果在电气化铁路接触网未停电和停电后未保护接地线时，人员登上机车、车辆顶部，就会导致电击伤害。

案 例

2008 年 4 月 27 日，北京铁路局石太线程家站基地货 7 道，原北京工务机械段组织对停留施工机械车列进行保养作业。在接触网未停电的情况下，职工李建军盲目登上车辆顶部，侵入 27.5 kV 接触网限界，被电击伤，经抢救无效死亡。

2013 年 9 月 7 日 22 时 45 分，由济南机务段乘务员担当牵引任务的贵阳至烟台 K1202/3 次旅客列车，在上海局管内徐州站 7 道停车后，车站反映 5 号车厢顶部有人。办理停电后，该站 4 名工作人员登上列车顶部处置扒乘人员时，被感应电击中坠落车下，造成 1 人死亡、3 人受伤。

为控制攀登车顶作业中的人身安全风险，根据《电气化铁路有关人员电气安全规则》，制定预控措施：

电气化区段接触网设备未停电，未办理安全防护措施，禁止任何人员攀登到机车、动车及各种车辆顶部或车辆装载物上。

四、牵引回流

电气化铁路 27.5 kV 机车牵引高压从变电所输出至接触网上，通过电力机车受电弓、牵引电机、机车轮对、钢轨、引接线、扼流变压器、中心连接板、吸上线、回流线等设备再返回变电所接地点，形成电气化铁路机车牵引电路。通常把机车牵引电机负极至返回变电所接地点之间设备通过的电流称为牵引回流，其涉及机务、工务、电务、供电等专业设备。当牵引回流通道中断时，人体接触回流通道中的导体，牵引回流会通过人体流入大地，或通过人体构成回流通道，造成人员电击伤害。

案 例

2015 年 7 月 15 日 9 时 12 分，某铁路局工务段进行更换钢轨施工，在移动钢轨过程中将回流吸上线碰断，1 名劳务工擅自进行接续修复操作，结果被电击身亡。

为控制牵引回流带来的人身安全风险，根据《电气化铁路有关人员电气安

全规则》，制定预控措施：

牵引供电设备、支柱及各部接地线损坏，回流吸上线与钢轨或扼流变连接脱落时，禁止非专业人员与之接触。

五、断开牵引回流作业

电气化区段轨道电路是牵引回流的主要通道，工务更换钢轨、夹板等作业，电务更换扼流变压器、中心连接板、横向连接线等作业，都会断开牵引回流，在断开处会形成电位差，产生电弧放电。如果人体与之接触，极易导致人员触电伤害。

案 例

2001 年 12 月 16 日 14 时 20 分，原北京铁路局某工务段在更换重伤钢轨时，作业人员用两根撬棍代替连接线。当夹板拆开准备拨钢轨时，民工宋保国将一根撬棍抽出，参与拨轨，结果在拨开的轨端处产生电弧强光，将轨端融化，险些造成人身伤害。

为控制断开牵引回流作业中的人身安全风险，根据《电气化铁路有关人员电气安全规则》《普速铁路工务安全规则》，制定预控措施：

1. 工务更换钢轨、拆换接头夹板、调整轨缝，电务更换扼流变压器、中心连接板、引接线、站内横向连接线等设备时，应按规定安装截面不少于 70 mm^2 的铜连接线，连接可靠后，方可开始作业。

2. 断开更换一股钢轨时，应在断开处钢轨两端，横向各设 1 条连接线，如图 3-1 所示。

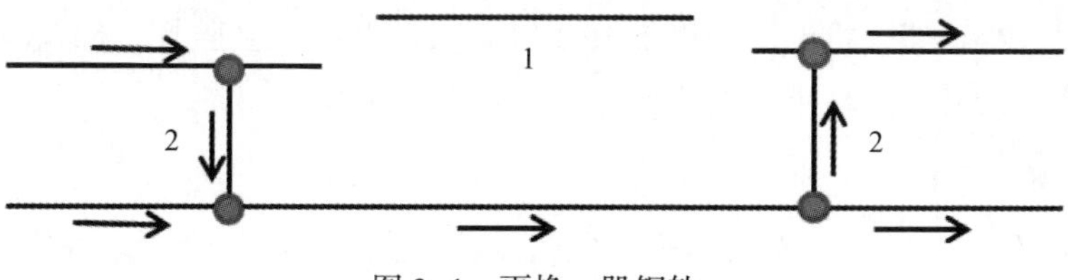

图 3-1　更换一股钢轨

注：1—被更换钢轨；2—横向连接线

3. 两股钢轨同时断开更换时，应在断开处两端横向各设 1 条连接线，纵向设 1 条连接线，如图 3-2 所示。

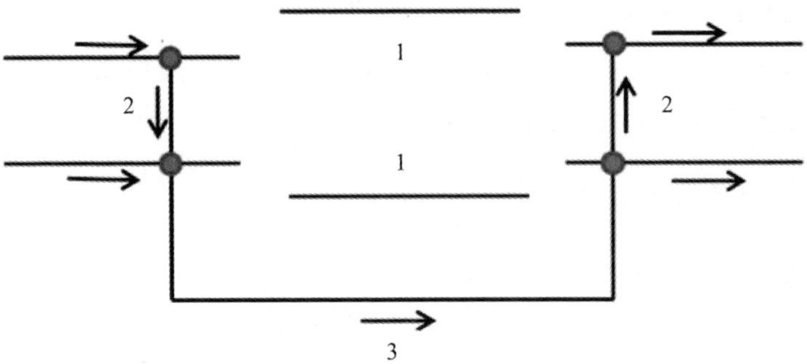

图 3-2　更换两股钢轨

注：1—被更换钢轨；2—横向连接线；3—纵向连接线

六、电气化区段电缆切割作业

铁路电气化区段变电所牵引电路，一端送至接触网上，一端在所内接地。在牵引回流通过钢轨时，会对大地形成泄漏电流，这部分电流通过大地返回变电所。途中，因敷设于电气化铁路两侧的通信、信号和电力等电缆金属护套、屏蔽层属于导体，其电阻值比大地电阻小很多，所以，牵引回流会汇集在这些导体上返回变电所，这也就构成了电力机车牵引电流返回变电所的另一条通道。也就是说，电气化铁路区段牵引回流在现场会有三条回路：一是回流线；二是大地；三是线路附电缆金属护套、金属桥体等导体。笔者在朔黄铁路公司肃宁北站测量电缆护套牵引回流时，发现牵引回流最高可达 128 A。接触网一个供电臂内线路坡度、牵引总质量、机车数量、机车牵引状态，决定了牵引总回流大小；各回路电阻率随温度、湿度等因素的随时变化情况，决定了每个回路中的动态电流大小。如果将电缆金属护套或屏蔽层断开，就会破坏各回流通道电流平衡，在断开点产生高压对人体放电，引发电击伤害。

案 例

2006 年 8 月 22 日，某通信段电气化区段正在进行故障抢修。通信工胡俊杰在电缆两端未接好地线的情况下，使用钢锯切割电缆，电缆钢带断开瞬间拉弧放电，造成胡俊杰被电击昏迷。

为控制电气化区段电缆切割作业中的人身安全风险，根据《电气化铁路有关人员电气安全规则》《铁路电务安全规则》，制定预控措施：

1. 作业人员应穿高压绝缘靴，戴绝缘手套。

2. 电缆钢带和屏蔽层断开前，应在断开处两端接地。

3. 电缆整修前，应确认电缆金属外皮与电缆屏蔽地线连接牢固，同沟内数条电缆金属外皮接触良好。

七、隔离开关操作

隔离开关是电气化铁路区段断开或闭合接触网的带电操作设备，一般安装在机车整备线和车站货物装卸线等线路连接处，以满足接触网局部停送电需求。操作隔离开关时，动触头与静触头间会瞬间拉弧放电，使隔离开关装置连接杆和操作手柄带电。此时，如果不使用防护用品或不按程序操作，就有可能造成操作人员触电伤亡。另外，如果不确认隔离开关编号，盲目操作隔离开关，还会使不该送电的接触网区段带电，造成他人伤害，或自己认为隔离开关已打开，接触网已经停电，作业开始后导致自身电击事故。

案 例

2015 年 11 月 15 日 23 时 27 分，衡西机务段电力机车司机殷世勤，在段内 3 道机车整备作业。办完打开 3 道隔离开关申请登记手续后，殷世勤未认真确认隔离开关股道标识，在无人监护的情况下，错误地打开了 2 道隔离开关，并挂接好地线，然后他自己登上停在 3 道的机车车顶，造成触电死亡。

为控制隔离开关操作中的人身安全风险，根据《电气化铁路有关人员电气安全规则》，制定预控措施：

1. 隔离开关操作人员应经培训，并取得由供电设备管理单位颁发的安全操作合格证。

2. 隔离开关操作，必须执行“一人操作，一人监护”制度。

3. 操作人员必须按规定穿戴好绝缘靴和绝缘手套，确认开关及其操作机构正常，接地线良好，方准按程序操作。

4. 严禁带负荷操作隔离开关。

5. 遇雷雨天气时，禁止操作隔离开关。

八、通过道口

电气化铁路接触网导线距离钢轨轨面高度通常设计为 6 m，区间最低为 5.7 m，遇有隧道或其他构筑物等特殊地段，受净空高度限制最低可达 5.5 m。通过电气化铁路平交道口时，如果手持长大物件，或交叉经过的公路车辆上部乘坐、站立人员，就有可能侵入 27.5 kV 接触网安全限界，造成电击伤害。

案例

2012年4月5日7时24分，中铁十五局在朔黄线肃宁北站扩能改造施工中，一辆车牌号为“FD0601”自卸汽车卸土后，料斗未落下，通过无人看守道口，将联7线599~605#支柱间接触网导线挂断，汽车轮胎受电击爆炸，车辆失控，司机致晕，险些造成人身伤亡。

为控制通过道口中的人身安全风险，根据《电气化铁路有关人员电气安全规则》规定，各种车辆和行人通过电气化铁路平交道口应遵守：

1. 车辆及装载物高度从地面算起不得超过4.5 m，超过时，应绕行立交道口或货物倒装。

2. 车辆或装载物高度从地面算起超过2 m时，车辆上部及装载物上严禁坐人。

3. 行人持有长大、飘动等物件，不得高举挥动，应与牵引供电设备带电部分保持2 m以上距离。

第九节　高处作业

一、高处作业要求

人们靠“视觉流场”控制自己的姿势和运动，一般情况下，大脑指挥身体做出动作幅度是以视野中物体的相对运动为参照对象的。人在高处往下看时，景象大幅度缩小，遥不可及，眼睛无法在水平位置找到实物进行水平运动参照，于是人体平衡系统崩溃，继而出现类似舟车晕浪似的眩晕，无法定位。医学上认为，这是人体怕坠落自身保护系统造成的生理性紧张，导致脑供血不足、头晕目眩，继而使身体失去平衡。所以，高处作业时容易发生坠落事故。国家标准《高处作业分级》规定，在距坠落高度基准面2 m及以上有可能坠落的高处进行的作业，称为高处作业。《特种作业人员安全技术培训考核管理规定》中明确要求，专门或经常从事高空作业人员，应按特种作业规定，经专门培训，并办理《中华人民共和国特种作业操作证》。铁路涉及的高处作业主要有车顶作业，护坡、桥梁、隧道顶部作业，支柱、机柱、杆、塔、梯子作业，接触网、灯桥作业，建筑物、构筑物边沿作业等。高处作业容易出现失稳、滑脱、坠落，如果防护措施不到位或操作失误，就有可能发生高处坠落事故。

案例

2003 年 3 月 15 日，南昌铁路局厦门供电段城口接触网工区，在鹰厦线麦园至城门间 123#桥上，利用天窗进行接触网悬挂检修和清扫绝缘子作业，接触网工丁亚光从作业车平台攀登至 219#支柱上部，右手将安全带一端绕过钢支柱，左手接应时脚下打滑，不慎从 18 m 高的支柱上坠落至河床，经抢救无效死亡。

2015 年 7 月 20 日 10 时 05 分，成都铁路局西昌工务段汉源桥路车间南尔岗桥路检养工区，在成昆线甘洛—南尔岗 K323+824 小桥处天窗点外进行梁体补修作业时，1 名工长从距地面 3.3 m 高的吊架上坠落，经抢救无效死亡。

为控制高处作业要求不规范的人身安全风险，根据铁路有关行业标准和《普速铁路工务安全规则》《普速铁路接触网安全工作规则》，制定预控措施：

1. 高处作业应派人监护，无人监护不得进行高处作业。

2. 高处作业人员应每两年体检 1 次，被诊断为心脏病、精神病、癫痫、聋哑、色盲、高血压等不适合高空作业的人员，不得从事高空作业。

3. 高处作业应戴安全帽、系安全带，安全带应挂在牢固可靠的构件上，鞋底应防滑。

4. 高处电焊与气割作业时，应用标准的防火安全带，不得使用耐热性差的尼龙安全带。

5. 借用支撑物进行高处作业时，支撑物应稳固可靠。

6. 雷雨、冰雪、能见度低及六级以上大风等恶劣天气条件下，禁止露天登高作业。

7. 禁止高压设备或线路等现场无遮拦防护登高作业。

二、高处作业传递工具、材料

国家标准《高处作业分级》规定，高处作业人员或物件可能坠落的半径分别是：一级高处作业高度为 2~5 m，坠落半径为 3 m；二级高处作业高度为 5~15 m，坠落半径为 4 m；三级高处作业高度为 15~30 m，坠落半径为 5 m；特级高处作业高度为 30 m 以上，坠落半径为 6 m。高处作业上下传递工具、材料时，部分人员为节省时间、图省事，有时会简化作业程序，采用上下抛掷方式进行，这样就很容易使高处作业人员在接物件时重心位移，身体失去平衡发生坠落，或被上下抛掷的物件砸伤、剐伤。另外，坠落物也极易砸伤地面人员。

案 例

1979 年 8 月 13 日，中铁电气化局一处四段在石家庄站进行电气化改造施工。调整软横跨定位绳时，接触网工范三江站在下部定位绳上，要求地面辅助人员扔几圈铁线上来。地面人员将盘好的三圈直径为 4 mm 的铁线转着圈扔上去，在范三江单手套住铁线瞬间，旋转中撬起的铁线头将其眉骨穿透，顿时血流满面。

2012 年 12 月 9 日，中铁电气化局在石太线安装高柱信号机时，地面配合人员刘长江向信号机上作业人员抛递 300 mm 扳手，扳手撞击信号机机柱后弹回落下，将其后背砸伤。

为控制高处作业传递工具、材料中的人身安全风险，根据《建筑施工高处作业安全技术规范》，制定预控措施：

1. 高处作业应使用专门用具传递工具、材料，不得上下抛掷。

2. 高处作业使用的工具、材料等应有防坠落措施。

3. 在可能坠落半径范围内禁止人员逗留，必须停留时，应戴安全帽。

4. 禁止携带笨重物件登高作业。

三、利用梯子作业

梯子是人们生产、生活和工作中常用的可移动登高工具。铁路行业经常使用梯子登高作业的有工务、通信、信号、接触网、房建、后勤等专业。使用梯子登高作业时，如果梯子结构不牢、底部支撑不稳、角度过大、立梯上端支点活动、顶部悬空过长等，都有可能使梯子倾倒、滑落，导致作业人员坠落。

案 例

1999 年 11 月 4 日，某供电段接触网作业组利用梯子处理接触网悬挂部件缺陷。立梯子时，未发现梯脚处地面空洞。作业人员登梯过程中，梯子突然向一侧倾斜，扶梯和梯上人员毫无准备，梯上人员随梯子倒向地面，造成右臂骨折。

为控制利用梯子作业中的人身安全风险，根据《建筑施工高处作业安全技术规范》《便携式金属梯安全要求》《便携式木梯安全要求》，制定预控措施：

1. 梯子应结实稳固，梯脚底部坚实，撑脚应有防滑措施，作业时，应有专人扶梯、监护。

2. 单梯梯面应与水平面成 75° 夹角，踏步不得缺失，梯格间距宜为 300 mm，不得垫高使用。

3. 单梯上端搭靠在钢管、线索等弹性或光滑支点时，上端应用安全绳固定，防止摆动、滑移。

4. 金属梯不应在可能带电线路场合接触使用，靠近电气线路使用时，应采取可靠安全措施，并与带电线路保持安全距离。

5. 使用梯子进入高处平面（屋顶或平台）时，梯子应延伸到平面上方1 m处。在上方平面进入或离开梯子前，应确保梯子与上方平面可靠固定。

6. 延伸梯、单梯及踏板折梯只允许单人单侧使用，支架梯、双面梯允许单人双侧（前后面）分别使用。

7. 上下梯子时，应面向梯子，不得同时手持、肩扛器物。

8. 有人在梯子上时，不得挪动梯子进行重新定位。

9. 通道处使用梯子，应有专人监护或设置围栏。脚手架操作层上严禁架设梯子作业。

10. 固定式直梯攀登高度超过3 m，宜加设护笼；超过8 m，应设置梯间平台。

四、临边作业

临边作业是指在工作面边沿无围护或围护设施高度低于800 mm的高处作业，即坠落高差2 m及以上的楼板边、楼梯段边、屋面边、阳台边或坑、沟、槽、铁路桥梁、涵洞等无防护边沿的作业。在生活中，窗台外侧坠落深度在2 m及以上时，人们站在窗台探出身体擦拭玻璃，也属于临边作业。如果临边作业不采取防护措施，就容易发生作业人员、物品坠落，或坠落物伤及他人。

案 例

2012年2月29日9时，湖南省华容县华府山庄18#楼施工中，木工杨奇义在三楼阳台边沿1.2 m处，站在1.5 m高竹架凳上安装模板。安装完毕准备下来时，脚被竹架凳上突起的板楞绊住，失去重心，从三楼阳台坠落至一楼水泥地面，经抢救无效死亡。

为控制临边作业中的人身安全风险，根据《建筑施工高处作业安全技术规范》《铁路技术管理规程》，制定预控措施：

1. 临边作业时，应在临空一侧设置防护栏杆，并应采用密目式安全立网或工具式栏板封闭；无防护措施时，应系安全带或安全绳。

2. 施工楼梯口、楼梯平台和梯段边，应安装防护栏杆；外设楼梯口、楼梯平台和梯段边还应采用密目式安全立网封闭。

3. 建筑物外围边沿处施工，未设外脚手架时，应设置防护栏杆；设有外脚手架时，应采用密目式安全立网全封闭。密目式安全立网应设在脚手架外侧立杆上，并应与脚手杆紧密连接。

4. 防护栏应为黑黄或红白相间的条纹标示，立杆间距不大于 2 m，上横杆高度为 1.2 m，下横杆设置在上杆和挡脚板中间，挡脚板高度不应小于 180 mm。

5. 临边作业应设置安全警示标志，夜间应设红灯警示（铁路沿线及站内禁止设置妨碍确认信号的红、黄、绿色的装饰彩布、标语和灯光）。

五、洞口作业

国家标准《建筑施工高处作业安全技术规范》中将洞口作业定义为：孔、洞口旁边的高处作业。这里所说的洞口作业是指桩孔、人孔、沟、槽、坑、管道孔等有可能使人或物坠落的孔洞边沿作业，其坠落深度达到 2 m 及以上时，属《建筑施工高处作业安全技术规范》中的洞口作业。洞口作业时，如果不设防护或防护措施失效，施工人员、材料、机具就容易发生坠落，伤及自己和他人。另外，人员、车辆通行场所附近的洞口，还容易发生人员坠落或行车事故，造成人身伤害。

案 例

2014 年 2 月 15 日 13 时，广东省湛江晨鸣公司新建浆纸厂房工地，项目部施工员罗进杨找来附近 8 名村民清理厂房。村民徐春梅打扫到三楼的墙角时，发现一块木板，不知道是楼面预留洞口盖板，当她掀开盖板时，身体失衡，从 0.7 m^2 的预留洞口坠下，摔至一楼混凝土地面，经抢救无效死亡。

为控制洞口作业中的人身安全风险，根据《建筑施工高处作业安全技术规范》，制定预控措施：

1. 有坠落危险的洞口，应设盖或防护栏杆，并有固定措施。

2. 垂直洞口短边边长小于 500 mm 时，应采取封堵措施；垂直洞口短边边长大于或等于 500 mm 时，应在临空侧设置防护栏杆，并应采用密目式安全立网或工具式栏板封闭。

3. 非垂直洞口短边边长为 25～500 mm 时，应采用承载力满足使用要求的盖板覆盖，盖板四周搁置应均衡，且应防止盖板移位。

4. 非垂直洞口短边边长为 500～1 500 mm 时，应采用盖板覆盖或防护栏杆等措施，并应固定牢固。

5. 非垂直洞口短边边长大于 1 500 mm 及以上时，应在洞口作业侧设置防护栏杆，洞口应采用安全平网封闭。

6. 防护栏应为黑黄或红白相间的条纹标示，立杆间距不大于 2 m，上横杆高度为 1.2 m，下横杆在上杆和挡脚板中间设置，挡脚板高度不应小于 180 mm。

7. 洞口盖件应为黄或红白标志，洞口作业应设置安全警示标志，夜间应设红灯警示。

8. 洞口盖板应能承受不小于 1 kN 的集中荷载和不小于 2 kN/m² 的均布荷载，特殊要求盖板另行设计。

9. 位于车辆行驶道旁的洞口盖板，应能承受不小于当地额定卡车后轮有效承载力 2 倍的荷载。

第十节　坑、井类作业

一、坑槽开挖作业

铁路行业涉及的坑槽开挖主要有管沟、电缆沟以及各类杆塔、支柱或建筑物基础坑等。坑槽开挖时，常受地形限制不能放坡或放坡过陡。如果在坑槽周围堆放重物，或受通行车辆扰动，就容易造成坑槽边坡坍塌，酿成掩埋、砸伤等人身安全事故。

案 例

2002 年 7 月 31 日 15 时 45 分，青海省格尔木市政工程公司给水管沟施工。在清理完 2.2 m 深的沟底后，承担清理任务的 8 人中，5 人在沟内休息。由于管沟南侧底部向内掏挖 0.6 m，加之土质疏松，顶部堆土较厚，24 m 长管沟侧壁突然坍塌，造成 5 人被埋，导致 3 人死亡、1 人重伤、1 人轻伤。

为控制坑槽开挖作业中的人身安全风险，根据铁路行业标准，制定预控措施：

1. 坑槽靠近房屋、围墙时，应由施工技术人员提出施工防护方案并组织实施。

2. 在土质松软、不稳定且有坍塌地点挖坑时，应采取加固防护措施；在碎石、工业或建筑垃圾、沙层、高水位地层及在开挖过程中会发生坑壁坍塌危险的基坑，应在开挖时对坑壁进行防护支撑。

3. 坑槽开挖前，应在周围设置围栏、围挡等防护和警示标志，夜间设置红色警示照明标志，有防止行人坠入基坑安全措施；铁路线路周边电缆沟或其他坑槽不能有效防护时，入夜前应回填恢复。

4. 开挖时，应确定开挖角度，当挖至规定深度时，应放置护坡支撑挡板，支撑挡板应固定牢固；开挖沙层土质应自上而下进行，严禁直立或掏空开挖；应经常检查边壁土质稳固情况，发现裂缝、疏松或支撑位移，应随时采取加固措施。

5. 堆放材料和施工机械应与坑边保持一定安全距离，坑边不得放置重物和工具，弃土应距坑边 0.6 m 以外，堆土高度不超过 1.5 m。

6. 深基坑内作业人员应戴安全帽。多人挖土时，相互距离不得小于 3 m，禁止面对面开挖。禁止单人作业，严禁在挖方坡脚下、沟内休息和存放机具。

二、检查井盖作业

检查井盖是指用于连接、检查、维护管线和安装设备时，竖向通往地下设施的井口封闭物。铁路沿线及车站生产生活区，处处可见给水、排水、电力、通信等各类检查井盖，这些检查井盖若丢失、破损或安装维护不当，就容易造成行人及车辆跌落，成为“马路陷阱”。我国每年因检查井盖造成的人身伤害事故多发。

案 例

2008 年 8 月 11 日 20 时，北京市常某驾驶吉普车，通过广渠门外大街辅路检查井时，井盖受轧而翘起滑离，造成车辆失控、侧翻在绿化带内，驾驶员受伤。

2015 年 4 月 27 日 13 时 10 分，广东省深圳市龙岗区愉龙路，一家 3 口在人行道上行走。抱着女儿的桑小兰踩上污水管检查井盖时，井盖突然翻转，她在坠落瞬间，将女儿奋力托出。丈夫杨勇急忙下井施救，2 人因吸入沼气过多晕倒。被路人救出时，桑小兰已经不幸身亡。

为控制检查井盖作业中的人身安全风险，根据《城镇排水管道维护安全技术规程》，制定预控措施：

1. 检查井盖应安装牢固、可靠，并定期巡视、检查。

2. 发现井盖缺失、损坏、井口下沉等，应立即补充、更换、维修。

3. 检查井盖开启后，应立即设置防护栏或派人监护，且白天加挂三角红旗，夜间加点红灯。

4. 作业现场严禁明火，车辆行人不得进入作业区，遇繁华地区应派专人维护现场秩序。

第十一节　有限空间作业

一、有限空间管理

有限空间是指封闭或部分封闭，与外界相对隔离，出入口较为狭窄，作业人员不能长时间在内工作，自然通风不良，易造成有毒有害、易燃易爆物质积聚或氧含量不足的空间。构成有限空间需同时满足3个条件：一是体积足够大，人体能够完全进入；二是进出口有限或作业空间受到限制；三是设计为非长时间占用空间。有限空间分为密闭设备、地下有限空间、地上有限空间、冶金企业非标设备4类。如果企业对本单位有限空间数量、位置以及危险有害因素不清楚，或将有限空间作业发包给不具备国家规定资质的承包商作业，都有可能导致有限空间作业人身安全事故。

案 例

2016年2月11日，包神铁路公司海勒斯壕南机务段，地源热泵故障停止供暖。2月13日，排查发现事故原因为穿越万吨站场宽3 m、高3 m、长496 m的泄洪涵洞中部，供暖管道向上拐角处冻结所致。负责维护的国华节能公司将工程批复给无承包地源热泵系统工程建设资质的金瓷公司，新准铁路公司与其签订承包合同。2016年2月20日13时40分，现场承包商世纪海润公司组织9名作业人员携带两瓶液化气、两个喷嘴和喷灯等设备，进入涵洞拆开管道接头，直接用液化气烧烤解冻。作业中，烤燃管道保温层，易燃保温层聚氨酯泡沫沿管道快速自燃，并引燃同向敷设的电力电缆，保温材料和电缆绝缘层产生大量有毒气体，6名作业人员先后跑出洞外，其余3名一氧化氮中毒晕倒，无力爬出，现场立即拨打电话报警求救。消防车15时27分到达现场展开救援，距离事故发生2小时49分钟后3名受困人员被救出涵洞外，并立即送往鄂尔多斯中心医院，但经抢救无效死亡。

为控制有限空间管理不到位带来的人身安全风险，根据《工贸企业有限空间作业安全管理与监督暂行规定》，制定预控措施：

1. 有限空间维护单位是有限空间作业安全的责任主体，其主要负责人对本企业有限空间作业安全全面负责，相关负责人在各自职责范围内对本企业有限

空间作业安全负责。

2. 有限空间维护单位应对本企业有限空间进行辨识，确定有限空间数量、位置以及危险有害因素等基本情况，建立有限空间管理台账，并及时更新。

3. 有限空间作业发包给其他单位实施时，承包商应具备国家规定资质或安全生产条件，并签订安全协议或在合同中明确各自安全生产职责。有限空间维护单位应对承包商安全生产统一协调、管理，定期进行安全检查，发现问题及时督促整改。

4. 有限空间维护单位对其发包的有限空间作业安全承担主体责任；承包商对其承包的有限空间作业安全承担直接责任。

二、有限空间制度和规程

铁路企业各类塔、釜、槽、罐、炉膛、锅筒、管道、容器以及地下室、窨井、坑池等封闭、半封闭场所均属有限空间。有限空间作业环境差，危害因素多，应急逃生难。如果有限空间维护单位不针对本企业特点制定相应管理制度和规程，就不能明确安全责任、规范作业流程，就违背了“管生产就必须管安全”的原则，给有限空间作业人员带来安全风险，甚至酿成人身安全事故。

案 例

2007 年，北京住总正通市政工程有限公司，将承揽的北京明天第一城住宅小区室外雨污水市政建设工程分包给没有市政建设工程施工资质的承德长兴建筑工程有限公司。4 月 11 日，该公司于振江安排工人王玉涛、李宏强到 B06 地块 21#南侧化粪池内进行抹灰搭架子作业。13 时 10 分 2 人抵达现场，打开化粪池检查井盖进行自然通风后，没有采取强制通风措施，也没有佩戴隔离式呼吸保护器具，就盲目冒险下井。15 时 40 分，2 人通过检查井进入化粪池时中毒晕倒。在地面进行测量作业的于振江发现后立即下井施救，也因中毒晕倒。在场其他工人发现后急忙将 3 人抢救出井，事故造成王玉涛和李宏强死亡。

为控制有限空间制度和规程缺失带来的人身安全风险，《工贸企业有限空间作业安全管理与监督暂行规定》规定，有限空间维护单位应建立下列安全生产制度和规程：

1. 有限空间作业安全责任制度。

2. 有限空间作业审批制度。

3. 有限空间作业现场安全管理制度。

4. 有限空间作业现场负责人、监护人员、作业人员、应急救援人员安全培训教育制度。

5. 有限空间作业应急管理制度。

6. 有限空间作业安全操作规程。

三、有限空间安全培训

从事有限空间作业的现场负责人、监护人员、作业人员以及应急救援人员，如果不清楚有限空间危害因素和防范措施，不掌握作业流程，盲目进入有限空间作业，就有可能因违规受到伤害。如果不会正确使用检测仪器，就可能导致在有限空间危害气体超标或作业环境缺氧时不能被及时发现。如果不提前掌握紧急情况处理方法，一旦发生险情，就会手忙脚乱、不知所措，失去自救或延误最佳互救时机，甚至酿成人身伤亡事故。

案 例

2012 年 5 月 21 日 8 时左右，山东省博兴县博城五路与乐安大街交叉口，新建住宅小区铺设光缆，通信施工队赵洪亮、于志刚、马健等 6 人负责通信管道检查井内作业。由于忽视有限空间危害，赵洪亮入井 3 分钟后感觉不适，以为哮喘发作，便匆忙出井。随后，于志刚入井，5 分钟后同样感觉不适，便立即沿梯子上爬，两次都未踩到第二层梯阶，之后就晕倒下去。见此情景，缺乏应急救援知识的井边工友马健，立即下井施救，结果自己也晕倒在井中。最后，井上人员向沿街商铺借来绳索施救，马健被成功救出，于志刚被救出时已经死亡。

为控制有限空间安全培训不力带来的人身安全风险，根据《工贸企业有限空间作业安全管理与监督暂行规定》，制定预控措施：

1. 有限空间维护单位应对从事有限空间作业的现场负责人、监护人员、作业人员、应急救援人员进行专项安全培训。

2. 专项安全培训应包括下列内容：

（1）有限空间作业危险有害因素和安全防范措施。

（2）有限空间作业安全操作规程。

（3）检测仪器、劳动防护用品的正确使用。

（4）紧急情况应急处置措施。

3. 安全培训应有专门记录，并由参加培训人员签字确认。培训考试不合格不得从事有限空间作业。

四、有限空间防护与标志

有限空间往往相对封闭、潮湿、缺氧，易造成有毒有害气体聚积，其出入口是有毒有害气体甚至爆炸性气体挥发的唯一通道，人们过分接近或探入有限空间出入口，就可能致人窒息晕厥、身体失衡，特别是遇有井、坑、池类有限空间，还容易造成人员坠落。如果有限空间出入口不设置安全警示标志，不采取防护措施，或防护措施功能失效，就可能使人们意识不到有限空间危险，误入后，就容易导致跌落、溺水、中毒、缺氧窒息等伤害。

案 例

2013 年 4 月 15 日上午，山东省聊城市东昌府区王桐东村，村边一个废弃机井无盖板，周围也无防护设施，几个儿童在井边玩耍时，1 名 3 岁男孩不慎坠入井中，经抢救无效死亡。

为控制有限空间防护与标志使用不规范带来的人身安全风险，根据《中华人民共和国安全生产法》《工贸企业有限空间作业安全管理与监督暂行规定》，制定预控措施：

1. 有限空间明显处所应设置“有限空间，严禁入内”类警示标志和警示说明。

2. 有毒、易燃、易爆有限空间，应同时设置“严禁烟火”标志。

3. 有限空间应有防止人员打开或进入的门、盖、栏杆等防护装置，必要时应加锁。

五、有限空间作业审批

有限空间作业条件、方案、措施、组织、应急处置等审核审批，是有限空间维护单位管理人员履行自身安全职责，把控现场安全关键，保障作业安全条件的重要环节。但在实际作业时，作业人员往往急于完成任务，盲目高估自身作业能力，忽视有限空间危害，简化审批环节，导致在作业条件不具备、人员准备不足、防护措施不到位的情况下盲目作业，给自身安全埋下事故隐患。

案 例

2003 年 11 月 15 日中午，某炼油厂炼化车间暖气不热，初步判断是室外暖气沟内控制阀门问题。管道工李丰年未向维修车间负责人汇报，也未经审批同意，就盲目打开井盖检查，进入暖气沟内调试阀门。由于暖气沟长时间未打开过，积聚有毒气体过多，李丰年进入后不久，便中毒窒息、无力自救，导致死亡。

为控制有限空间作业审批不规范带来的人身安全风险，根据《工贸企业有限空间作业安全管理与监督暂行规定》，制定预控措施：

1. 有限空间作业前，应对作业环境进行评估，分析存在的危险有害因素，提出消除、控制危害的措施，制定有限空间作业方案，方案中应明确作业现场负责人、监护人员、作业人员及其安全职责。

2. 有限空间作业方案，应经作业单位的上级单位管理人员审核，负责人批准。

3. 有限空间作业未经审批，员工有权拒绝作业。

六、有限空间作业准备

有限空间作业准备，是有限空间作业安全的重要保障，它包括人员分工、危害因素交底、作业防护用品使用、应急处置方案介绍和危害场所通风措施等环节。另外，全员参与点名也十分关键，这是保障收工时全部人员能完全撤离有限空间的重要措施。如果作业准备流于形式，员工不了解有限空间危害因素，不掌握应急逃生方案，盲目进入通风不良的有限空间作业，极易发生事故。

案 例

2013 年 6 月 23 日 8 时 40 分，北京中消长城消防安全工程有限公司 2 名工人进入丰台区园博园 4#门北侧消防井内进行维修作业时，因缺氧窒息晕倒，1 名工人经抢救无效死亡、1 名工人受伤。后经丰台疾控中心现场检测，井底氧含量仅为 1.6%。

2014 年 1 月 11 日 10 时左右，北京密云华鑫水电技术开发总公司，组织 31 人进入昌平区超前路电力管井进行敷设电缆作业。作业中，7 人因急性混合性气体中毒晕倒后溺水，5 人经抢救无效死亡、2 人受伤。

为控制有限空间作业准备不规范带来的人身安全风险，根据《工贸企业有限空间作业安全管理与监督暂行规定》，制定预控措施：

1. 有限空间作业前，现场负责人应清点作业人员和工器具，并将作业方案和作业现场可能存在的危害因素、防控措施和应急预案等，告知所有作业人员和监护人员，监督作业人员按方案进行作业准备。

2. 监护人应根据有限空间危险有害因素种类和危害程度，监督作业人员正确佩戴和使用防护用品。

3. 采取可靠隔断、隔离措施，将可能危及作业安全的设施设备、存在有毒有害物质的空间与作业地点隔开。

4. 有限空间内盛装或残留的物料对作业存在危害时，作业人员应在作业前对物料进行清洗、清空或置换。

七、有限空间作业通风与检测

有限空间具有空间封闭、狭小、空气不流通等特点，容易造成缺氧和有毒、易燃气体积聚，所以“先通风、再检测、后作业”便成了有限空间作业的基本原则。但部分有限空间即使作业前换气通风，也难以避免有毒、有害气体重新积聚，给作业人员带来新的安全风险，而且这种环境气体风险往往无色无形、难以察觉，一旦中毒或窒息，会很快呼吸受阻、丧失意志、无力自救。所以，如果作业前不对有限空间危害因素进行检测，就不能保障作业人员的环境安全。如果作业中不对危害因素连续监测，就可能使作业人员面临新的无形风险，不能提前预警、安全撤离。

案例

2008年2月23日8时左右，河南省濮阳市中原大化集团有限责任公司新建年产30万吨甲醇项目，在调试氮气储罐控制系统时，连接管线上的电磁阀误动作打开，使储罐内氮气进入煤灰过滤器下部膨胀节吹扫氮气管线。由于该管线两个阀门中的一个未关闭，一个因阀内存有施工遗留杂物而关闭不严，氮气窜入煤灰过滤器，导致煤灰过滤器内氧含量迅速减少。承担煤灰过滤器内部除锈作业的山东华显安装建设有限公司，既未对作业设备采取有效隔离，又未对作业容器内氧含量进行分析，就安排作业人员进入煤灰过滤器作业。10时30分左右，1名作业人员因缺氧窒息晕倒，坠落容器底部，另外3名作业人员在施救过程中，也因缺氧相继窒息晕倒。随后赶来的救援人员向煤灰过滤器中注入空气，将4人救出，其中3人经抢救无效死亡、1人经抢救脱离危险。

为控制有限空间作业通风与检测不规范带来的人身安全风险，根据《工贸企业有限空间作业安全管理与监督暂行规定》，制定预控措施：

1. 有限空间作业应严格遵守“先通风、再检测、后作业”的原则，检测指标包括氧浓度、易燃易爆物质浓度、有毒有害气体浓度。

2. 未经通风和检测合格，任何人员不得进入有限空间，检测时间不得早于作业开始前30分钟。

3. 检测人员检测时，应记录检测时间、地点、气体种类、浓度等信息。检

测记录经检测人员签字后存档。

4. 在有限空间作业过程中，应对作业场所中的危险有害因素进行定时检测或连续监测。作业中断超过 30 分钟，作业人员再次进入有限空间前，应重新通风、检测，合格后方可进入。

5. 检测人员应采取相应安全防护措施，防止中毒窒息等事故发生。

八、有限空间作业

进入有限空间作业时，作业人员身处阴暗潮湿、单调乏味、行动和视线受限的作业环境，往往急于完成任务，忽视触电、火灾、爆炸、缺氧和有毒有害气体重新积聚带来的安全风险。另外，有限空间作业中，采用纯氧通风换气危害更大，这是因为：一方面，氧气本身不靠酶催化就能与不饱和脂肪酸反应，并能破坏构成细胞生物膜主要成分的储存脂肪酸磷脂，导致人体细胞死亡；其次，氧气浓度过高，遇有外界触发条件很容易引起爆燃；另一方面，有限空间内部构造复杂、弯道多、光线暗，作业人员往往会脱离监护人员视线，一旦遇险，监护人员很难及时察觉、快速处置。所以，有限空间作业中不持续关注危害气体监测数据，不与作业人员保持联系，就失去了对作业人员的安全保障作用。

案 例

2010 年 11 月 3 日 23 时 40 分，由北京市怀柔区工务局负责建设、北京市市政二建设工程有限责任公司总承包、北京日月通达建筑工程有限公司专业分包的怀柔新城中高路（111 国道—雁栖河西路）道路工程，在顶管作业过程中，新铺污水管线中间部位上方部分砂石料塌方，造成 3 名作业人员被堵在直径 1 m、长 10 m 的管道内。为防止被困人员缺氧窒息，该工程项目部在救援时，用钢管向管道内违规输入纯氧，导致被堵污水管于 11 月 4 日 2 时 30 分发生爆燃，造成 3 名作业人员死亡。

2014 年 7 月 25 日，神朔铁路公司朱盖塔车间综合服务工区在进行污水集水井提升泵检修作业时，工长安排王建新 1 人下井安装新泵。在井下作业过程中，王建新不断脚踏污水，造成污水表面结构层破坏，使有害气体积聚挥发。1 分钟后他感觉不适，便向上爬，当接近井口伸手求助时晕倒，井上人员未能抓住，王建新掉入井内。随后工长和其他人员相继下井施救，因有毒气体浓度过大，最终导致 4 人死亡。

为控制有限空间作业中的人身安全风险，根据《工贸企业有限空间作业安

全管理与监督暂行规定》，制定预控措施：

1. 进入有限空间作业，应有防中毒、防触电、防火、防爆等措施和足够照明，并保持出入口畅通；交叉作业时，还应采取避免互相伤害措施。

2. 有限空间作业中，应采取通风措施，保持空气流通，禁止采用纯氧通风换气。发现通风设备停止运转、有限空间内氧含量浓度低于或有毒有害气体浓度高于国家标准或行业标准规定的限值时，应立即停止有限空间作业，清点作业人员，撤离作业现场。

3. 监护人员不得离开作业现场，并与作业人员保持联系，发现异常，立即发出撤离警报，并采取措施帮助作业人员撤离逃生。

4. 严禁使用过滤式面具；严禁在可燃、爆炸性气体环境中使用火种。

九、有限空间作业收工

有限空间作业时，作业人员既要穿戴劳动防护用品，又要携带工具、材料、机具，且长时间滞留在阴暗、潮湿、缺氧和活动受限空间内，保持一种姿势体力劳动，极易造成心理压抑、疲惫，甚至作业结束无力爬出，困于有限空间。如果收工前不清点人数，就不能保证所有作业人员脱离有限空间风险。另外，作业结束不及时恢复防护设施就撤离现场，也极易对他人造成伤害。

案 例

2001 年 9 月 5 日，天津前进化工厂对反应釜等设备进行全面停工防腐大修。防腐工程队为抢工期，将 45 名工人按设备和空间大小，分为多个工段同时进行作业。18 时 30 分收工后，未清点人数。23 时休息时，发现缺少 1 名老职工李某，便立即派人寻找，最后在反应釜内找到李某。原来他在作业时将脚扭伤，因无法爬出设备，被困于设备底部。

为控制有限空间作业收工中的人身安全风险，根据《工贸企业有限空间作业安全管理与监督暂行规定》，制定预控措施：

1. 有限空间作业结束后，现场负责人、监护人应及时清点人员、机具、材料。

2. 有限空间作业结束后，应及时恢复防护设施，确认盖好、锁好后，方准撤离现场。

十、有限空间应急救援

有限空间作业人员遇险后，一方面，救援人员需穿戴防护用品、携带照明和救援工具，行动十分不便；另一方面，有限空间通道狭窄，不能采取抱、抬、扛等露天正常救援手段使受害者脱离险境抵达出口。所以，有限空间遇有意外，往往施救难度极大。另外，遇有有限空间作业人员中毒或窒息晕倒，其他人员面对突如其来的意外情况，往往慌乱无措，意识不到被困人员周围有毒有害气体存在，慌乱中忘记穿戴防护用品，盲目进入有限空间实施救援，将自身置于危险境地，最终导致被救者未救起，自己也沦为被救者。所以，有限空间作业人员不熟悉救助方法，不掌握救援预案，就很可能造成二次伤害或延误最佳救助时机。

案例

1998 年 10 月 1 日，江苏省常熟市某集团有限公司污水处理站利用国庆放假时间，对长 8.3 m、宽 2.2 m、深 2 m，上方仅留有面积为 0.6 m×0.6 m 洞口的封闭型清水池进行检修作业。当日气温高达 31 ℃，清水池内硫化氢气体挥发加速。13 时左右，前来清理的外来临时杂工徐大勇，未意识到池内积聚的硫化氢气体已严重超标，未强制换气通风，仅头戴过滤式防毒面具（滤毒罐）就下池清理。40 分钟后，工友周富贵发现徐大勇未上来，预感情况不好，当即呼喊“救命”，慌乱中未穿戴防护用品就下池营救。租用该集团公司厂房的个体业主施万贯、邵世平闻声赶到，与此同时，从事多年清理工作的污水处理站站长宋阿福也闻声赶到，听说周富贵下池救人未上来，便慌了手脚，竟然也未采取有效个体防护措施，跟着盲目下池救人，并嘱咐施万贯与邵世平在洞口接应。当站长宋阿福挟起周富贵离开池底 50 cm 后，叫上面人接应，站在下洞梯子上的邵世平因身体较胖、洞口较小，上身在洞外，下身在洞内，一时下不去，接不到，就在此刻，站长宋阿福也中毒晕倒。邵世平闻到一股臭鸡蛋味后，才意识到池内可能有毒气，见此情景，施万贯连忙把邵世平拉出洞口，并拨打 110 报警求助。随后赶到现场的公司保卫科长沈安舟，立即向 119 报警请求营救，并嘱咐带氧气呼吸器。4~5 分钟后消防人员赶到，将 3 名中毒人员救出，迅速送往常熟市第二人民医院，经抢救无效，徐大勇、周富贵、宋阿福 3 人于当日 14 时 50 分全部死亡。

为控制有限空间应急救援中的人身安全风险，根据《工贸企业有限空间作业安全管理与监督暂行规定》，制定预控措施：

1. 有限空间维护单位应根据有限空间作业特点，制定应急预案，并配备呼吸器、防毒面罩、通信设备、安全绳索等应急装备和器材。

2. 现场负责人、监护人员、作业人员和应急救援人员，应掌握相关应急预

案内容，每年至少进行1次应急演练。

3. 有限空间作业中发生事故，现场有关人员应立即报警，禁止盲目施救。应急救援人员实施救援时，应做好自身防护，佩戴必要的呼吸器具、救援器材。

第十二节 低压电气设备检修与使用

一、低压设备及电线路作业

超过36 V安全电压的电流通过人体，心脏就会导致神经失常、心搏停止、血液循环中断，危及人身安全。因此，对380 V、220 V等低压设备及电气线路维护、施工作业时，如果停电不彻底，防护措施不到位，就容易发生人员被电击事故。

案 例

1996年5月1日，河北省某公司维修工王国梁到办公楼四楼卫生间更换灯具，自认为节假日办公楼无人，在一楼电控箱断电后，既未加锁又未设置任何防护标志，就开始作业。5分钟后，该公司周玉海来办公室加班，发现办公室无电，便到一楼合闸送电，造成正在更换灯具的王国梁受到电击，从梯子上摔下，脊柱被摔断。

为控制低压设备及电气线路作业中的人身安全风险，根据《铁路电力安全工作规程》，制定预控措施：

1. 作业前应切断电源，并悬挂“禁止合闸，有人作业”防护标志，必要时加锁或派人看守。

2. 作业前应进行验电，确认无电后方可作业。

3. 作业后应对维修设备外壳、手柄等进行再次验电，确认无电后方可交付使用。

二、低压带电作业

低压带电作业是指在对地电压250 V及以下不停电的低压设备或低压线路上的工作。低压带电作业时，往往会遇到作业空间狭小，相邻带电体之间、带电体与地之间绝缘距离较小。作业时，如果不采取防护措施或错误操作，均可能引起电击事故。

案 例

2014 年 8 月 25 日，陕西省某发电公司 5#机除尘报警。检修工作负责人刘江山和钟志辉到现场后，初步判断为冷却风机故障。21 时 18 分，刘江山回班组找风机备品，钟志辉在无人监护、未戴绝缘手套的情况下，擅自取电试验。试验过程中，身体接触导线带电部分构成回路，发生触电，经抢救无效死亡。

为控制低压带电作业中的人身安全风险，根据《铁路电力安全工作规程》《铁路电务安全规则》，制定预控措施：

1. 使用带绝缘的工具，穿绝缘胶鞋，室内应站在绝缘地板上。

2. 一人监护一人作业。

3. 不得同时接触导电和接地部分。

4. 未脱离导电部分时，不得与站在地面上的人员接触或相互传递工具、材料。

三、电器使用

铁路员工在宿舍休息，有时会使用电热壶、电热宝、电热毯等生活电器。由于部分员工缺乏用电安全知识，私拉、乱接电线容易导致触电伤害；私备电器往往价格低、质量差，使用中容易造成短路、漏电等现象；电器功率过大还容易超负荷运行，造成电气线路损坏。另外，频繁、长时间使用电器，还有可能导致触电、火灾等事故。

案 例

2008 年 11 月 14 日 6 时 10 分，上海商学院徐汇校区学生宿舍楼，六楼 1 名学生使用 1 500 W “热得快” 烧开水，导致电气线路发热起火，引燃周围可燃物，酿成火灾事故。逃生中，4 名女生从 6 楼宿舍阳台跳下，当场死亡。

为控制电器使用中的人身安全风险，制定预控措施：

1. 禁止在工作、生活场所私拉、乱接电线；禁止使用大功率电器。

2. 生活场所应安装与实际用电负荷相匹配的保护装置，确保超负荷运行时能自动断电。

四、电气设备室防火

铁路电气设备室主要是指信号机械室、通信机房、电缆室、电源室以及变配电所控制室、高压室、电容室等集中安装有电气设备的室内处所。电气设备室具有电气线路复杂、电气设备类型多、电压种类和等级不同等特点，电气设备和线路发热、短路、接电、混线、过负荷运行等都极易造成电气火灾，危及作业人员生命安全。

案 例

2000 年 7 月 6 日 0 时 22 分，石家庄地区雷雨天气，北京铁路局石家庄站下行驼峰场，接触网 2431 馈线遭雷击，造成相邻的配一架空线产生感应过电压，导致同沟敷设的电力电缆和信号电缆多处击穿，引发驼峰信号楼电缆井内电缆起火。火势沿电缆通道从一层蔓延至三层信号机械室，共引燃 34 架继电器柜，构成信号机械室火灾事故，灭火抢险过程中险些造成人员伤亡。

为控制电气设备室火灾带来的人身安全风险，根据《铁路电务安全规则》《牵引变电所安全工作规程》，制定预控措施：

1. 电气设备室严禁烟火，应具有符合要求的报警和灭火设施，并保持良好。

2. 电缆进出口应采用防火材料封堵，电力电缆不得与信号电缆同沟敷设。

3. 电气设备室不得存放易燃、易爆物品，严禁用汽油、酒精擦拭设备电气接点，不得用易燃油擦拭地面和设备。

4. 电气设备室应设挡鼠板，防止鼠类进入引发火灾，挡鼠板应有警示标识，避免人员磕碰摔倒。

5. 电气设备室应有防火制度、应急预案挂牌。

第十三节　施工用电

一、施工电线路敷设

施工现场往往人员多、车辆多、机具材料多、地面潮湿、地形复杂且随时多变。施工现场临时用电线路，有地埋、架空和临时拉用等方式，如果电气线路径选择不当，就容易造成现场车辆碾轧、机械设备拖挂、人员触碰踩踏等风险，危及自身和周围人员生命安全。如果电气线路绝缘不良、线头裸露，就更容易造成人员触电事故。

案 例

2003 年 12 月 3 日晚上，石家庄某住宅小区建筑工地混凝土搅拌站，拉运水泥的大型车辆转弯时，将临时架空的电线挂断，造成搅拌站一名作业人员触电死亡。

2005年8月5日11时，天津港航运服务区在建工地，8名钢筋工在将6 m高钢筋笼移至桩孔过程中，拖在地面的钢筋弯头将埋地较浅的电缆线拖出，造成电缆外皮破损漏电，导致李强等6人当场触电身亡。

为控制施工电线路敷设不规范带来的人身安全风险，根据《建设工程施工现场供用电安全规范》，制定预控措施：

1. 施工现场配电线路路径应避开过热、腐蚀以及易燃、易爆仓库等影响线路安全的区域；宜避开易遭受机械性外力的交通、吊装、挖掘作业频繁场所，以及河道、低洼、易受雨水冲刷地段；不应跨越在建工程、脚手架、临时建筑物。

2. 配电线路敷设方式应能够避免受到机械性损伤或其他损伤；不应敷设在树木上或直接绑挂在金属构架和金属脚手架上；施工现场架空线路宜采用绝缘导线。

3. 沿构筑物、建筑物水平敷设的电缆线路，距离地面高度不宜小于2.5 m。

4. 直埋电缆在穿越建筑物、构筑物、道路，易受机械操作、腐蚀介质等场所，以及在引出地面2 m高至地下0.2 m处时，应加设防护套管。

二、施工电气设备使用

施工现场电气设备及用电线路多为临时安装，较为简陋，受雨雪、潮湿等施工环境影响较大，容易造成电线破损、漏电。另外，施工使用的搅拌机、打夯机、电焊机等电气设备有单相和三相两种接线方式，设备功率差异较大，对电气线路要求也各不相同。如果设备操作和维护人员不掌握电工基础知识，极易发生电路错接、设备漏电等，造成人员触电伤害。

案 例

1994年8月26日，上海互惠小区楼盘工地，桩机操作工张磊发现桩机操作把手开裂，便借来电焊机准备焊接。接线时，他错误地把单相电焊机接在三相电源上，将三相电源的另一相接在电焊机保护线上，合上电源开关后，致使电焊机外壳带电。工友李海军从电焊机旁经过时，脚踩到与电焊机连接的钢丝绳上，当场触电死亡。

为控制施工电气设备使用中的人身安全风险，根据《建设工程施工现场供用电安全规范》，制定预控措施：

1. 用电设施运行及维护人员应经安全培训，每年考试1次。

2. 各种电气设备金属外壳，应采取保护接地或保护接零。

3. 电源和用电处均应装设开关箱，开关箱内应装设漏电保护器，做到“一机一闸一器”。

4. 严禁非电工拆装电气设备。

三、施工用电安全距离

电气安全距离是指带电导体与附近接地的物体或人体之间以及不同极、相带电体，必须保持的最小空间距离。如果在架空电气线路附近施工时临时搭建设施，堆放物件或搬运较大机具、材料，就极易侵入电气线路安全距离，甚至触碰到周围电气线路，造成电击伤害。

案 例

2011 年 8 月 13 日，某工厂 4 名民工推移脚手架平台时，未注意到上方高压线路，转弯过程中，平台顶部触及高压线路，造成 3 人死亡、1 人重伤。

2014 年 6 月 18 日 10 时，陕西省榆林市定边县砖井镇中学 4 名民工粉刷教学楼外墙涂料。在房顶搬运铁架子时，未注意到房顶附近高压线路，搬运中铁架子不慎触碰到高压线，造成 3 人触电死亡、1 人重伤。

为控制施工用电安全距离不规范带来的人身安全风险，根据《建设工程施工现场供用电安全规范》，制定预控措施：

1. 10 kV 及以下外电架空线路，与施工现场道路的垂直距离、在建工程脚手架的水平距离最小为 7 m，与各类施工机械外缘的最小距离为 2 m。

2. 防护设施与外电架空线路最小距离，10 kV 及以下为 2 m，35 kV 为 3. 5 m，110 kV 为 4 m。

3. 固定式照明灯具悬挂高度室内不得低于 2. 5 m，室外不得低于 3 m，露天安装时应选用防水型灯头。

第十四节　工具使用

一、电动工具使用

电动工具主要分为金属切削电动工具、研磨电动工具、装配电动工具和铁路专用电动工具。铁路企业常见的电动工具有电钻、电动砂轮机、电动扳手、电锤、混凝土振动器、电动和面机、电动压面机等。电动工具在使用中，往往会因接地不良、电气线路绝缘破损电击伤人，或因安装不规范、操作不当等造成机械伤害。

案例

1993 年 7 月 28 日 15 时 30 分，安徽省蚌埠市公路机械化工程处职工韩福余，在合蚌公路蚌埠段施工时，用插入式振动棒平整水泥路面，施工中不断移动振动器电机。他在从桥西到桥东移动电动机过程中，因电线绝缘不良，不幸触电死亡。

为控制电动工具使用中的人身安全风险，根据《手持式电动工具的管理、使用、检查和维修安全技术规程》，制定预控措施：

1. 电动工具应设保护接地，每年至少测量 1 次绝缘电阻；电源应装设漏电保护器；插座应有防潮、防水装置。

2. 电动工具使用前，应检查确保安装牢固、连接线无破损、设备外观良好、防护装置齐全可靠。

3. 操作人员应经安全培训，按规定穿戴防护用品；严格按规程操作，不得触摸转动部位，必须触摸时，应关闭电源。

4. 电动工具发生故障时应先切断电源，在铁路线路上使用时，应撤离建筑限界以外处理。

5. 旋转式电动工具使用时，留有长发员工应将头发盘起扎牢。

二、内燃机具使用

铁路常用的内燃机具有发电机、捣固机、切轨机、钻孔机、打磨机、拉轨器、拉伸器及焊轨推瘤器等。如果日常检查保养不到位或操作不当，使用中往往会出现机械折断卡死、旋转固件松脱、油管破裂漏油等，这都会危及操作人员及周围人员人身安全。

案例

2009 年 9 月 3 日，哈尔滨铁路局海拉尔工务段组织小机群捣固，由于捣固机日常保养不彻底，作业前检查不仔细，作业过程中，捣固机夹轨钳与吊链间的连接销折断，弹出 1.5 m 后，击中 1 名线路工右眼，造成重伤。

为控制内燃机具使用中的人身安全风险，根据《普速铁路工务安全规则》，制定预控措施：

1. 机具使用前，应确认油、水、电、连接件符合使用要求，防护装置齐全

可靠，仪表显示正常。

2. 禁止运转中添加燃油。

3. 旋转式内燃机具使用时，留有长发员工应将头发盘起扎牢。

三、气动工具使用

气动工具是利用压缩空气推动气动马达，对外输出动能工作的一种工具，它主要由动力输出、作业形式转化、进排气路、控制与机壳等部分组成，其中作业形式转化往往采用分体插接方式连接。铁路常见的气动扳手、气扳机就属于回转式气动工具，使用时如果扳轴与套筒连接不牢，高速旋转振动过程中，极易将套筒甩出，击伤作业及周围人员。

案 例

2009 年 7 月 11 日，上海金鑫设备厂安装操作车间，装配工李伟使用气扳机对电机法兰盘螺栓进行紧固作业。作业过程中，气扳机与套筒连接扳轴发生松动，李伟未及时停机检查，继续作业，导致套筒在旋转时松脱飞出，击中其左侧额头致伤。

为控制气动工具使用中的人身安全风险，根据《凿岩机械与气动工具安全要求》，制定预控措施：

1. 气动工具分体插接部件连接后，禁止空转运行。

2. 气扳机扳轴与套筒连接的圆柱销和胶圈，应保持完好有效。

3. 作业完毕，应及时拆除分体插接部件。

四、钻孔设备使用

钻孔是指在设备和工器件上用设备打孔。铁路常用的钻孔设备有台钻、便携式电钻、钢轨钻孔机等。钻孔作业时容易出现铁屑飞溅、钻头断裂、被钻物体随钻头旋转、电气绝缘不良等危害，如果使用不当就会给操作人员带来人身伤害。另外，在营业线钢轨上钻孔时，如果拆卸动作迟缓、延误下道时机，机具就有可能被通过的列车撞轧，给作业人员带来安全风险。

案 例

2013 年 6 月 6 日 14 时 22 分，武汉铁路局鄂州电务车间，组织鄂州整治工区、西河村信号工区和阳新信号工区，天窗结束后利用列车间隔，在武九线西河村—夏畈 K173+000~K175+000 处，联合进行补偿电容集中更换作业。K1091

次旅客列车通过作业地点时，将正在进行钢轨钻孔的2名信号工当场撞死。

为控制钻孔设备使用中的人身安全风险，制定预控措施：

1. 作业人员应穿着绝缘鞋，佩戴防护眼镜。禁止戴手套作业。

2. 留有长发员工应将头发盘起扎牢。

3. 被钻物体应固定牢固，钻孔用力适度，防止钻头断裂击伤操作人员。

4. 钢轨钻孔作业应登记要点或在天窗点内进行，钻孔机拆卸应由操作熟练的人员担任。

五、切割、打磨、抛光设备使用

铁路企业在生产中会遇到对钢轨、钢管、钢筋、角钢、轮毂、焊接处等设备部件、材料或工器件切割、打磨、抛光等作业。对金属物体进行切割、打磨、抛光作业时，会产生高温磨屑飞溅。如果不按规定佩戴防护用品、装设防护设施，就可能导致操作人员受到伤害。另外，旋转配件安装不牢、不按规定操作或因配件自身缺陷，都可能出现切割片、砂轮等旋转配件崩裂，伤及作业及周围人员。

案 例

2014年12月17日10时左右，河南省安阳镇个体加工厂，作业人员尚志发在更换新砂轮时未安装砂轮轴压板，开机不到2分钟，砂轮突然崩裂成3块飞出，其中1块砸到尚志发头部，致其当场倒地，鼻孔出血，经抢救无效死亡。

为控制切割、打磨、抛光设备使用中的人身安全风险，制定预控措施：

1. 使用前，应检查切割片、砂轮等旋转配件完整良好、安装牢固，护罩、安全挡板有效可靠，空载试验良好后，方可作业。

2. 操作人员应佩戴护目眼镜等防护用品，机具两侧和前方不得站人。

3. 旋转式机具使用时，留有长发员工应将头发盘起扎牢。

4. 操作时应远离易燃、易爆物品。

六、活口扳手使用

活口扳手由扳手固定钳口、活动钳口、开口调节螺母、固定销、握把组成，使用时用相互平行的固定钳口对准多边形工件，调整调节螺母使活动钳口固定，通过向活动钳口方向转动握把拆卸或紧固工件。如果拆卸或紧固工件时，向固定钳口方向转动握把，造成活口扳手反用，就容易导致活动钳口因受力过大瞬间折断，导致使用者失去平衡，造成碰伤、摔伤，甚至折断飞出的活动钳口伤及周围人员。另外，用扳手替代手锤击打物体，导致扳手损坏、部件飞出，也会造成人身伤害。

案 例

2007 年 8 月 12 日，某工务段线路工吴中斌，协助电务工区拆卸道岔装置 L 铁螺栓，拆卸时反用 300 mm 扳手，并在扳手握把上加装长套管，用力过程中活动钳口折断，击伤身边的信号工卜楠。

为控制活口扳手使用中的人身安全风险，制定预控措施：

1. 根据螺栓、螺帽或工件大小，选用适当扳手。

2. 使用时活动钳口应调紧，扳手应正扳，不得反用。

3. 不得用活口扳手击打物体。

七、机床操作

机床是指制造机器的机器，亦称工作母机或工具机，车床是主要用车刀对旋转工件进行车削加工的一种机器。它们的共同点是通过刀具与工件之间的相对运动实现工件加工，以获得所要求的几何尺寸、精度和表面质量的半自动化或自动化机器。铁路常用机床有车床、刨床、铣床、镗床、磨床、钻床等。机床在运行中，分刀具旋转、位移，部件旋转、位移多种相对运动形式。由于机床结构较为复杂，运动速度较高，如果操作人员距离机床运动部件或刀具较近，机床高速旋转产生的空气涡流或直线运动形成负压，容易吸入、拖挂操作人员衣物、长发等，进而造成绞伤、挤压事故。

案 例

2005 年 6 月 15 日 19 时 22 分，朝阳机械厂女车工尹丽玲，被安排临时加班，出于方便，在未戴工作帽的情况下，开始操作车床。加工过程中，发现车床刀架固定螺栓松动，在紧固螺栓时，长发瞬间被卷入车床丝杠内，致使头皮全部撕掉，左耳撕去 2/3，造成重伤事故。

2019 年 1 月 15 日，成都铁路局贵阳南车辆段，承担货车车轮镟修的集体企业铸造厂镟轮工李成德在作业时，被卷入车床，经抢救无效死亡。

为控制机床操作中的人身安全风险，根据《金属切削机床安全防护通用技术条件》，制定预控措施：

1. 机床操作人员应经培训，熟悉操作规程和安全注意事项，并按规程操作。

2. 工作时，应束紧工作服、套袖，戴防护眼镜，留有长发员工应将头发盘起扎牢。

3. 严禁戴围巾、手套、穿裙子、凉鞋、高跟鞋操作机床。

第十五节　公共场所安全

一、通勤轨道车乘车

为给铁路沿线职工和家属提供交通便利，铁路企业一般在管内开行通勤轨道车。通勤轨道车运行速度快、站停时间短、车门高，乘客上下车困难，易造成乘客摔伤、扭伤。另外，通勤轨道车没有“三品”（易燃、易爆、危险品）检查专用设备，乘客携带其上车难以发现，这也就给通勤轨道车埋下了火灾、爆炸事故隐患。

案例

1988 年 1 月 7 日 23 时 17 分，广州铁路工程公司临时工郭鹏，登上广州开往西安的 272 次列车后，将 2.5 kg 松节油稀释的防锈漆放在行李架上。列车接近京广线马田墟车站时，他发现防锈漆溢出，用纸擦拭后将纸和油漆放在座位下，吸烟时将未熄灭的火柴扔进纸堆，引起火灾，最终造成 34 人死亡、6 人重伤、42 人轻伤。

为控制通勤轨道车乘车中的人身安全风险，根据《铁路旅客运输管理规则》，制定预控措施：

1. 各单位应对乘坐轨道车人员进行安全教育，遵守有关安全措施或规定。

2. 乘车人应凭有效证件乘车，并配合工作人员做好安全疏导和验证工作。

3. 无站台线路上下轨道车时，应面向车内，抓紧扶手、蹬牢车梯，并注意脚下障碍物。

4. 运行中严禁擅自打开车门。

5. 邻线机车车辆通过时，禁止人员在邻线侧上下。

6. 严禁携带易燃、易爆、危险品乘车。

二、楼梯、狭窄通道等人员聚集场所通行

拥挤是在短时间内，因某种突发因素，在人员集中场所引起情绪亢奋、行动过激、人群大量聚集的失控现象。在人员集中通过楼梯或狭窄通道时，一旦

个别人员突发晕眩、意外摔倒等，很容易引起其他人员恐慌、失控、摔倒、叠压，酿成踩踏事故。如果人员集中的活动主办方预想不周，不提前制定安全疏散措施、不告知参加人员注意事项，就有可能在楼梯、狭窄通道等人员聚集场所发生踩踏事故，造成重大人身伤亡。

案 例

1985 年 2 月 7 日，云南省昆明体育场正在举行匈牙利维多顿队与云南省队足球比赛。临近尾声，不少观众开始退场，又因场内出现高潮，观众重返赛场时，拥挤在几个出口处站着看球。此时突降大雨，场内观众争相退场。由于出口被堵塞，秩序大乱，许多人被挤压在铁栅栏门上，或被推下门外陡坡形石阶撞倒在地，酿成踩踏事故，最终造成 8 人死亡，多人受伤。

为控制楼梯、狭窄通道等人员聚集场所通行中的人身安全风险，根据《中华人民共和国突发事件应对法》，制定预控措施：

1. 楼梯、狭窄通道等人员聚集场所，应显著标明安全撤离通道、路线，保证安全通道、出口的畅通。

2. 大型活动主办方应制定安全疏散措施和应急预案，必要时应设专人疏导，间断放行。

3. 参加活动人员在楼梯、狭窄通道，应有秩序通行，不得嬉戏打闹或制造恐慌气氛。

4. 遇有拥挤、踩踏迹象，应冷静应对，积极劝阻，并做好自我保护。

第四章 消防设备使用劳动安全

第一节　灭火器和消火栓

一、灭火器类型选择

灭火器是一种便携式灭火工具，不同种类的灭火器内装填的物质成分不同。在扑救火灾时，如果灭火器选择不正确，不但达不到扑灭火灾的目的，反而会扩大火势，危及人身安全。所以，根据燃烧物种类选择相应的灭火器十分关键。

案 例

2009 年 12 月 2 日，河北省衡水市某单位配电箱短路起火，引燃周围可燃物。扑救中，值班人员李海泉在未切断电源的情况下，错误使用了水型灭火器灭火，结果造成触电，右臂被截肢。

为控制灭火器类型选择不规范带来的人身安全风险，根据《建筑灭火器配置设计规范》，制定预控措施：

1. 扑救含碳固体可燃物，如木材、棉、毛、麻、纸张等 A 类火灾，应选用水型、泡沫、磷酸铵盐干粉、卤代烷型灭火器。

2. 扑救甲、乙、丙类液体，如汽油、煤油、柴油、甲醇、丙酮等 B 类火灾，应选用干粉、泡沫、卤代烷、二氧化碳灭火器，扑救极性溶剂 B 类火灾不得选用化学泡沫型灭火器。

3. 扑救可燃气体，如煤气、天然气、甲烷、丙烷、乙炔等 C 类火灾，应选用干粉、卤代烷、二氧化碳型灭火器。

4. 扑救燃烧金属的 D 类火灾应选用金属火灾专用灭火器。

5. 扑救带电的 E 类火灾，应选用卤代烷、二氧化碳、干粉型灭火器。

二、灭火器报废年限

灭火器主要由筒体、药剂和驱动气体、虹吸管、喷嘴（喷管）、阀门、压力表、铅封、生产厂铭牌等组成。灭火器在长期使用过程中，容易受到搬运、装卸、存储和使用环境温度、湿度等因素影响，造成受压筒体、焊缝、器头安装和密封部件等变形、锈蚀、老化。所以，各类灭火器自出厂之日就规定了报废年限，超过报废年限，应立即报废，如果继续使用，就有可能发生灭火器气压泄漏、筒体爆炸等事故。

案 例

1995 年 3 月 11 日 8 时 30 分，江苏省镇江市孩溪化工厂，生产厂长潘昌杰与部分职工整理仓库，库内存放的灭火器多数超报废年限，个别筒体严重锈蚀，底部开裂。潘昌杰在检查一只 8 kg 干粉灭火器时，该灭火器突然由底部爆裂，导致其头部严重炸伤，左眼珠被炸出眼眶，筒体飞出仓库门外数米。

为控制灭火器报废年限不规范带来的人身安全风险，根据《灭火器维修与报废规程》，灭火器自出厂日期算起，达到如下年限应报废：

1. 水基型灭火器为 6 年。
2. 干粉灭火器为 10 年。
3. 洁净气体灭火器为 10 年。
4. 二氧化碳灭火器和贮气瓶为 12 年。

三、灭火器日常检查

灭火器作为扑灭初期火灾最便捷、最有效的灭火工具，在生产、生活中被广泛应用。灭火器在存放过程中，易出现压力异常、罐体锈蚀、喷射软管老化破损、超期使用等，如果不对灭火器进行日常检查，就不能提前发现隐患，一旦发生火灾，就可能失去控制初期火灾的作用。

案 例

2005 年 8 月 25 日上午，贵州省安顺市双阳飞机制造厂，专职消防员纪学国对员工进行消防知识培训，他手持一个已5年未检修和换粉的干粉灭火器，向员工做操作示范。演示中，灭火器突然爆炸，碎片击中纪学国面部，造成其颈椎骨骨折，经抢救无效死亡。

为控制灭火器日常检查不规范带来的人身安全风险，制定预控措施：

灭火器应每月检查1次，内容包括：外观、压力、铅封、检测时间等。

四、消火栓系统日常检查

消火栓系统是一种固定式扑救火灾的重要消防设施，其作用是控制可燃物、隔绝助燃物、消除着火源，一般分为室内和室外两种，系统主要由消防水池、消防泵、管网、消火栓、控制和报警系统等组成。消火栓系统投入运行后，易出现消防水池水量不足、水泵故障、水压不足、管网或水带漏水等，如果不进行日常检查、维护，一旦发生火灾，就无法起到应有的作用。

案例

2005年6月10日11时40分，广东省汕头市华南宾馆突发大火。由于室内消火栓系统失效，附近消火栓水压过低，无法有效灭火，也不能给消防车补水，错过最佳灭火时机，最终导致43间房屋焚毁、31人丧生。

为控制消火栓系统日常检查不规范带来的人身安全风险，根据《中华人民共和国消防法》《消防监督检查规定》，制定预控措施：

1. 消火栓系统应每半年检查1次，并对连接水带进行压力测试，保证出水压力正常、水带不漏水。

2. 室内消火栓系统控制单元，应始终开启为自动状态。

第二节　灭火器最大保护距离

一、手提式灭火器最大保护距离

手提式灭火器最大保护距离是指灭火器配置场所内最远着火点至灭火器设置点的行走距离。手提式灭火器灭火能力有限，仅用于初期火灾自救，如果灭火器配置距离过远，就不能有效控制初期火灾。

案例

2011年9月24日，兰州铁路局兰州客运段备品库外，垃圾池起火燃烧。由于灭火器放置距离较远，未能及时控制初期火情，火借风势引燃库内存放的床单、被褥等易燃物，扑救中造成部分人员烧伤。

为控制手提式灭火器最大保护距离不规范带来的人身安全风险，《建筑灭火器配置设计规范》对手提式灭火器最大保护距离规定：

1. A类火灾场所：严重危险级15 m、中危险级20 m、轻危险级25 m。

2. B、C类火灾场所：严重危险级9 m、中危险级12 m、轻危险级15 m。

这里所说的：严重危险级是指功能复杂、用电用火多、设备贵重、火灾危险性大、可燃物多、起火后蔓延迅速或容易造成重大火灾的场所；中危险级是指用电用火较多、火灾危险性较大、可燃物较多、起火后蔓延迅速的场所；轻危险级是指用电用火较少、火灾危险性较小、可燃物较少、起火后蔓延较慢的场所。

二、推车式灭火器最大保护距离

推车式灭火器体积大、不美观，人们往往将其存放得隐蔽些、远一些。殊不知这会延误控制火情最佳时机，很可能使初期火情无法得到有效控制，直至演变为火灾，给人身安全带来威胁。

案 例

2011年11月24日，西安铁路局某供电段，机具库外枯草着火，由于推车式灭火器存放地点距起火点较远，待灭火车到达现场时，已失去了扑灭初期火灾的最佳时机，最终火势蔓延至机具库内，扑救中险些造成人员伤害。

为控制推车式灭火器最大保护距离不规范带来的人身安全风险，《建筑灭火器配置设计规范》对推车式灭火器最大保护距离规定：

1. A类火灾场所：严重危险级30 m、中危险级40 m、轻危险级50 m。

2. B、C类火灾场所：严重危险级18 m、中危险级24 m、轻危险级30 m。

第三节　民用建筑安全疏散

一、安全出口

安全出口是火灾发生时人员疏散的生命通道。在生产生活中，如果消防通道被占用、安全出口锁闭，发生火灾后被困人员就无法迅速逃出，有可能造成被困人员吸入烟气窒息、中毒以及被热辐射、热气流烧伤。

案 例

2010 年 8 月 28 日 14 时 54 分，辽宁省沈阳市万达商业广场售楼处，一层大厅放置大量宣传展板和条幅等易燃物品。由于沙盘内部电路短路起火，沙盘迅速燃烧，引燃周围易燃物，并在短时间内封锁一层大厅出口。火势快速蔓延至二层后，二层逃生人员涌向其他安全出口，到达出口时发现出口锁闭，朝向室外的窗户被广告牌遮盖，被困人员无法疏散。这起火灾共造成 11 人死亡、7 人受伤。

为控制安全出口不规范带来的人身安全风险，根据《中华人民共和国安全生产法》《中华人民共和国消防法》《消防监督检查规定》，制定预控措施：

1. 任何单位、个人，不得占用、堵塞、封闭疏散通道和安全出口。

2. 安全出口疏散方向，防盗装置应保持 24 小时开启状态。

3. 人员密集场所外墙门窗，不得设置影响逃生和灭火救援的障碍物。

二、疏散指示标志

疏散指示标志是建筑物内遇到火灾或其他紧急情况，人员疏散的路线指示标志。如果疏散指示标志设置位置不明显、标志方向不连续、灯光字迹不清楚或标志损坏、缺失等，就不能对人员疏散起到指示作用，不能有效帮助被困人员及时辨识疏散通道和方向，容易造成人身伤亡事故。

案 例

2014 年 11 月 15 日 0 时 20 分，河南省长垣县皇冠 KTV 一层收银员使用电暖器取暖，烤炸空气清新喷雾剂，引发火灾。大火和有毒烟气顺楼梯迅速向上蔓延，二层损坏的疏散指示标志不能为被困人员指明逃生方向，被困人员无法找到其他安全出口逃生。最终，火灾造成 4 人当场死亡、7 人经救治无效死亡、13 人重伤。

为控制疏散指示标志不规范带来的人身安全风险，根据《消防安全标志　第 1 部分：标志》《建筑设计防火规范》，制定预控措施：

1. 疏散指示设置应符合《消防安全标志　第 1 部分：标志》和《建筑设计防火规范》相关要求。

2. 疏散指示标志应每月检查 1 次，发现缺失、光源熄灭、方向更改或故障指示灯点亮，应立即补充、维修。

3. 疏散指示标志灯具和配电箱，应每季度检查 1 次。

4. 标志灯具持续供电时间不得少于 30 分钟。

三、应急照明灯

应急照明灯是指在正常照明电源发生故障后能有效照明和显示疏散通道，或能持续照明而不间断工作的一类灯具。如果建筑物内未安装应急照明灯，或应急照明设备失修、损坏，在发生火灾、地震等紧急情况时，就不能为脱困人员提供可靠照明，延误逃生时机，甚至酿成摔伤、踩踏事件。

案例

2000 年 12 月 25 日圣诞夜，河南省洛阳市东都商厦四层，歌舞大厅和 KTV 包间 400 余人正在尽情狂欢时，员工王成太等 4 人在地下一层和二层楼梯处焊接分隔铁板，电焊火渣由铁板孔洞溅落至地下二层，造成楼梯上的塑料泡沫等物品起火，并快速引燃地下二层家具商场和货物仓库的红木家具、沙发、席梦思床垫、办公桌椅等。火灾发生后，大量有毒烟雾沿东西两侧楼梯快速扩散至整个大楼。商厦人员盲目采取全楼断电措施，未设置消防应急照明灯的整个大楼一片漆黑，被困人员无法找到逃生出口，黑暗中拥挤、冲撞、踩踏造成一片混乱，此次火灾造成 309 人死亡、7 人受伤。

为控制应急照明灯不规范带来的人身安全风险，根据《建筑设计防火规范》《消防应急灯具》，制定预控措施：

1. 应急照明灯具和配电箱，应每季度检查 1 次。

2. 应急照明灯具转换时间应不大于 5 秒，高危险区域应急照明灯具转换时间应不大于 0. 25 秒，应急工作时间应不小于 90 分钟。

3. 标志灯标志的颜色应为绿色、红色、白色与绿色相结合、白色与红色组合四种之一。

四、高层建筑

高层建筑是指超过 10 层的住宅建筑和超过 24 m 高的其他民用建筑。高层建筑火灾扑救是公认的世界性消防难题，通行的做法是预防为主、防消结合。因此，如何从源头上预防和杜绝火灾隐患，在火灾发生时能安全逃生，显得至关重要。随着我国城市化进程的发展，高层建筑的高度和数量呈现爆发式增长，铁路办公、培训、公寓、住宿楼等也越来越多地采用了高层建筑。由于高层建筑的楼体高、面积大、人员多、电气设备多，火灾危险性大，稍有不慎就会引发火灾。一旦发生火灾，将面临着火势蔓延快、扑救难度大、人员疏散时间长等问题，极易造成重大人员伤亡和财产损失。

案 例

2010 年 11 月 15 日 14 时 14 分，上海市静安区余姚路胶州路 728 弄 1 号 28 层教师公寓大楼节能综合改造施工。上海迪姆物业管理公司雇用无证电焊工吴国略、王永亮，在十层电梯前室，北窗外侧进行电焊作业，电焊溅落的金属熔融物，引燃九层脚手架平台上堆积的聚氨酯保温材料碎块、碎屑，很快引燃大楼外围易燃物，导致整栋楼被火包围着，就像大烟囱一样形成立体燃烧，几乎每层每户都有明火，每户都在燃烧，场景十分恐怖。楼内不少居民未来得及撤离，70 多辆消防车赶赴现场实施救援，多架警用直升机悬停在着火大楼顶部，索降救援被困在楼顶的居民。事故导致楼内居民 58 人遇难、70 余人受伤。

伦敦时间 2017 年 6 月 14 日凌晨，伦敦西区公寓楼“格兰菲尔塔”的二十四层发生火灾，火势猛烈，浓烟滚滚，整栋楼被烈焰吞没，大楼建筑变形，随时有坍塌风险。约 200 名消防员和 40 多辆消防车前往灭火。据报道消防车喷出的水柱只能达到十层左右，十层以上火势难以控制，有目击者称有人“从顶楼跳下，身上着火”，现场十分惨烈，大火连续燃烧十几个小时才全部熄灭，火灾导致 79 人遇难。

为控制高层建筑火灾带来的人身安全风险，根据《建筑设计防火规范》《消防控制室通用技术要求》，制定预控措施：

1. 高层建筑设计、施工、装修和使用，应符合《消防控制室通用技术要求》和《建筑设计防火规范》相关要求。

2. 各楼层应配备安全绳、防毒面具、应急照明灯等逃生用具。

3. 用电、用气操作和消防控制操作人员，应经专业培训，考试合格后方可持证上岗。

4. 定期开展高层火灾隐患全面排查整治，宣传高层火灾隐患危害，宣传防火和火灾扑救、报警、自救、逃生以及防烟、防毒等基本知识。

5. 定期检查、巡视高层建筑防火设备、设施、逃生用具和应急疏散通道、标志。

6. 制定灭火预案和应急疏散预案，并组织全员培训教育和模拟演练。

第五章

危险化学品使用劳动安全

第一节　危险化学品存放建筑

一、危险化学品

危险化学品是指具有毒害、腐蚀、爆炸、燃烧、助燃等性质，对人体、设施、环境具有危害的剧毒化学品和其他化学品。如果危险化学品运输、储存和使用单位管理制度不健全，或不按制度执行，就有可能使危险化学品能量限制条件遭到破坏，危及人身安全。

案 例

2015 年 8 月 12 日 23 时 30 分，天津市滨海新区天津港瑞海国际物流有限公司集装箱码头的危险品仓库运抵区南侧，非法堆放的集装箱内硝化棉因管理不善，致使湿润剂散失，出现局部干燥，在高温天气作用下，加速分散放热，积热自燃，引起相邻集装箱内硝化棉和其他危险化学品燃烧，导致运抵区堆放的硝酸铵等危险化学品起火爆炸。事故共造成 165 人遇难、8 人失踪、798 人受伤。

为控制危险化学品管理不规范带来的人身安全风险，根据《危险化学品安全管理条例》，制定预控措施：

1. 使用单位应根据危险化学品种类、危险特性以及使用量和使用方式，建

立、健全危险化学品安全管理规章制度和安全操作规程，配齐防护用品。

2. 通过铁路运输危险化学品，应依照《铁路危险货物运输管理规则》和《铁路危险货物运输安全监督管理规定》执行。

二、新建、改建、扩建危险化学品存放建筑

危险化学品存放建筑不同于普通民用建筑，特别是新建、改建、扩建危险化学品存放建筑的安全设施，应与主体工程同时设计、同时施工、同时投入使用。如果危险化学品存放建筑及安全设施不符合国家和行业标准，就容易发生危险化学品火灾、爆炸事故，给存放建筑和人员带来安全风险。

案例

2006年7月28日8时50分，江苏省射阳县临海化工厂的临海新厂区二氯氟苯生产项目建设，未经有关部门批准和特别许可，未经消防部门验收，在安全设施、生产条件不符合国家规定的情况下，擅自使用不完整的氟化工艺进行试生产。生产中，28#氯化塔突然爆炸，造成氯化、硝化、氟化、机修4个车间的生产工人及附近施工人员22人死亡、29人受伤。

为控制新建、改建、扩建危险化学品存放建筑不规范带来的人身安全风险，根据《中华人民共和国消防法》《危险化学品安全管理条例》《建筑防火设计规范》，制定预控措施：

1. 新建、改建、扩建危险化学品存放建筑，设计方案及相关资料应经住房和城乡建设部门审核，工程验收合格后，方可使用。

2. 危险化学品存放建筑应符合国家和行业标准，并设置明显标志。

三、危险化学品存放建筑防火间距

铁路企业最常用的危险化学品是汽油、柴油，由于汽油、柴油发生火灾爆炸时能量巨大、后果严重。如果存放危险化学品建筑与其他建筑防火间距不足，在发生火灾或爆炸时，会危及周边建筑和建筑内的人身安全。

案例

事发时，河南省郑州市食品添加剂厂内危险化学品仓库与生活区、一般生产区及附近居民区防火安全距离不符合规定要求。1993年6月26日16时15分，仓库内储存的7吨多过氧化苯甲酰发生爆炸后，猛烈的气浪和冲击波，将3 700多平方米厂房和院墙等建筑物夷为平地，造成本厂职工、相邻企业及附近

居民共计27人遇难、33人受伤。

为控制危险化学品存放建筑防火间距不规范带来的人身安全风险，根据《建筑防火设计规范》，制定预控措施：

1. 汽油存放建筑防火间距：与重要公共建筑为50 m；与厂外铁路中心线为40 m；与民用建筑、变配电所、厂内铁路线中心线为30 m；与厂外道路路边为20 m，与厂内主要道路路边为10 m，与厂内次要道路路边为5 m。

2. 柴油存放建筑防火间距：与一、二级民用建筑为10 m；与三级民用建筑为12 m；与四级民用建筑为14 m。

四、危险化学品存放建筑内电器

危险化学品存放建筑内电器泛指为危险化学品存放处所提供照明、通风、降温等电气设备。因危险化学品库内存放的物品如汽油、柴油等多具有可挥发性，且化学结构不稳定，如果电器内部产生电弧、火花或高温，就容易引燃空气中可燃性气体，造成爆燃或爆炸，危及人身安全。

案 例

2006年10月28日19时16分，安徽省防腐工程总公司承揽中石油天然气公司新疆独山子石化分公司原油储罐在建项目，施工队长带领26人，进入无通风措施的10万立方米原油储罐内，进行浮顶隔舱刷漆防腐作业。作业中，使用的防锈漆和防锈漆稀料有机溶剂不断挥发聚集，达到爆炸极限。施工人员使用的行灯和手持照明灯具又无防爆功能，电气火花引爆了可燃气体，隔舱突然发生爆炸，造成13人死亡、6人受伤。

为控制危险化学品存放建筑内电器管理不规范带来的人身安全风险，根据《建筑防火设计规范》，制定预控措施：

1. 汽油、柴油库内送风、排风系统，应采用防爆型通风设备。当送风机在单独隔开房间，且送风管上设置了止回阀门时，可采用普通型通风设备。

2. 汽、柴油库房内应采用防爆型灯具。对存量较小或夜间货物进出较少的库房，最好不装照明灯，必须夜间进出货物时，可用防爆手电照明，不得使用其他照明设备。

五、危险化学品存放建筑防雷

建筑防雷是为避免建筑物本身或内部设备不受直击雷或雷电电磁脉冲破坏，采用拦截、疏导使雷电泄放入地的一种防护技术。危险化学品存放建筑内部钢筋、油料储存罐体、电气线路设备及空气中的可燃气体等，遇有直击雷害会直接引燃或引爆危险化学品。所以，危险化学品存放建筑不安装防雷系统或防雷设备不良，十分危险。

案例

1989年8月12日凌晨2时，中国石油总公司山东省青岛市胜利输油公司，开始向5#油罐输入原油。随着1.5万立方米原油的持续输入，罐体内排出的同等体积油气，在罐体周围及顶部形成了达到爆炸极限范围的油气层。9时55分，突然电闪雷鸣，下起暴雨。常年使用的5#油罐，罐顶防感应雷屏蔽网采用铁卡压固连接，罐体中钢筋及金属部件电气连接多处虚接，地滚雷感应电压放电产生火花，引爆5#储油罐油气层，发生爆炸起火，随后引起相邻的4#罐爆炸，爆炸产生的混凝土碎块，震裂了1#、2#、3#油罐顶部，造成油气外漏，并被5#罐喷溅的油火引燃。此次事故共造成油库5名职工、14名消防人员死亡，另有100多人受伤。

为控制危险化学品存放建筑防雷不规范带来的人身安全风险，根据《建筑物防雷设计规范》，制定预控措施：

1. 危险化学品仓库应装设独立避雷针或架空避雷线（网），使被保护建筑物及风帽、放散管等突出屋面物体均处于接闪器的保护范围内。

2. 独立避雷针、架空避雷线或架空避雷网，应有独立接地装置，每一引下线接地电阻应不大于10 Ω；屋内接地干线与防雷电感应接地装置连接，应不少于2处。

第二节　危险化学品管理

一、危险化学品采购

危险化学品采购是危险化学品使用单位安全管理的第一道防线。危险化学品供应商是否具备生产或销售资质，产品是否符合国家有关技术标准和规范，直接影响危险化学品的运输、使用和存储安全。如果采购或使用不符合国家技术标准和规范的产品，就可能在存放和使用中发生泄漏、起火、爆炸等事故，危及人身安全。

案例

2013年4月14日，湖南衡阳锦江服装厂为节省生产成本，从无危险化学品经营资质的经营商手中低价采购了用塑料桶盛装的汽油。在存放过程中，油桶发生泄漏，库内电器故障短路时产生火花，引爆挥发性气体，造成2人死亡、17人受伤。

为控制危险化学品采购管理不规范带来的人身安全风险，根据《危险化学品安全管理条例》，制定预控措施：

1. 不得向未经许可从事危险化学品生产、经营企业采购危险化学品；不得采购没有安全技术说明书或安全标签的危险化学品。

2. 危险化学品包装、标志不符合国家标准，或有破损、残缺、渗漏、变质、分解等现象，严禁入库存放和使用。

二、危险化学品使用

铁路企业常见的危险化学品有汽油、柴油、盐酸、硫酸、氢氧化钠、氨水等，这些危险化学品具有易燃、易爆、有毒性和腐蚀性。在危险化学品使用中，如果管理不善、操作不当，就有可能导致人体灼伤，甚至造成火灾、爆炸事故。

案 例

2000年4月7日18时45分，江苏省江阴市龙山人造革厂三分厂牛津布车间，转产后开始生产涂层布，整个生产线未安装有效消除静电装置，尤其是卷料部分没有任何消除静电措施，随着产量快速增加，排风系统已不能满足需求，致使烘干过程中，涂布表层挥发的大量甲苯等可燃性蒸气不能及时排出。烘干输出的涂层布，在卷取过程中，滚动摩擦产生的静电火花，引燃卷取端涂布表层，火焰很快传播至烘干机房，引起混合气体爆炸，导致厂房发生火灾，造成4人死亡、2人受伤。

2000年7月23日15时10分，某工厂清洗车间工人进行汽柴油混合作业，油品渗入地下室形成爆炸性混合气体。车间搬运工打开地下室电灯开关时，产生电火花引燃爆炸性气体，发生爆炸起火，造成4人死亡、111人受伤。

为控制危险化学品使用中的人身安全风险，制定预控措施：

1. 危险化学品操作者工作前，应穿戴好专用防护用品。

2. 室内使用汽油、煤油、柴油等易燃液体时，应具备防火防爆要求。

3. 喷漆场所或调漆间的漆料、稀释剂，不得超过当班生产用量。

三、危险化学品存放

铁路企业存储量较大的汽油、丙酮、酒精等属甲类危险化学品，柴油、油漆等属乙类危险化学品。甲乙类危险化学品性能不同、闪点不同、危害程度不同，存放建筑标准和防火间距等级不同。如果不分类贮存，在受到热能、电能、光能等外界能量时，低闪点危险化学品易引燃高闪点危险化学品，人为提升危害程度。另外，采用塑料容器盛放汽油、柴油等易挥发性液体，一方面，塑料制品易受外界火源侵害，相互摩擦还容易产生静电；另一方面，挥发性气体很容易使塑料容器膨胀、变形、老化、破裂，发生油料泄漏。

案 例

1993 年 8 月 5 日 13 时 10 分，深圳市安贸危险品储运联合公司清水河危险化学品存储区，未按危险化学品性能分类贮存危险化学品。其中，由原干杂库改造的 4#仓库，混合堆放有高锰酸钾、过硫酸铵、火柴、碳酸钡、多孔硝酸铵、硫酸铵和硫化碱等危险化学品共计 95 吨。因夏季高温，热能辐射，加之通风不良，导致氧化剂和还原剂引起化学反应，发生爆炸，并引爆其他危险化学品仓库。这起事故造成 15 人死亡、200 多人受伤，其中重伤 25 人。

为控制危险化学品存放管理不规范带来的人身安全风险，根据《常用化学危险品贮存通则》《危险化学品安全管理条例》，制定预控措施：

1. 危险品应根据其性质分区、分类、分库贮存。

2. 化学性质相抵触或灭火方法不同的危险化学品，不得同库贮存。

3. 汽油、柴油等挥发性液体危险化学品，严禁使用塑料容器盛放。

四、燃油设备存放

铁路企业常用的燃油设备有发电机、锯轨机、钻孔机、除雪机等，为保证现场设备在维护、施工、应急抢险时能正常投入使用，这些设备往往会加满燃油存放。在长期使用中，燃油设备油路系统会不同程度地出现漏油、渗油现象，使存储空间存留油气。如果燃油设备存放仓库不保持通风，不消除火源，一旦遇有明火，就有可能引起火灾。如果不按燃油类型配备相应灭火器材，还容易导致火灾升级，酿成事故。

案 例

2013 年 5 月 13 日凌晨 1 时，湖南省浏阳市陶青宇发现自己驾驶的摩托车没油了，便将摩托车停在金沙南路边，想办法“去弄汽油”。当发现金沙南路与天马路交界处背街面一仓库门前停有一辆男式摩托车时，便捡来饮料瓶，拔出摩托车油管放油。为看清瓶内汽油是否盛满，他掏出打火机照明，火苗还未凑近油瓶就引燃大火，进而引燃仓库内可燃物，致使仓库突发火灾，造成经济损失几十万元。5 月 29 日，犯罪嫌疑人陶青宇涉嫌放火罪已被当地公安机关逮捕。

为控制燃油设备存放不规范带来的人身安全风险，制定预控措施：

1. 普通仓库存放燃油设备时，地面应用黄线隔离，不得与其他物品混合存放，不得在仓库内加注燃油。

2. 存放燃油设备的仓库应装设防爆灯和防爆开关，配备相应灭火器材，张贴严禁烟火标志，并保持通风良好。

3. 普通仓库不得存放汽油、柴油等危险化学品。

第三节　危险化学品事故应急处置

一、油料火灾扑救

油料具有流动性，燃烧的油料会随液体流动迅速蔓延，扩大着火面积。所以，油料起火后，不能采用一般灭火方法进行扑救，选择正确的灭火方法和消防器材十分关键。如果油料起火后用水灭火，一方面，水的密度比油大，喷射的水不但不能遮盖油料，隔绝空气，反而会将油位升高，溢出容器随水漂流燃烧；另一方面，水和油互不相溶，喷水瞬间会造成燃烧的油料飞溅，引燃周围可燃物，人为助长火势，增加灭火难度。

案 例

2013 年 6 月 27 日，沈阳铁路局某工务段组织模拟扑救火灾消防演练。演练人员用消火栓扑救油盆内燃烧的汽油，造成汽油飞溅，导致现场 4 人不同程度烧伤。

为控制油料火灾扑救中的人身安全风险，制定预控措施：

1. 油料着火时，应用灭火器扑救或用灭火毯将火压灭，也可用砂土将火盖住，严禁用水扑救。

2. 用砂土灭火时，应将砂土撒在起火部位周围，使火势停止蔓延，再逐渐包围火焰中心，将火扑灭。

二、危险化学品仓库消防器材

危险化学品仓库火灾危险等级高，一旦发生火灾难以控制，后果严重。如果危险化学品仓库消防器材配置不足或失效，火灾发生后无法得到有效控制或灭火，极易造成重大人身伤亡和财产损失。

案例

2006 年 10 月 5 日 21 时 38 分，美国北卡罗来纳州一个当地居民开车经过埃佩克斯镇危险废物处理厂时，看到浓烈烟雾，便电话报警，并报告有浓烈氯气味道。镇 911 呼叫中心派消防队员前去调查，厂内空无一人，随后赶到的厂长不能向消防队员提供厂房内危险品类型、数量和放置地点。由于不了解正在燃烧的化学品性质，不知道爆炸的桶装物质是什么，厂房内为数不多的灭火器又不能达到有效灭火，现场总指挥只能采取防御性措施，让大火继续燃烧并消耗其化学物质。几分钟后，火势向易燃液体储存区蔓延，并引起数百个 200 L 易燃危险废物桶相继爆炸，火球高达 30 多米，危险废物仓库坍塌。事故导致 30 多人呼吸困难、恶心和中毒，两天内 3 000 多居民撤离，通过此地的公路、铁路中断。

为控制危险化学品仓库消防器材设置不规范带来的人身安全风险，制定预控措施：

汽油、柴油等液体类危险化学品仓库，应按设计标准配足消防器材，如灭火器、泡沫灭火车、消防砂、消防水桶、灭火毯和消防用锹、钩、斧、桶等。

第六章

电焊与气割（焊）劳动安全

第一节　作业防护

一、焊接与热切割防护

焊接与热切割作业时，会造成金属熔融物飞溅，产生紫外线光、刺眼强光及大量有毒气体，容易造成操作人员电光性眼炎、角膜炎、视力下降、吸入性肺炎，以及被紫外线或飞溅的熔渣灼伤、烧伤等。如果在潮湿环境或容器内作业，还有可能发生触电、虚脱、窒息等危险。

案 例

1988 年 7 月 5 日，河北省安国化肥厂电焊工吴秋民未穿戴电焊手套及绝缘鞋便进入储液罐内进行焊补作业，由于天气炎热，出汗较多，在更换电焊条时，不慎触及电焊钳导电部分，造成触电痉挛，致使电焊线缠绕在身上无法摆脱，最终不治身亡。

为控制焊接与热切割防护不规范带来的人身安全风险，根据《焊接与切割安全》，制定预控措施：

1. 电焊作业时，操作人员应穿工作服、护脚，戴电焊手套、防护面罩，潮湿环境或容器内应穿绝缘鞋。

2. 气割（焊）作业时，操作人员应穿工作服，佩戴帆布手套和护目镜。

3. 室内或容器内电焊、气割（焊）作业时，应保持通风良好。

二、电气焊作业安全距离

这里所说的电气焊是指电焊和气割（焊）作业。电气焊作业时，如果作业地点四周或下方存有易燃、易爆物品，就容易被飞溅的火花或灼热的焊条头引燃。另外，气割（焊）作业时，如果氧气瓶、乙炔瓶存放过近，一旦气瓶或管路接头发生泄漏，就会在局部形成混合性爆炸气体，遇有火源，极有可能发生火灾、爆炸事故。

案例

2016年5月25日18时20分，云南省昭通市镇雄县盐源乡上街社百货商店一台冷柜发生故障，工作人员蔡普阳携带一套手提式氧焊工具前去修理。他在专心焊接冷柜零件时，全然没注意到身边氧气瓶正在漏气，更意识不到一场灭顶之灾已经逼近。身后1名顾客发现后，大声惊呼：“啊！氧气瓶在漏气！”话音未落，氧气瓶就炸了。瞬间，该店瓦顶崩裂，货柜、门窗玻璃、冷柜零件以及伤者鲜血飞满四壁。事故造成店主杨定俊和修理工蔡普阳死亡，店内其他6人不同程度受伤。

为控制电气焊作业安全距离不规范带来的人身安全风险，根据《化学品生产单位特殊作业安全规范》《焊接与切割安全》，制定预控措施：

1. 氧气瓶、乙炔瓶之间距不应小于5 m，二者与作业地点间距不应小于10 m，且气瓶应处于上风口位置，并应设置防晒设施。

2. 电气焊作业30 m范围内不应排放可燃气体；15 m范围内不应排放可燃液体；10 m范围内及用火点下方不应同时进行可燃溶剂清洗或喷漆等作业，不得存放氧气瓶、乙炔瓶等易燃、易爆物品。

3. 装有危险化学品的列车通过或停留时，铁路沿线25 m范围内电气焊作业应立即停止。

4. 作业完毕应清理现场，确认无残留火种后方可离开。

三、电焊机接线

电焊机电源一般分为220 V和380 V两种。电焊作业时，如果电源开关与电焊机距离过远，一旦发生人员触电或电焊机起火，就无法及时切断电源；二次电焊线有接头，就会产生电阻热，引发火灾；电焊机外壳不可靠接地，还容易造成触电伤害。

案例

2011 年 4 月 29 日 9 时，湖北省天门市环城路立交桥建筑工地电焊工解增军准备进行钢模板焊修作业。接线时，他发现一次电源插头破损，便拆下插头，直接将电缆线头塞进电源插孔。由于火线、零线顺序插错，致使未接地的电焊机外壳带电。电焊作业过程中，解增军在调节焊接电流时，一只手接触到电焊机外壳，瞬间被电击晕倒在电焊机上。旁人发现后，立即断开电源进行施救，解增军在送往医院途中死亡。

为控制电焊机接线带来的人身安全风险，根据《焊接与切割安全》，制定预控措施：

1. 电焊机一次线长以 2~3 m 为宜，超长使用时，应沿墙面或立柱架设，且高度不低于 2.5 m，禁止将电源线拖在地面上。

2. 电焊机二次线长以 20~30 m 为宜，且应使用同等截面的橡胶软线，中间不得有接头。

3. 电焊机必须正确接地（或接零），接地（或接零）装置必须连接良好，永久性接地（或接零）应定期检查。禁止使用氧气、乙炔等易燃、易爆气体管道作为接地装置。

4. 电焊机外壳可靠接地后，方可接入一次电源。

四、燃料容器焊补

焊补盛装过燃料的容器时，应结合实际情况选择置换、注水、带压等方案进行。如果方案选择不正确，方案执行不彻底（如对容器清洗不干净或容器内气体置换不彻底），焊补时就很容易引燃容器内的残留燃料或易燃气体，发生火灾甚至爆炸事故。

案例

1994 年 5 月 7 日 10 时左右，中铁十六局南昆铁路施工现场，大型自卸车油箱被石料击打产生裂纹，柴油渗出。司机魏传学发现后，将自卸车开到机修车间把油放掉，卸下油箱自己动手焊补，电弧闪亮瞬间，油箱突然膨胀爆炸，造成魏传学脸部严重烧伤。

为控制燃料容器焊补中的人身安全风险，根据《化学品生产单位特殊作业安全规范》，制定预控措施：

1. 采用置换法时，置换应彻底，严格控制可燃物含量，并打开所有孔口。

2. 采用注水法时，应将容器注满水后方可进行。

3. 采用带压法时，焊接过程中应始终保持正压。

第二节 气割（焊）作业

一、割炬射吸功能检查

射吸式割炬的原理是氧气从喷嘴快速射出，将聚集在喷嘴周围的乙炔吸出，并在混合气管内混合后，从割嘴喷出。射吸式割炬使用前，如果射吸作用失效，乙炔气体进入割炬后不能被喷射的氧气吸出，点火时，乙炔气体会在割炬内燃烧形成回火现象，造成割炬烧毁，伤及作业人员，甚至引发火灾。

案 例

2004 年 5 月 9 日 10 时 58 分，朔黄铁路公司肃宁北工务工队组织电焊、气割实操培训。学员李有信在气割操作前未对割炬射吸能力进行检查，便开始点火演练。几秒钟后，割炬变得越来越烫并发出“呼呼”的声音，他正感到奇怪间，割炬射吸管忽然软化、弯曲，割炬手柄急剧发烫，李有信在匆忙关闭预热氧调节阀时，左手触及割炬主体金属部位，造成烫伤。

为控制割炬射吸功能检查不规范带来的人身安全风险，根据《焊接与切割安全》，制定预控措施：

1. 割炬接通氧气胶管后，先开启乙炔调节阀，再开启预热氧调节阀。

2. 用手指按压割炬乙炔进气口，若有吸力，则射吸作用正常。

二、割（焊）炬点火

气割（焊）作业中，氧炔焰温度高达 3 200 ℃ 左右。割炬点火时，操作人员很难预判火焰喷射大小，如果前方有人，极易导致人身伤害；点火方式不当，还容易烧伤自己；将正在燃烧的割炬放在工件或地面上，就很容易被他人碰挂，转变火焰喷射方向，造成人身伤害。另外，割炬供气后放入密闭容器，还有可能因割炬阀门关闭不严、接头漏气形成混合性爆炸气体，为作业现场埋下人身安全隐患。

案 例

2011 年 9 月 15 日上午，江苏省南京机械厂铆焊车间，电焊工田鸿林、唐晓军同时在一块大型钢板上进行法兰料切割作业。切割一段时间后，两人距离越来越近。这时，唐晓军感到割炬胶管长度不够，便站起身来，抓起胶管使劲往身前拽，身体扭动瞬间，右手所持割炬随之摆动，割嘴瞬间朝向正在身后作业的田鸿林背部，造成田鸿林后背局部Ⅲ度烧伤，烧伤面积高达75%。

为控制割（焊）炬点火不规范带来的人身安全风险，根据《焊接与切割安全》，制定预控措施：

1. 割（焊）炬点火时，应先稍微开启预热氧调节阀，再打开乙炔调节阀，并立即点火。

2. 点火时，割（焊）嘴应略向上倾，在割（焊）嘴下方偏后位置点火，割（焊）炬不得指向人员或可燃物。

3. 不得将正在燃烧的割（焊）炬放在工件或地面上。

4. 割（焊）炬供气后，禁止放在密闭容器内。

三、气割（焊）回火处置

气割（焊）时，常因割（焊）嘴堵塞、过热、射吸作用不良等原因，导致火焰进入喷嘴逆向燃烧，形成回火现象。发生回火后，如果不按顺序关闭相关阀门，就容易造成割炬烧毁、乙炔胶管爆燃；不安装回火防止器，一旦发生回火，还会对乙炔瓶构成威胁，甚至发生爆炸。

案例

1990年8月17日，中铁十六局大秦铁路上深涧隧道施工工地，刚领证不久的电焊工段正刚将未安装回火防止器的乙炔瓶放置在隧道外山坡一侧，便在隧道内进行工字钢气割作业。由于操作不当，割炬产生回火，造成乙炔瓶爆炸，飞射的气瓶残片经岩壁反弹，砸中段正刚，造成其右腿骨折。

为控制气割（焊）回火处置中的人身安全风险，制定预控措施：

1. 气割（焊）作业时，应安装回火防止器。

2. 发生回火，应按切割氧、乙炔和预热氧顺序依次关闭调节阀。回火熄灭后，应及时吹出残留炭粒。

第三节　气瓶使用

一、氧气瓶减压器安装

氧气瓶减压器的主要作用是将氧气瓶中的 15 MPa 高压氧减压至气割（焊）作业需要的 1.5 MPa 以下低压氧。安装减压器时，如果接头螺扣不拧紧，开启瓶阀时，高压氧气会造成减压器崩脱，飞出的减压器还有可能伤及周围人员。

案 例

1998 年 6 月 5 日，原北京铁路局京张线，中铁十六局承建的下穿线路双向四车道公路顶涵工程在框架预制过程中，电焊工殷贤峰安装氧气瓶减压器时未拧紧连接螺母。他在打开氧气瓶阀后，便去整理氧气胶管，整理过程中，减压器连接螺母崩脱，减压器飞出，砸在殷贤峰后背上，构成轻伤。

为控制氧气瓶减压器安装中的人身安全风险，根据《焊接与切割安全》，制定预控措施：

1. 安装减压器时，接头螺扣应拧紧 5 扣以上。

2. 安装或开启减压器时，阀门喷射方向禁止站人。

3. 开启氧气瓶阀时，动作应缓慢，不得过快。

二、乙炔瓶使用

乙炔属易燃、易爆气体，不能直接高压储存，通常被溶解在丙酮液体中。而丙酮是一种易燃、易挥发、化学性质活泼的无色透明液体，工业上主要作为溶剂，用于炸药、塑料、喷漆等行业。气割（焊）作业时，如果将乙炔瓶横放，瓶内丙酮液体就会沿乙炔胶管从割（焊）炬中流出，引发火灾、爆炸。另外，丙酮对乙炔的溶解度会随温度升高而降低，如果瓶体温度过高，从丙酮中挥发的乙炔气体会增加瓶内压力，甚至发生爆炸。

案 例

1991 年 3 月 16 日，天津大港油田压气站电焊工王志合在冷却塔气割钢管时，将氧气瓶、乙炔瓶斜靠在土坡上。作业不久，乙炔瓶内丙酮液体流出并引发大火，导致王志合被严重烧伤。

为控制乙炔瓶使用中的人身安全风险，根据《化学品生产单位特殊作业安

全规范》，制定预控措施：

1. 作业时，乙炔瓶应直立，禁止横放。

2. 使用运输等原因横放过的乙炔瓶时，应直立20分钟后，方可使用。

3. 乙炔瓶禁止暴晒，瓶体温度不得超过40 ℃。

三、气瓶余压

气瓶余压的主要作用是防止瓶内产生负压、吹拂瓶阀内尘埃、检查瓶内气体属性。气割作业时，如果氧气瓶、乙炔瓶中某一气体完全用尽，就可能因割炬燃烧，使气瓶内产生负压，割炬自然熄火后，造成另一种气体和周围空气进入瓶体，这不仅会降低下次充装气体纯度，甚至会产生混合性爆炸气体。

案 例

1997年6月20日，安徽宣城某用户在进行气割作业时，将氧气瓶内气体彻底用尽，导致乙炔气体通过割炬倒灌进入氧气瓶。当日19时20分，该用户在皖南煤矿机械厂制氧站充氧过程中，瓶内乙炔气体受压达到爆炸极限，突然爆炸，17只氧气瓶受冲击爆破，将整个瓶库夷为平地，1名充装工当场死亡。

为控制气瓶余压带来的人身安全风险，根据《气瓶安全技术监察规程》，制定预控措施：

1. 氧气瓶内气体不得用尽，压缩气体、溶解乙炔气气瓶的剩余压力应不小于0.05 MPa。

2. 在可能造成气体回流的使用场合，设备上应安装防止倒灌的装置，如单向阀、止回阀等。

四、气瓶储存

乙炔属易燃气体，氧气属助燃气体。如果两种气瓶同储一室，一旦发生泄漏，形成混合性爆炸气体，遇有明火就会爆炸；如果气瓶距离热源过近或受阳光暴晒，瓶内压力会迅速升高，也有可能发生爆炸。

案 例

2000年2月12日8时，香港元朗大生围一机器维护工场，春节放假期间，在门窗封闭的车间内存放有53瓶氧气和29瓶乙炔，气体发生泄漏后，局部形成混合性爆炸气体。7名节后上班的工人进入车间准备开工，其中一人启动气焊枪时，引发爆炸，2名工人被气浪掀起抛上10多米高的工场顶部，横搁在工字钢的横梁上当场死亡，其他5人被炸伤，其中1人经医院抢救无效死亡。

为控制气瓶储存中的人身安全风险，根据《焊接与切割安全》，制定预控措施：

1. 气瓶必须储放在远离电梯、楼梯或过道，不会被经过或倾倒物体碰翻或损坏的指定地点。

2. 气瓶储存时必须与可燃物、易燃液体隔离，并远离容易引燃材料至少6 m以上，或用至少1.6 m高的不可燃隔板隔离。

3. 气瓶存放时，应远离热源，距离暖气管道应保持1 m以上，禁止暴晒，气瓶内储存物温度不得超过40 ℃。

4. 氧气瓶、乙炔瓶应单独存放，并保持通风、干燥，禁止同储一室。

五、气瓶搬运

为防止氧气瓶和乙炔瓶在搬运中瓶体受损、瓶阀摔断，瓶体出厂时都安装有减震胶圈、瓶帽。如果这些瓶体附件丢失后不及时配齐，就有可能在搬运中造成瓶体或瓶阀损坏漏气。另外，为保障乙炔气体搬运中的稳定性和安全性，乙炔瓶体内还装有浸满丙酮的多孔性填料，撞击会造成填料空洞或塌陷，导致丙酮液体晃动增大，乙炔气体从丙酮溶液中逸出，瓶内压力升高，这都极有可能诱发火灾、爆炸事故。

案例

1996年9月15日16时左右，天津汉沽区引滦入汉施工工地，取水泵站围栏施工结束后，队长张汉川为图省事，指挥工人将3只氧气瓶从10 m高的屋顶抛落地面，前2只气瓶落在草坪上，第3只气瓶落在水泥地面上发生爆炸，地面炸裂，泵站玻璃炸碎，飞溅的玻璃造成泵站多人受伤。

为控制气瓶搬运中的人身安全风险，根据《焊接与切割安全》《气瓶安全技术监察规程》，制定预控措施：

1. 氧气瓶、乙炔瓶应保证减震胶圈、瓶帽完整有效。

2. 氧气瓶、乙炔瓶搬运应使用专用小车，避免剧烈撞击，严禁滚动、拖动，禁止同车运输。

3. 用吊车、起重机运送气瓶时，应使用吊架或合适的台架，不得使用吊钩、钢索或电磁吸盘吊运钢瓶。

4. 气瓶不得作为滚动支架、支撑重物托架和导电载体使用。

六、气瓶检定

氧气瓶、乙炔瓶、氧气减压器、乙炔减压器在使用中，往往会因磕碰、腐蚀、磨损、疲劳等不利因素造成瓶体受损、耐压不足、测量器具失准等。这些气瓶如果不按规定时间送检或超期使用，就有可能出现气体泄漏、瓶体爆破，引发火灾、爆炸事故。

案 例

2000 年 11 月 14 日 10 时 10 分，青岛市东海电器仪表公司的一只氧气瓶超检定日期 6 年零 6 个月，瓶体中下部已严重腐蚀，在平度新和氧气厂充装氧气时，突然爆炸，造成 1 人死亡、1 人重伤。

为控制气瓶检定不规范带来的人身安全风险，根据《钢质无缝气瓶定期检验与评定》《溶解乙炔气瓶定期检验与评定》《弹簧管式一般压力表、压力真空表及真空表检定规程》，制定预控措施：

1. 氧气瓶、乙炔瓶每 3 年应进行 1 次技术检定。
2. 减压器每半年应进行 1 次技术检定。

第七章 特种设备劳动安全

第一节　电梯

一、电梯管理

电梯是一种以电动机为动力，运载人员或货物的固定式机械设备，主要分为升降式和台阶式。电梯属特种设备，国家特种设备安全监察行政部门对电梯使用管理与维护保养有严格要求。如果电梯不按规定年检、委托不具备维保资质的单位进行维保，或电梯“带病”运行等，都极易造成电梯故障，给乘客带来人身安全风险。

案 例

2008 年 12 月 24 日，湖南省长沙县星沙镇南天阁小区，电梯未按规定时间定期年检，A 单元电梯防夹装置功能失效，维保公司未能及时发现并处理。当日上午 9 时 20 分，第十楼业主唐某带着 3 岁女儿在乘坐电梯时，孩子身体被卡在厅门与轿门之间，导致挤压受伤，经抢救无效死亡。

为控制电梯管理不规范带来的人身安全风险，根据《电梯使用管理与维护保养规则》，制定预控措施：

1. 电梯投入使用前或使用后 30 日内，使用单位应向设备所在地设区的市市场监督管理部门办理使用登记。

2. 在用电梯每年应进行 1 次定期检验，未经检验或检验不合格电梯，不得继续使用。

3. 使用单位应委托具有电梯维保资质的单位进行维保，维保人员应持特种作业许可证。

4. 维保单位应根据电梯安全技术规范、使用说明书，结合使用情况，制定半月、季度、半年、年度维保方案，并组织实施。

5. 电梯安全使用说明、安全注意事项和警示标志，应置于乘客能注意的显著位置。

二、电梯使用

电梯常用于多层建筑乘人或载运货物。如果超范围、超负荷使用电梯，挤靠、强力扒开电梯门，在轿厢内嬉戏、打闹、蹦跳，随意按压选层器按键等，都极易导致电梯控制程序紊乱，造成坠落、挤压等事故。

案 例

2012 年 9 月 9 日凌晨，广东省东莞市南城鸿福广场写字楼 A1#奥的斯电梯的额定载重 1 000 kg，十九层有 14 女 7 男共 21 人挤入电梯轿厢，因超重报警失灵，电梯在故障状态下超速下降，至七层时制动器动作，短暂减速后，又快速坠落至负一层，最终造成 12 人受伤。

2013 年 5 月 10 日，王丽红乘电梯由二十二楼下至三楼，轿厢门正常打开，王丽红边看手机边出电梯，刚探出上半身时，突然，轿厢门在开启状态失控，迅速下落，王丽红头颈部受轿厢上缘与电梯间地面挤压，并随电梯坠落至负一层，当场死亡。

为控制电梯使用中的人身安全风险，根据《电梯使用管理与维护保养规则》，制定预控措施：

1. 乘客应遵守电梯安全注意事项和警示标志要求。

2. 进出电梯应确认轿厢与候梯厅地面水平。

3. 电梯门未完全开启或有关闭迹象时，不得进出轿厢。

4. 不乘坐明示处于非正常状态的电梯。

5. 不采用非安全手段开启电梯层门。

6. 不拆除、破坏电梯部件及其附属设施。

7. 不乘坐超过额定载重量的电梯，运送货物时不得超载。

8. 不做其他危及电梯安全运行或危及他人安全乘坐的行为。

9. 电梯不准运载易燃、易爆等危险品。

三、电梯应急处置

电梯使用中发生异常状况造成人员被困时，容易导致乘客受惊吓、恐惧，情绪急躁并急于脱困。此时，如果乘客采取非正常手段试图脱困，就容易造成被困人员人身伤害。如果解救人员不了解电梯结构，不具备专业知识，还有可能诱发次生安全事故。

案 例

2005 年 8 月 5 日，贵州省遵义市狮山大酒店 1 名 21 岁女子乘坐电梯时，电梯突然故障停止运行，被困轿厢后的女子未呼叫救援，强行扒开轿厢门爬出电梯。在她爬出轿厢落地瞬间，未能站稳，身体后倾，从轿厢与候梯厅地面 1.6 m 空间处坠入 10 m 多深井道，当场死亡。

为控制电梯应急处置中的人身安全风险，根据《电梯使用管理与维护保养规则》，制定预控措施：

1. 乘坐电梯时如遇险情，应按下紧急呼叫按钮求助，等待救援。

2. 维保单位接到故障通知后，市区应在 30 分钟、其他地区应在 1 小时内赶到。

3. 维保单位应根据电梯类型制定应急措施和救援预案，每半年进行 1 次应急演练。

第二节　锅炉

一、锅炉检验

这里所说的锅炉是指固定式承压蒸汽锅炉、承压热水锅炉、有机热载体锅炉，以及以余（废）热利用为主要目的的烟道式、烟道与管壳组合式余（废）热锅炉。锅炉定期检验，是指根据《锅炉定期检验规则》对在用锅炉的安全与节能状况所进行的符合性验证活动，包括运行状态下进行的外部检验、停炉状态下进行的内部检验和水（耐）压试验。外部检验一般采用资料核查、宏观检（抽）查、见证功能试验等方法进行；内部检验一般采用宏观检（抽）查、壁厚测量、几何尺寸测量、无损检测、理化检测、垢样分析和强度校核等方法，主要检查锅炉受压部件是否存在裂纹、起槽、过热、变形、泄漏、腐蚀、磨损、结垢、积碳等影响安全的缺陷。内部检验受压部件包括锅筒、锅壳、炉胆、炉胆顶、回燃室、水冷壁、烟管、对流管束、集箱、过热器、省煤器、外置式汽水分离器、导汽管、下降管、下脚圈、冲天管和锅炉范围内管道等。成套装置中的锅炉由于检修周期等原因不能按期进行锅炉定期检验时，锅炉使用单位在确保锅炉安全运行（或者停用）的前提下，经过使用单位技术负责人审批后，可以适当延长检验周期但不得连续延期，同时应向锅炉登记地市场监督管理部门备案。如果锅炉不按规定检验，运行中极易因锅炉承压能力不足、安全附件功能失效等，导致锅炉发生爆炸事故。

案 例

2000 年 11 月 28 日，山西省文水县嘉宝酒业有限公司私自将一台热水锅炉改造为蒸汽锅炉，未经内外部检验，在经过两次 0.7~0.9 MPa 冷态水压试验、调整安全阀后，便投入使用。当日 16 时锅炉爆炸，造成 2 人死亡、2 人重伤。

为控制锅炉检验中的人身安全风险，根据《锅炉安全技术监察规程》，制定预控措施：

1. 锅炉安装、改造和重大修理过程应经检验检测机构监督检验，未经监督检验合格的锅炉，不应交付使用。

2. 锅炉使用单位应安排锅炉定期检验，并在下次检验日期前 1 个月向检验检测机构提出定期检验申请。锅炉定期检验周期应按规定执行。

（1）外部检验，每年进行 1 次。

（2）内部检验，锅炉一般每 2 年进行 1 次，成套装置中的锅炉结合成套装置大修周期进行，一般每 3~6 年进行 1 次；首次内部检验在锅炉投入运行后一年进行，成套装置中的锅炉可结合第一次检修进行。

（3）水（耐）压试验，检验人员或使用单位对设备安全状态有怀疑时，应进行水（耐）压试验；因结构原因无法进行内部检验时，应每 3 年进行 1 次水（耐）压试验。

3. 除正常定期检验以外，移装锅炉投运前或停止运行 1 年及以上恢复运行前，应进行内部检验。

二、燃煤锅炉运行

锅炉是在高温、高压条件下运行的特种设备，是我国北方地区冬季取暖的主要供热设施。燃煤锅炉在运行中，一方面，锅炉压力表、安全阀等安全附件功能失效，会导致锅炉超压运行，甚至发生锅炉爆炸，伤及周围和附近人员；

另一方面，冬季气温较低，锅炉房容易门窗紧闭，造成通风不良，燃煤产生的一氧化碳等有毒、有害气体不能顺利排出室外，也会导致锅炉房人员煤气中毒事件发生。

案例

2012 年 11 月 30 日，兰州市城关区胜利宾馆锅炉房，当夜值班司炉工王强和李永健认为天气不冷，不需要供暖，压煤封火后，便睡觉休息。由于锅炉房通风不良，次日凌晨宾馆人员发现两人煤气中毒，经抢救无效王强死亡，李永健留下严重后遗症。

为控制燃煤锅炉运行中的人身安全风险，根据《锅炉安全技术监察规程》《弹性元件式一般压力表、压力真空表和真空表》，制定预控措施：

1. 燃煤锅炉房应经常通风、换气。

2. 燃煤锅炉炉门、灰门、看火门和检查门等装置，应齐全完好、关闭严密。

3. 安全阀、压力表、温度计等各种安全附件，应至少每周检查、试验 1 次。

4. 安全阀应每年至少进行 1 次整定和校验，压力表每半年校验 1 次。

三、锅炉应急处置

锅炉在正常运行过程中容易出现炉内缺水、炉膛过热、承压件损坏、安全阀堵塞等异常情况，如果操作人员不能及时发现或应急处置不当，就有可能导致锅炉超压运行，甚至爆炸。

案例

2011 年 8 月 20 日 16 时，山西省长治市城区人民医院，锅炉工郭显荣带亲戚一家三口到锅炉房洗澡，造成 0.5 吨承压蒸汽锅炉严重缺水。郭显荣发现后盲目补水，导致锅炉爆炸，造成 3 人死亡、20 人受伤。

为控制锅炉应急处置中的人身安全风险，根据《锅炉安全技术监察规程》，制定预控措施：

1. 锅炉运行操作人员应掌握紧急停炉原则、方法、步骤。

2. 运行中发现水位计、压力表、安全阀失灵，受压部件泄漏，炉膛严重结焦，受热面金属超温无法恢复以及其他危及人身、设备安全时，应立即停炉。

3. 锅炉及其附属设备检修，应在无压、低温条件下进行。

第三节　起重机械

一、起重机械管理

起重机械是指用于垂直升降或垂直升降并水平移动重物的机电设备，其范围规定为额定起重量0.5吨及以上升降机；额定起重量1吨及以上，且提升高度2 m及以上的起重机。铁路常用的起重机械有救援吊、轨道吊、桥式起重机、门型吊、桅杆起重机、悬臂起重机等。加强起重机械的维护、保养、检测，对确保起重机械正常使用十分关键。如果不按规定检测或年检，起重机械在使用中就有可能发生断裂、坠落、失控，造成人身伤害事故。

案 例

2013年5月20日10时50分，宜昌船舶柴油机有限公司磨盘溪重件码头在使用桥式起重机吊装重物时，破裂的吊钩组滑轮轮缘割断钢丝绳，导致重物坠落，造成2人死亡、1人受伤。

为控制起重机械管理不规范带来的人身安全风险，根据《起重机械安全规程》《起重机械定期检验规则》，制定预控措施：

1. 实施首次检验的起重机械，其产权单位应在使用前向产权所在地检验机构申请首次检验。

2. 在用塔式起重机、升降机、流动式起重机应每年定期检验1次；桥式起重机、门式起重机、门座式起重机、缆索式起重机、桅杆式起重机应每两年定期检验1次。

3. 定期检验日期以安装改造重大修理监督检验、首次检验、停用后重新检验的检验合格日期为基准计算，下次定期检验日期不因本周期内的复检、不合格整改或逾期检验而变动。

4. 起重机技术性能、安全防护装置、防松装置、制动器、钢丝绳、链条磨损情况、索具及辅具等，应每月检查1次。

5. 起重机金属结构连接、主要零部件磨损、裂纹、变形等情况，指标装置可靠性和精度、动力系统和控制器等，应每年检查1次。

二、起重作业

起重作业是指使用吊具、索具捆绑重物后，利用起重机械或起重工具移动重物的操作活动。这里所说的起重机械是指救援吊、轨道吊、桥式起重机、门型吊、桅杆起重机、悬臂起重机等；起重工具是指千斤顶、滑轮、手拉葫芦、自制吊架、各种绳索等。在起重作业中，容易发生绳索断裂，重物偏移、翻转，甚至起重设备故障等突发情况。如果起重物件捆绑不牢、吊臂和起重物件下方停留人员等，都有可能造成作业及周围人员伤亡。

案例

2008年3月5日12时30分，北京铁路工业总公司保定工务器材厂进行旧轨整修作业。班长马军在未戴安全帽的情况下，登上厂内2道线路东侧4.8 m高的钢轨垛。在安装好吊装卡具后，指挥吊车司机开始起吊。由于卡具安装位置不正，起吊后钢轨重心向北偏移，南头翘起，北头未离开钢轨垛。此时，马军违章指挥吊车向西侧移动，移动中北头卡具滑脱，钢轨落下，站在西南侧的马军躲闪不及，从钢轨垛上掉下，造成头部、鼻子、前额骨多处碰撞受伤，经保定市急救中心抢救无效死亡。

2009年6月1日，包头市乌金焦化有限公司的4 m深水池潜水泵故障。为图省事，操作员李国庆在储水池一角，以水池拐角顶面为支点斜搭一根钢管，在钢管中间挂上倒链起吊水泵，起吊过程中钢管一端滑脱，导致倒链随钢管坠落，砸在下方工人庞利左肩，造成其左肩锁骨粉碎性骨折。

为控制起重作业中的人身安全风险，根据《起重机械安全规程》《铁路装卸作业安全技术管理规则》，制定预控措施：

1. 起吊、移位前，人员应撤离至安全区域。辅助操作人员应有2 m以上退让余地，禁止站在起吊物上和死角处。

2. 起吊物应捆绑牢固，吊索平顺，吊挂平衡，吊起0.2 m应停车检查，无异状后方可运行。

3. 起吊后，禁止手、脚伸入吊起物下方取放垫物或传递索具，禁止在吊臂或起吊物下方通过和停留。

4. 校正悬空物件位置时，0.5 m以下可用手扶，但不得用肩、身推靠，0.5 m以上应用司索钩或牵引绳。6 m以上长大物件应拴牵引绳。

5. 严禁利用管道、管架、电杆、信号机、机车、车辆等可能损坏或位移的物体做吊装锚点，未经相关部门审查核算，不得将建筑物、构筑物作为锚点。

6. 信号指挥不明不准吊；斜牵斜挂不准吊；吊物重量不明或超负荷不准吊；散物捆扎不牢或物料装放过满不准吊；吊物上有人不准吊；埋在地下物不准吊；安全装置失灵或带病不准吊；现场光线阴暗看不清吊物起落点不准吊；

棱刃物与钢丝绳直接接触无保护措施不准吊；六级以上强风不准吊。

第四节　场（厂）内专用机动车辆

一、场（厂）内专用机动车辆管理

场（厂）内专用机动车辆是指除道路交通、农用车辆以外仅在工厂厂区、旅游景区、游乐场所等特定区域使用的专用机动车辆，属国家规定的特种设备。铁路行业场（厂）内专用车辆主要用于车站站台、货场、施工现场等特定区域的载人、运货和装卸，常见的有叉车、挖掘机、装载机、电瓶车、行包车等。如果不按规定对场（厂）内专用机动车辆进行维护、保养，或车况不良、“带病”运行，在使用中就有可能发生人身伤害事故。

案例

2010年6月18日，上海铁路局某车站货场，叉车驾驶员吴建生明知叉车两侧制动力不均匀，制动跑偏，仍继续使用。当天转运货物时，在急转弯处突然发现前方有人，便紧急刹车，导致叉车侧翻，造成吴建生手臂粉碎性骨折。

为控制场（厂）内专用机动车辆管理不规范带来的人身安全风险，根据《中华人民共和国特种设备安全法》《特种设备安全监察条例》，制定预控措施：

1. 使用单位应对场（厂）内专用机动车辆进行经常性维护保养和定期自行检查，对安全附件、安全保护装置进行定期校验、检修，并作出记录。

2. 场（厂）内专用机动车辆出现故障或发生异常情况，使用单位应对其进行全面检查，消除事故隐患，方可继续使用。

二、场（厂）内专用机动车辆作业

场（厂）内专用机动车辆不具备普通机动车辆应有的安全装备和操作习惯，往往构造奇特，外形怪异；整机和承载货物构件能上下移动、左右转动，非常灵活、迅速，作业中很容易遮挡驾驶员视线，比如铁路常用的挖掘机、装载机、叉车等。如果驾驶员违反作业区域安全制度、操作规程，臆测行事，就容易发生撞轧、冲撞、剐蹭、货物坠落，甚至造成人身伤害事件。

案例

2007年9月3日14时30分，沈阳铁路局苏家屯车辆段灵山检修车间，电焊工王玉衡在检修库内，擅自驾驶回收废铁的电瓶搬运车。因操作失控，撞上库内一辆待修的敞车车体，导致王玉衡被轧伤致死。

2008 年 5 月 26 日 16 时 40 分，北京铁路局张家口南站货场，司机李振华驾驶叉车装载超大货物后，遮挡了他前方瞭望视线，在货场安全通道左侧凭经验超速行驶中，将 1 名正在作业的车号员撞轧在车轮下，经抢救无效死亡。

为控制场（厂）内专用机动车辆作业中的人身安全风险，根据《厂内机动车辆安全管理规定》，制定预控措施：

1. 场（厂）内机动车辆应遵守作业区域安全规章制度，严禁超载。

2. 场（厂）内行驶速度不得超过 10 km/h，并应与铁路机车、车辆及场（厂）内其他车辆、货物、设备、设施等物体保持安全距离。

3. 场（厂）内机动车辆邻近铁路线路时，不得随列车同时移动；作业面高于邻近线路停放时，应与线路平行停放，并采取防溜制动措施。

第五节　自轮运转特种设备

一、上线运行

自轮运转特种设备是指铁路线路上运行的铁路轨道车、救援起重机及铁路施工、维修专用车辆，包括架桥机、铺轨机、接触网作业车、大型养路机械等。自轮运转特种设备最大安全风险是运行中制动系统故障和停车时自动缓解。如果不按规定周期对制动系统检修校验、运行中制动系统异常、停车时不按规定采取防溜措施等，都有可能发生制动失灵、车辆溜逸，从而导致行车和人身伤亡事故。

案 例

2003 年 4 月 20 日 1 时 56 分，中石油新疆独山子石化分公司铁路管理处，司机秦至力、副司机李根民值乘 DF4—3677 号机车，担任 3402 次列车牵引任务，编组为机后第 1~2 位空罐车、第 3~37 位柴油重车，由图定南站开车后驶往北站。当列车驶出南站 500 m 下坡道处，实施第一次制动，列车没有减速，便立即采取紧急制动措施，但司机发现制动失效列车放飏，随即向北站及交接站呼叫报告。2 时 03 分，列车冲过北站，交接站果断启用安全线等应急措施。2 时 16 分，3402 次列车冲出交接站安全线土挡，脱轨颠覆，油品泄漏引发火灾，导致 1 名企外人员死亡 1 人轻伤。

为控制上线运行中的人身安全风险，根据《轨道车管理规则》，制定预控措施：

1. 自轮运转特种设备制动机、制动缸及各种阀件管路，每半年应进行 1 次检修校验。

2. 出车前，应确认空压机无异响、过热、明显窜油，空压机充风时间和储风缸安全阀开启、关闭压力符合说明书规定，制动机性能试验良好。

3. 总风缸风压不得低于 690 kPa，制动管定压不得低于 500 kPa，作业中禁止停机熄火。

4. 站内停车待避时，应保压制动；发动机熄火等待时，应设置防溜；值乘司机不得同时离车。

二、车载设备使用

自轮运转特种设备上安装的行车安全设备有机车信号、列车无线调度电话、列车运行监控记录装置，通常称为机车“三项设备”，它能自动反映前方地面信号，实现列车超速自动控制和在关闭的信号机前方自动停车，被司机称为“保命设备”。运行中，机车“三项设备”一旦发生故障，就不能防止冒进信号，造成行车和人身伤亡事故。

案 例

2008 年 10 月 24 日 2 时 17 分，太原铁路局大秦线运行的中铁电气化局 56603 次轨道车，监控装置故障后，未按规定汇报、处理。运行至延庆至下庄间，司机犯困打盹、间断瞭望，轨道车超速运行，在军都山隧道内 K278+960 处冒进信号，与前行的 77007 次 2 万吨重载列车发生追尾，导致第 1 位作业车、第 2 位轨道车脱轨，造成 1 人死亡、1 人受伤。

2010 年 1 月 7 日 8 时 25 分，中铁建电气化局集团三公司司机李忠民值乘 2842 号接触网作业车，担当 56061 次列车牵引任务，因出车前关闭了列车运行监控记录装置，当列车运行至青藏线西格段达布逊站，冒进显示为红灯的进站信号，接触网作业车及机后第 1 位平车的前台车在 3#道岔处脱轨，事故中断青藏线西格段下行线 3 小时 30 分。

为控制车载设备使用中的人身安全风险，根据《轨道车管理规则》，制定预控措施：

1. 轨道车、作业车出库前，应对行车安全设备检查试验，作用不良不得出库。

2. 轨道车、作业车上线运行时，行车安全设备应全程开机。

3. 运行中监控装置故障无法恢复时，应向车站汇报，并按调度命令运行至前方站停车处理。

三、开关车门

自轮运转设备是铁路建设、维护、抢险以及运送人员等工作的主要运输设备，车内经常乘坐检修、装卸等非乘务人员。如果自轮运转设备在运行中车门锁闭不牢或乘车人员在运行中擅自打开车门，极易发生坠落或被车门挤伤等人身伤害。

案 例

2015 年 4 月 12 日 23 时 58 分，台湾地区 531 次旅客列车由七堵开往高雄，旅客杨丽娟在板桥上车 2 小时后，感觉不适，想透气解闷，便打开车门吹风透气，浏览夜景。列车运行至大甲站外方 400 m 处准备站内停车开始减速，导致车厢摇晃，杨丽娟重心失稳，不慎跌落至线路旁的草丛中，因伤势较重，不能行走。次日 8 时，被 105 班次列车乘务员发现后方被获救。

为控制开关车门带来的人身安全风险，制定预控措施：

1. 关闭车门前，应确认车梯及车辆周围无扒乘人员。

2. 运行前，乘务员应锁闭好车门，车未停稳任何人员不得打开车门。

四、冬季启动

冬季气温较低，常会造成自轮运转设备蓄电池存储电量减少，发动机润滑油黏度增高，各部转动阻力增大，出现启动困难，甚至无法启动。此时，如果用明火预热发动机，极易引燃油污、油管造成火灾，导致人身伤害。

案 例

2012 年 2 月 16 日，甘肃省银川市永宁县望洪镇东和村村民马永刚将自家载货汽车长时间停放在车棚，因气温较低，燃油和润滑油受冷凝结，车辆难以启动，便采用明火烤车辆底壳和油箱的方法进行预热。由于油箱局部受热时间过长，油箱突然爆炸起火，马永刚被烧伤，车辆、车棚被烧毁。

为控制冬季启动中的人身安全风险，根据《轨道车管理规则》，制定预控措施：

严禁使用明火预热发动机、油箱、油管及不熄火时用油棉丝布擦拭发动机。

五、油料补充

自轮运转设备通过铁路机车专用油库、油料配送车和存储油桶加注等方式补充燃油。补充油料时，容易造成燃油洒漏，遇有火源极易发生火灾事故。另外，自轮运转设备在车库内补充油料，或油料配送车在车库内向储油间油桶加注燃油时造成油料洒漏，车库值班人员清理后，往往采取开门通风措施。其间，遇有明火或车库周边施工人员、其他闲杂人员吸烟，都极易引发火灾爆炸事故。

案例

2011年4月20日18时18分，某车库补充油料后地面存有漏油，气味很浓，值班人员李贝将储油间开门通风。此时，在附近打工的张某等4名工人下班后，到车库值班室找李贝闲聊。聊天中，张某拉开门，将烟头扔到值班室门外，很快引发车库地面漏油起火，在救火过程中李贝被烧成重伤。

为控制油料补充中的人身安全风险，制定预控措施：

1. 加注燃油时，应注意防火，严禁在油箱附近及加油作业中吸烟。

2. 库内补充油料后，应及时处理地面漏油。

3. 油料库开门通风时，应有专人防护。

4. 严禁在车上或附近使用明火，必须就地使用电焊或气焊时，应尽量远离油箱，并应准备足够灭火器具，清除附近易燃物品。

六、轨道车作业

轨道车在现场施工、维修、抢险救灾作业中，经常担任输送人员、运送料具、协助作业等任务。作业中，如果违章登乘、违规装载、盲目动车或行车人员对轨道车状态不明，违章指挥，都有可能给乘务人员、登乘人员及周围作业人员带来安全风险。

案例

1997年1月10日8时20分，湖南醴陵地区大雾弥漫，株洲工务段请求开行轻型轨道车，进入浙赣线醴陵东至老关间上行线维修作业。醴陵东站值班员口头同意后，8时25分，挂有两辆平板车，运载着25名施工人员的轨道车，在出站过程中，车站值班员未确认轨道车是否出站就取消进路，排列下行3115次接车进路，结果造成13号道岔提前转换，致使出站中的轨道车错误进入下行区间。8时28分，轨道车运行至K896+150弯道处，与迎面开来的3115次货物列车发生正面冲撞，造成20人死亡、4人重伤、1人轻伤的重大铁路交通事故。

为控制轨道车作业中的人身安全风险，制定预控措施：

1. 轨道车进入现场作业前，使用单位应设驻站联络员，并按规定办理登记。

2. 轨道车动车前，应确认乘坐人员坐稳、扶牢，货物装载牢固，周围无人，线路状态良好，方可鸣笛动车。

3. 轻型轨道车限乘6人；拖车每辆限乘10人，并应安装栏杆或扶手。装载路料、机具的拖车不准搭乘人员。

4. 轨道车动态不清、位置不明，车站值班员不得盲目操纵设备，排列进路。

七、接触网作业车平台紧急下降开关

接触网作业车平台升降系统发生故障不能及时排除，平台不能正常下降时，可使用紧急下降开关，使平台回落至初始位置。使用平台作业时，如果误触碰、误操作紧急下降开关，就会使平台急速下降，造成作业人员坠落摔伤。

案例

2015年7月15日10时25分，某供电段接触网作业车，调整掉悬作业结束后，平台不能正常下降复位。监护人急忙上车打开紧急下降开关，致使平台突然下降，造成平台上解开安全带正准备下梯的1名作业人员坠落，经医院抢救无效死亡。

为控制接触网作业车平台紧急下降开关使用中的人身安全风险，制定预控措施：

1. 接触网作业车平台紧急下降开关，应由司机加锁、管理和使用。

2. 使用紧急下降开关时，应先将平台回转至中位，再缓慢打开。

Chapter 8

第八章 车务劳动安全

第一节　站场作业

一、接发车作业

接发车作业主要是指列车通过、到达及发车时，对货物装载状况、走行部、列尾装置等列车运行状态的动态检查过程。由于列车运行中速度快、噪声大，作业人员接发列车时，如果出现只顾监视本线列车，忽视邻线调车作业、机车出入库等情况，或不按《车站行车工作细则》规定位置接发列车，极易造成接发车人员被撞轧、碰剐。

案例

2012 年 11 月 7 日 18 时 54 分，乌鲁木齐铁路局库尔勒车务段和静车站，助理值班员哈格力孜·乌斯曼接到 28003 次站内 4 道停车通知，从值班室走出，横越 1、2 股道，从 3 道停留的一列油罐车第 34 位通过台处越过 3 道后，没有面向来车方向立岗接车，而是背向进站的 28003 次货物列车，沿 3、4 道铺设的水泥板行走。当 28003 次列车运行距哈格力孜·乌斯曼身后 30 m 时，他突然侵入 4 道限界。列车紧急制动，制动过程中将其撞倒。停车后，司机发现哈格力孜·乌斯曼躺在机后第 2 位棚车车下。随后将其从道心抬出，经和静县人民医院抢救无效死亡。

为控制接发车作业中的人身安全风险，根据《铁路车站行车作业人身安全标准》，制定预控措施：

1. 应在不侵入机车车辆限界并便于瞭望的安全地点，确定接发列车位置。

2. 接发列车时，应站在《车站行车工作细则》规定的地点，随时注意邻线机车车辆动态。

二、电气化区段停留车作业

停留车作业是指列车到达车站后的车辆技术检查、防溜与撤除、货物装卸、货物装载状态检查等作业。电气化区段停留车作业时，如果站在高于人力制动踏板台的车梯上，整理苫盖货物、使用人力制动机等，就无法与接触网保持2 m以上安全距离，极易造成电击伤亡事故。

案 例

2002年1月4日，沈阳铁路局卢家屯站，6156次货物列车侧线停车后，押运员贺建明检查列车货物装载情况时，发现列车中部一辆油罐车灌盖被打开，便擅自爬上车顶处理，被接触网高压电击落至车下，造成下肢受伤。

为控制电气化区段停留车作业中的人身安全风险，根据《铁路车站行车作业人身安全标准》，制定预控措施：

1. 电气化区段接触网未停电、未接地的情况下，禁止站在高于人力制动踏板台的车梯或货物上作业。

2. 在带电的接触网线路上停留车作业时，严禁攀越棚车或敞车顶部作业，禁止棚车使用人力制动机，区间和中间站禁止敞车使用人力制动机。

三、清扫道岔作业

清扫道岔作业是指清除道岔转换部位异物，并进行涂油润滑，保证道岔正常转换的作业项目。清扫道岔时，清扫人员手或脚需伸入尖轨与基本轨之间、道岔转换通道、道岔连接杆活动部位，以清除影响道岔转换异物，对滑床板进行擦拭等。在电气集中或微机联锁车站排列进路时，室外进路上的道岔会自动转换。清扫道岔作业前，如果不向值班员汇报，清扫人员直接将手或脚置于尖轨与基本轨、转换杆件与轨枕之间等转换间隙作业，就极易造成作业人员手脚挤伤，遇有机车车辆经过，还会造成撞轧事故。

案 例

2001年12月25日16时23分，疆边南站扳道员呼尔提克巡视发现22#道岔定位滑床板油污较多，便从扳道房取来棉纱、柴油前去清理。到达现场后，他在棉纱上倒好柴油，右脚站在尖轨与基本轨之间，手拿棉纱直接擦拭滑床板上的油污。此时，车站值班员排列经22#道岔反位接车进路，呼尔提克发现道岔转动后，慌忙起身躲避，匆忙间，右脚被尖轨夹住，造成右脚踝骨裂伤。

为控制清扫道岔作业中的人身安全风险，根据《铁路车站行车作业人身安全标准》，制定预控措施：

1. 清扫道岔前，应得到车站值班员同意；作业完毕，应及时报告。

2. 清扫电气集中道岔或联动道岔，应先将安全木楔置于尖轨与基本轨之间，清扫后及时撤除。

3. 清扫道岔时，应一人清扫一人防护，并随时注意机车车辆动态。

第二节　调车作业

一、调车作业前检查

调车作业时，调车人员需扒在运行的调车列前端或尾部车梯上，观察信号显示状态、确认进路开通位置、瞭望线路空闲情况、目测前方停留车距离等，根据情况随时指挥调车列走行。调车作业前，如果不对线路两侧建筑物、货物、路料等状态进行检查，作业时，就容易因建筑物、货物、路料或机具侵限刮伤作业人员；线路两侧有电缆沟、基础坑等施工残留坑洼，未提前检查发现，作业人员上下车时，还很容易发生摔伤。

案例

2009年9月20日1时46分，南昌铁路局向塘西站驼峰场在推峰解体27203次车列前，未对T1、T2线间散放的18根钢轨侵限状态进行检查确认，未提前发现散放钢轨最近处距T2线钢轨头部外侧仅1.25 m的事故隐患。提钩过程中，连结员尤成瑞被散放钢轨绊倒，跌入T2线，被正在推峰的车辆碾轧致死。

为控制调车作业前检查不规范带来的人身安全风险，根据《铁路车站行车作业人身安全标准》，制定预控措施：

1. 调车作业前，应指派专人检查线路有无障碍物、大门开启状态及线路两侧货物堆放情况；检查有困难时，应在《车站行车工作细则》中规定检查确认办法。

2. 线路两旁堆放货物，距钢轨头部外侧不得少于1.5 m。

3. 站台上堆放货物，距站台边缘不得少于 1 m。

二、调车人员上下车地点选择

道岔转辙机、连接杆、表示器、信号机、警冲标等，是铁路站场行车设备的重要组成部分。调车人员如果在这些设备附近上下机车车辆，就容易发生碰撞、剐蹭或绊倒。另外，如果不避开陡斜道床、站场沟坑、路料以及冬季冰雪等处上下机车车辆，还容易导致调车人员滑倒、摔伤。

案例

2011 年 1 月 7 日 23 时 40 分，成都铁路局万州站运转一班调车组正在执行第二批调车作业计划。当作业到第 5 钩、7 道挂 7 辆牵出，连结员胡全才站在陡斜的道床处，扒乘尾部第 2 位车辆，右脚踩滑道砟，身体失去重心摔倒，被牵出车列最后一辆棚车轧伤，导致右脚踝以下截肢。

为控制调车人员上下车地点选择不规范带来的人身安全风险，根据《铁路车站行车作业人身安全标准》，制定预控措施：

1. 调车人员作业前，应熟悉站场和有关线路变化情况。

2. 上下车时，应选好地点，注意地面障碍物。

3. 遇有雨、雪、雾、霾或 5 级及以上大风恶劣天气，应采取停上停下措施。

三、调车人员特殊地点上下车

路肩窄、路基高的线路上调车人员走行面窄，上车时容易侵限、拖拽，下车时容易摔倒、坠落，特别是高路基地段发生坠落伤害风险更大；另外，调车列运行至高站台处，车辆脚蹬位于站台下方，仅凭车辆上部扶手上下车，极易发生调车人员滑脱，坠入车辆与高站台间隙。

案例

2008 年 10 月 28 日 18 时 33 分，北京铁路局南仓站货 2 道曲线半径 300 m、坡度接近 2.5‰，两侧为 1.2 m 高站台。丁班八调执行 4 号调车作业计划第 8 钩时，调车长擅自将货 2 道给 2 辆棚车的顶送对货位变更为溜放对货位。车辆溜放至高站台货位区，站在第一辆车前端的制动员王津伟拧闸制动，并在车辆运行中违章登上外侧高站台。计划待第 1 辆车尾部到身边时，越过两车连接处，去第 2 辆车后端拧闸制动。结果从两车之间跨越另一侧高站台时，不慎坠入车辆与高站台之间缝隙，被走行中的车辆挤压并随车带出 13 m，当场身亡。

为控制调车人员特殊地点上下车中的人身安全风险，根据《铁路车站行车作业人身安全标准》，制定预控措施：

在路肩窄、路基高的线路上和高度超过 1.1 m 的站台上作业时，必须停车上下。

四、上车前机车车辆状态确认

机车车辆脚蹬、车梯、扶手受使用状态、维修质量或天气等因素影响，往往会出现脱焊、变形、结冰、霜冻。调车人员上车前，如果不认真确认脚蹬、车梯和扶手等技术状态，盲目上车，就容易导致作业人员滑脱、坠落、踩空。

案 例

2011 年 1 月 7 日 21 时 24 分，上海铁路局南京东站调车列推送过程中，因站场照明角度影响，调车员刘永昌没有提前发现第一辆车梯下部歪斜，且脚蹬处有霜冻结冰，上车时不慎滑脱坠落，右脚被轧，导致脚踝以下截肢。

为控制上车前机车车辆状态确认不规范带来的人身安全风险，根据《铁路车站行车作业人身安全标准》，制定预控措施：

上车前应注意脚蹬、车梯、扶手，平车、砂石车侧板和机车脚踏板的牢固状态。

五、调车人员上下机车

除专用调车机外，其他机车前后端上部水平围栏板抓孔较小，下部脚踏板踏面较窄，不便于调车人员在机车运行中上下。如果强行上下运行中的非专用调车机，就很容易踏空、抓脱，造成人身伤害。

案 例

2009 年 5 月 13 日 0 时 54 分，北京铁路局沙河市站利用非专用内燃调车机在 8 道作业。调车列走行 198 m 后，连结员用电台通知调车长向前带车，站在机车后端左侧脚踏板上的调车长发出停车信令后，转身下车时踩空坠落，被走行中的调车列机后第 1 位前台车轧断左胳膊，经医院抢救无效死亡。

为控制调车人员上下机车中的人身安全风险，根据《铁路车站行车作业人身安全标准》，制定预控措施：

登乘内燃、电力机车作业时，应在机车停稳时再上下车。设有便于上下车

脚蹬的调车机除外。

六、调车人员上下车速度控制

这里所说的调车人员上下车特指调车人员根据作业需要扒乘、跳下运行中的机车车辆。

上车时，调车人员沿同方向运行的机车车辆快速奔跑，瞬时速度大于或等于机车车辆运行速度，才能安全扒乘。一般人员快跑速度为 15 km/h 左右，如果机车车辆速度高于 15 km/h，扒乘时就有可能踩空或被车辆拖拽，导致人身伤害。

下车时，调车人员沿机车车辆运行方向惯性顺跑，其落地初速度与运行的机车车辆速度相同，如果车速超过 20 km/h，落地瞬间就很可能因单腿受力过大，人体瞬时起步速度达不到惯性速度，就容易造成摔伤。

案例

2014 年 5 月 16 日 12 时 45 分，成都铁路局广元车务段广元南站运转一班 3 调执行 3002 号调车作业计划。11 道挂 12 辆车后，13 时 08 分开始牵出，在牵出过程中，车列速度达到 20 km/h 左右，学习连结员刁德旺在调车列运行途中多次强行上车踩空后摔倒，被尾部第 1 位车辆车轮轧伤右脚踝关节，造成终身残疾。

为控制调车人员上下车中的人身安全风险，根据《铁路车站行车作业人身安全标准》，制定预控措施：

1. 上车时，车速不得超过 15 km/h；下车时，车速不得超过 20 km/h。

2. 在站台上下车时，车速不得超过 10 km/h。

七、钩档作业

钩档作业是指作业人员进入两车之间连接处，摘接软管、调整钩位、处理钩销等作业。钩档作业任务简单、用时较短，部分调车人员自认为动作熟练、敏捷，为一时图快，往往在车列走行中或车列未完全停稳的情况下，提前进入钩档作业，如果此时调车机突然提速或紧急制动，极易造成钩档作业人员撞轧、挤伤；另外，车列在停止状态中，不按压紧急停车按钮，不经调车长同意，擅自进入钩档作业，遇有车辆突然移动，也会造成撞轧、挤伤事故。

案例

2014 年 7 月 22 日 22 时 10 分，呼和浩特铁路局包头西站运转 3 车间丁班第

2调车组，执行第201号调车计划。当作业至第3钩，Ⅳ场22道挂25辆时，连结员孙志坚检查车辆发现第22位与第23位之间顶钩，用平调电台通知调车长：向前带一下。在第22位车前移未停稳时，孙志坚违章进入钩档调整车钩，机车前带制动时，各车钩缓冲装置压缩，机车停稳后，缓冲装置反弹复位，造成车辆后移，孙志坚右手掌和右小臂被挤于两车钩间受重伤。

2019年3月2日，乌鲁木齐铁路局乌鲁木齐西站连结员满铪刺，在四场8道，进入第7辆停留车的第1、2位钩档进行接风管作业时，因溜放的13辆车碰撞停留车列，造成车列移动，将其碾轧致死。

为控制钩档作业中的人身安全风险，根据《铁路车站行车作业人身安全标准》，制定预控措施：

1. 摘接制动软管、调整钩位、处理钩销前，应等列车、车列停妥，得到调车长同意后，方可作业；使用无线灯显设备调车时，还应按下紧急停车按钮。

2. 调整钩位、处理钩销时，不得探身到两钩之间。对平车、罐车、客车及特种车辆，应特别注意端板支架、缓冲器、风挡及货物装载状态。

3. 在车列、车辆走行中，禁止进入线路提钩、摘管或调整钩位。

八、摘接制动软管

制动软管是贯通全列车的压缩空气导管，内部风压最高可达600 kPa。摘接制动软管是调车作业中的一项基本内容。如果不关闭软管两端折角塞门，直接摘开制动软管，软管末端泄风瞬间，空气反作用力会造成制动软管剧烈摆动，极易击伤作业人员。另外，如果制动软管在未连接到位的情况下，盲目打开折角塞门，还很容易造成制动软管瞬间崩脱，击伤作业人员。

案例

2019年2月3日14时12分，衡山北站运转车间甲班3调正在执行第4号调车作业计划。作业到第5钩、8道顶时，连结员高磊进入机后第11位与12位钩档间，关闭第11位车后端折角塞门后，忘记关闭第12位前端折角塞门，就直接摘开制动软管，因风压过大，导致软管接头瞬间崩开，打伤高磊右腿膝盖，造成髌骨粉碎性骨折。

为控制摘接制动软管作业中的人身安全风险，根据《铁路车站行车作业人身安全标准》，制定预控措施：

1. 带风作业时，应执行“一关折角塞门、二摘软管、三提钩”程序。

2. 软管连接后，应缓慢打开折角塞门，发现漏风，立即关闭。

3. 严禁使用折角塞门放风制动。

第三节　调车作业上下车禁止行为

一、不准迎面上车

调车作业中，个别人员往往贪图方便、简化作业程序，过于高估自身上车能力，经常不助跑，站在原地等候，待机车车辆运行到身边时，手脚并用扒乘机车车辆。这种上车方式，使扒乘人员瞬时位移速度达到机车车辆运行速度，一旦失误，就有可能出现踩空或被机车车辆拖拽。

案 例

2001年2月16日11时24分，北京铁路局保定站调车机由货场回车站时，调车员赵春生迎面扒乘机车，不慎踏空，碰伤左腿。

为控制迎面上车带来的人身安全风险，根据《铁路车站行车作业人身安全标准》，制定预控措施：

在调车作业中，不准迎面上车。

二、不准反面上下车

调车作业时，登乘在机车或机车附近车辆的调车长和扒乘在车列远端的调车人员，均处在司机操纵一侧。这里所说的反面上下车是指在调车作业中，作业人员从非司机操纵侧上下机车车辆。如果从反面上下车，一方面，司机不易看清调车长发出的信号显示或作业指令；另一方面，调车长也不易看清远端调车人员作业情况。一旦远端调车人员发生意外，调车长就不能及时发出指令、停车处置。

案 例

2005年5月7日15时05分，西安铁路局宝鸡南站调车四班，货场9道挂20辆牵出过程中，制动员郑鑫龙从车列反面平过道处上车，因脚踏空，被牵出车列拖拽，处在运行方向左侧调车机上的调车长未能及时发现。当他在反面一侧发现郑鑫龙双手扒着机后第3位车辆车梯，被车列拖着时，立即显示停车信号，司机采取紧急制动。停车过程中，郑鑫龙被牵出车辆拖拽至货场高站台间隙内，停车后，郑鑫龙已躺卧在9道钢轨头部外侧与高站台底部之间，经医院抢救无效死亡。

为控制反面上下车带来的人身安全风险，根据《铁路车站行车作业人身安全标准》，制定预控措施：

在调车作业中，不准反面上下车，但牵出时最后一辆除外。

第四节　车列、车辆走行中禁止行为

一、禁止在车钩上、平车边端或端板支架上坐立

车列、车辆走行中，经常出现加减速，甚至紧急制动，通过道岔、弯道时，还会增加车辆左右摆动幅度。调车作业中，如果调车人员站在车钩上，坐立在平车边端或站在端板支架上，作业人员就很容易因车列调速惯性坠入线路，或因左右离心力突变被甩下车辆，发生碾轧、摔伤、挤伤等人身伤害事故。

案例

2013年3月5日6时27分，沈阳铁路局沈阳车务段前甸站正在执行9号调车作业计划机车牵出14辆过程中，连结员李树龙站在尾前第7位车辆端板支架上，踩踏车钩移动到右侧，在转身准备登上车辆侧梯时左脚踩空，不慎坠入线路上，造成小腿骨折。

为控制在车钩上、平车边端或端板支架上坐立带来的人身安全风险，根据《铁路车站行车作业人身安全标准》，制定预控措施：

车列、车辆走行中，严禁在车钩上、平车边端或端板支架上坐立。

二、禁止在货物空隙间站立或坐卧

在装运原木、钢轨、钢板、电缆盘、竹竿、甘蔗等有型货物时，往往会因装载加固不良造成货物滑动、滚动、窜动。调车作业时，如果调车人员站立或坐卧在这些易于窜动货物的车辆之间，就有可能因车辆加减速或连挂冲撞，造成货物窜动挤伤作业人员。另外，停留在易于窜动的货物间隙，也容易发生货物挤伤作业人员。

案例

2004年1月20日10时30分，哈尔滨铁路局绥芬河站运转车间二班一调担当北场调车作业。当作业进行至16道溜放1辆时，工作不足3个月的制动员刘

坤，未提前发现溜放车辆缺少4块闸瓦会造成制动力不足，便站在装载原木的溜放车辆前端闸台，示意可以溜放。溜放后车速无法控制，造成溜放车辆与停留车连挂失败，冲突后弹回2.4 m，导致7根原木窜出，最长1根达410 mm。窜出原木将刘坤撞晕，悬挂在闸台上，后经医院抢救无效死亡。

为控制在货物空隙间站立或坐卧带来的人身安全风险，根据《铁路车站行车作业人身安全标准》，制定预控措施：

车列、车辆走行中，严禁在装载易于窜动货物的车辆间和货物空隙间站立或坐卧。

三、禁止在棚车顶和货物上站立或走行

棚车顶或超出车帮装载货物顶面一般为中间高、两边低，呈弧形结构，运行中车辆顶端摆幅较大，且无抓扶物。车辆走行中，如果在棚车顶或装载超出车帮的货物上站立或走行，人体很难保持平衡，特别是遇有加减速、停车或经过道岔、弯道时左右摇摆，随时有被摔下或被上部建筑碰挂掉落危险。

案 例

2001年10月25日2时20分，济南铁路局潍坊西站运转丙班，根据调车作业计划分工，连结员付宗民去7道撤除车辆防溜。当他站在第2位平车货物上，准备松开第3辆车人力制动机时，调车机已进入7道准备挂车。由于夜间有雾，能见度低，调车司机看不清前方停留车位置，导致机车以20 km/h速度与7道停留车相撞，付宗民坠入车辆之间，车辆溜逸将其轧伤，经抢救无效死亡。

为控制在棚车顶和货物上站立或走行带来的人身安全风险，根据《铁路车站行车作业人身安全标准》，制定预控措施：

车列、车辆走行中，严禁在棚车顶和装载超出车帮的货物上站立或走行。

四、禁止手抓篷布、脚蹬平车鱼腹梁

车厢苫盖货物篷布和加固货物绳索，局部受力后容易变形、松动，产生位移。调车列运行中，如果作业人员手抓篷布或绳索，身体很难保持稳定，容易滑脱、坠落。另外，车辆轴箱位于车底下部，不便蹬踏，平车鱼腹梁边缘较窄，车体又无扶手。脚蹬轴箱和鱼腹梁调车时，也容易发生滑脱、坠落。

案 例

1999年1月3日0时25分，哈尔滨铁路局哈尔滨南站货运车间二班六场商

检员李永浩检查10道2914次列车货物装载加固情况时，发现机后第29位敞车苫盖篷布绳索松动，便登上车钩重新加固捆绑。在加固过程中，2914次列车突然启动，造成李永浩身体失衡、坠落车下，双腿被车轮轧断。

为控制手抓篷布、脚蹬平车鱼腹梁带来的人身安全风险，根据《铁路车站行车作业人身安全标准》，制定预控措施：

车列、车辆走行中，严禁手抓篷布或捆绑货物的绳索，脚蹬轴箱或平车鱼腹形侧梁。

五、禁止探身过远

铁路机车车辆一般构造限界不超过1 700 mm，如神八机车为1 624 mm、C70为1 621 mm、C80为1 587 mm，而站场内的侧线高柱信号机建筑限界为2 150 mm，矮柱信号机为1 875 mm，机车车辆构造限界与建筑限界最小间隙为450 mm。调车作业时，如果调车人员探身过远，在经过站内信号机、道岔表示器、停车标等地面行车设备时，就很容易被刮碰受伤。另外，高站台建筑限界为1 750 mm时，站台与车辆间最小间隙为50 mm，旅客站台最高为1 250 mm，货物站台最高为1 100 mm，在调车列运行至高站台前，如果调车人员不站在高于站台的车梯上，就会被高站台挤伤坠落，甚至被挤入车辆与站台之间，造成伤亡。

案 例

2009年10月7日，太原铁路局南同蒲线礼元站利用42083次本务机进行调车。当牵引19辆车运行至X7高柱信号机时，调车长谷志明在车梯上回头瞭望，因探身过远，被信号机刮碰，跌入车辆钩档，导致左腿轧伤。

2015年7月27日1时02分，北京铁路局衡水车务段晋州站进行调车甩挂作业。在5道货物线顶送过程中，学习连结员赵冀生站在前端车辆车梯底部领车。行至高站台时，腿部被高站台挤压，坠入5道钢轨南股和高站台之间，自救中，左脚被第2位车辆前台车第二轮碾轧，经抢救无效死亡。

为控制探身过远带来的人身安全风险，根据《铁路车站行车作业人身安全标准》，制定预控措施：

车列、车辆走行中，严禁在车梯上探身过远，或经站台时站在低于站台的车梯上。

六、禁止骑坐车帮

车辆术语中的侧墙和端墙，通常被称为“车帮”。调车作业走行时间较长时，站在车梯上的调车人员长时间保持一个姿势，容易出现手臂酸麻，个别人员往往为节省体力、贪图舒适，违章骑坐在车帮上。调车列在运行中，车辆上部晃动较大，特别是经过道岔、弯道或遇车列在运行中调速，很容易将骑在车帮上的人员甩出，发生坠落事件。

案 例

1998 年 1 月 4 日 15 时 55 分，北京铁路局保定站二调调车机从满城站推送 5 辆敞车去灵山专用线，连结员刘石岩骑在前端车辆制动台处车帮上领车。调车列经过满城站西咽喉扳道房时，他发现前方道口处有一轿车抢道，立即出示停车手信号，并准备下车。紧急制动过程中，受惯性作用将其摔至车下，造成头部受伤。

为控制骑坐车帮带来的人身安全风险，根据《铁路车站行车作业人身安全标准》，制定预控措施：

车列、车辆走行中，严禁骑坐车帮。

七、禁止跨越车辆

车列在运行中，车辆上下左右运动规律各不相同，运行速度和两车间距随时在发生变化。如果在行驶中跨越车辆，起点和落点均处于运动状态，人体很难保持平衡。另外，遇有散落货物、砂石、冰雪等更加危险，一旦失足，就会从两车钩间坠落，被车辆撞轧。

案 例

2014 年 5 月 26 日 11 时 01 分，南昌铁路局福州车务段马尾站调车机在福州港专用线港 1 道摘车 32 辆，之后带 2 辆敞车返回站内途中，连结员张秋东从机后第 1 位 C70 车辆后端车梯上车后，进入第 1、2 位钩档间，准备登上第 2 位 C64 车前端闸台。在跨越第 2 位车辆闸台过程中，右脚踏空、手未抓牢，坠落到钢轨上，被运行车列碾轧，当场死亡。

为控制跨越车辆带来的人身安全风险，根据《铁路车站行车作业人身安全标准》，制定预控措施：

车列、车辆走行中，严禁跨越车辆。

八、禁止两人及以上站在同一人力制动踏板台、车梯上

车辆人力制动踏板台、车梯和机车踏板设计制造面积较小，扶手长度有限，仅供1人正常工作使用。调车作业中，如果两人及以上同时在这些部位站立、攀爬，就会非常拥挤，很难保证所有人员站稳、抓牢，运行中，极易发生坠落。

案例

2011年6月27日12时25分，广铁集团湘潭站运转二班执行第2号调车作业。12时53分，作业进行到第7钩货3道给10辆，调车长变更送车方式为溜放作业。溜放时，连结员谢军辉、王庆明2人站在车组前端第2位敞车闸台上，进行人力制动。当溜放车组进入货3道时，谢军辉提前摘下安全带，脚未站稳，不慎掉入第2、3位钩档间，被运行的第3位车辆轧断左上臂。

为控制两人及以上站在同一人力制动踏板台、车梯上带来的人身安全风险，根据《铁路车站行车作业人身安全标准》，制定预控措施：

车列、车辆走行中，严禁两人及以上站在同一人力制动踏板台、车梯及机车一侧踏板上。

九、禁止机车前后端坐卧

为方便调车人员和乘务员作业，调车机上设有外部作业通道，但前后端两侧均未设置防护围栏。调车机在运行中，如果作业人员在前后端作业通道上坐卧、休息，就容易精神放松、不抓握围栏，甚至短时间打盹睡觉。机车通过弯道、道岔或遇运行中调速，就极易从护栏间隙或通道两侧坠落。另外，遇有车辆冲突等意外情况，也不能立即撤离躲避，极易造成挤压、坠落伤害。

案例

2013年5月31日21时35分，成都铁路局成都站运转车间三班二调执行第2号计划。22时20分，作业至第7钩：单机从客技库回站进4道。当单机运行至车站西咽喉岔区53号道岔处，坐在调车机运行前端左侧第一脚梯的制动员丁保平被摔下机车，造成腰椎骨折。

为控制机车前后端坐卧带来的人身安全风险，根据《铁路车站行车作业人身安全标准》，制定预控措施：

单机或牵引运行时，严禁在机车前后端坐卧。

第九章

货物装卸劳动安全

一、电气化区段装卸货物

货物装卸作业中，作业人员根据车型和装载情况，需要登上车顶装卸、平整货物，检查货物装载状态，测量、加固苫盖货物等。现阶段，我国铁路主要车型C80高度为3.793 m，C70高度为3.143 m，其装载货物最高可达机车车辆限界4.8 m，而电气化区段，接触网距轨面高度一般在6 m左右。如果装卸人员登上车顶作业，人体和机具就很难与接触网保持2 m以上安全距离，极易发生作业人员触电伤亡事故。

案 例

2007年10月26日4时21分，西安铁路局安康站货检员张荣敏、马普安负责检查Ⅱ场3道10527次到达货物列车。二人分两侧从尾部开始同步检查，张荣敏负责左侧、马普安负责右侧。4时40分，检查到尾部第7位C64车辆时，张荣敏发现中门苫盖篷布接缝处没有腰绳固定，为增加腰绳，他让马普安解开丁字铁上第二根腰绳，并将其拉到自己一侧。绳索盘好后，他沿车顶将绳索抛向另一侧。由于新式篷布绳索内夹有钢丝，绳索在通过接触网感应电流有效范围时，被击断成9.3 m和6.1 m两节，并将张荣敏击伤，后经医院诊断，其左上肢屈侧及左下肢电弧烧伤面积达21%。

为控制电气化区段装卸货物中的人身安全风险，根据《电气化铁路有关人员电气安全规则》《铁路货物装卸安全技术规则》，制定预控措施：

1. 电气化铁路装卸作业，应在指定线路上安全区域内停电进行。

2. 装卸作业结束，人员全部撤至安全地带后，方准向接触网送电。

3. 在带电的接触网下，不准使用竹竿、木棍等测量货物装载高度，不准抛掷皮尺和绳索等。

4. 严禁在带电的接触网下，攀登车顶、关闭罐车盖、整理货物、紧固篷布绳索等。

二、使用机械装卸货物

装卸机械一般是指铲车、叉车、挖掘机、装载机、吊车、龙门吊、移动传送带等，这些机械大多存在视线盲区，特别是夜间受局部照明条件限制，操作人员很难发现或看准机械设备及被吊货物周围人员作业动向，给使用机械装卸货物带来很大难度。装卸作业中，一旦操作失误，就容易碰伤、撞轧配合机械装卸的人员、监装卸货运员以及周边人员。

案 例

2012 年 1 月 3 日 13 时 26 分，昆明铁路局东川站装载机司机方世国驾驶一辆重型装载机，在货场内铲运货物转弯时撞倒货运员秦宝田，装载机右前轮从其腿上碾轧经过，惨不忍睹。

为控制使用机械装卸货物中的人身安全风险，根据《铁路货物装卸安全技术规则》，制定预控措施：

1. 装卸机械动车前，应鸣笛并确认周围无障碍物及人员，方能动车。

2. 严禁机械与人工在同一车辆装卸。

3. 夜间无照明时，不得进行装卸作业。

三、装卸中的车辆调车

货物装卸作业中，装卸人员、机械、作业地点通常比较分散，装卸车辆上下及周边都可能有装卸人员和装卸机械。对正在装卸作业中的车辆中途调车时，如果装卸人员和机械未全部撤离装卸车辆，周边货物侵入限界，以及车上货物未整理稳固盲目开始调车作业，就很容易导致装卸及调车人员人身伤害。

案 例

2010 年 5 月 9 日，沧龙站货场内货运值班员在未设置防护红牌的情况下，擅自指挥装卸人员装车。车站值班员下达调车作业指令，调车人员未提前检查线路，调车列直接进入货场。调车长指挥车辆对位时，与正在装卸的车辆发生撞击，造成 1 名装卸工摔下车辆，被轧断左腿。

为控制装卸中的车辆调车带来的人身安全风险，根据《铁路货物装卸安全技术规则》，制定预控措施：

1. 装卸中的车辆调车时，应事先通知货运员，并由货运员通知装卸工组停止作业。

2. 整理好车内、车上及车辆周边货物，防止倒塌、坠落和侵限。

3. 关好车门、车窗，人员、机具全部撤出限界，撤除防护信号，经货运员确认后，方可进行调车作业。

四、轨道平车货物装载加固

轨道平车车帮低、自重轻、载重小，运行途中左右晃动较大。如果货物偏载、超载、集重、超限或捆绑加固不牢，运行中极易造成货物窜动、坠落、车辆脱轨，甚至剐蹭铁路行车设备及避车人员等，导致行车事故和人身伤亡。

案 例

1994 年 5 月 19 日 20 时 12 分，原南昌铁路局管内，2116 次货物列车运行至浙赣线 K668 线路所—樟树站赣江大桥时，因机后第 16 位平车装载的 1 台 WY—100 型履带式挖掘机加固不良，上部可转动部分发生扭转，超出机车车辆限界，撞坏株洲方向第 9 孔桥梁右侧端斜杠、左侧竖杆、斜杆等，致使该孔桥梁失稳，丧失承载能力而弯曲下塌，造成第 17 位后台车及第 23 位前台车脱轨，4 台挖掘机和机后第 18～22 位车辆及装载的集装箱等货物坠落江中，2 名扒乘列车人员死亡，中断浙赣线行车 171 小时 46 分钟。

为控制轨道平车货物装载加固不规范带来的人身安全风险，根据《轨道车管理规则》，制定预控措施：

1. 按载重、集重有关规定和要求装载。

2. 装载货物应稳固，严禁偏载、超限。

3. 装载钢轨、枕木等货物时，应按规定捆绑牢固。

五、轨道车现场装卸

轨道车在站内或区间装卸作业时，人员、机具容易侵入邻线限界。另外，装卸时，钢轨、枕木等笨重物资极易滚落、弹起及石砟飞溅侵入邻线。如果此时邻线来车不停止作业，极易造成行车事故和人身伤害。

案例

2012年5月9日3时45分，中铁某局六公司向莆铁路JX—8标项目部，在向莆线DK52+220处违章将轨枕卸在工程线与向乐线两线间，其中部分轨枕侵入向乐线限界，导致41061次货物列车运行至向乐线K21+150处时，与超限轨枕相撞，造成机车排障器报废，中断行车1小时23分钟。

为控制轨道车现场装卸作业中的人身安全风险，根据《轨道车管理规则》，制定预控措施：

1. 卸车时，不得偏卸，卸下物料不得侵入本线或邻线限界，大件物料严禁在运行中装卸。

2. 邻线来车时，禁止装卸作业。

第十章

车站客运劳动安全

一、车站电气设备使用

铁路车站是人员流动密集型场所，随着电梯、供水、空调、加工、服务等用电设备和安全检查、视频监控、电子票据等计算机系统不断投入使用，车站客运人员接触和使用各种电气设备概率增大，用电安全风险也逐渐增加。如果相关工作人员不经过用电安全知识培训，不熟悉电气设备操作指南而违规使用，就有可能发生工作人员触电或火灾事故。

案 例

1999 年 11 月 12 日凌晨，上海铁路局南京火车站候车室二楼，娱乐休闲茶座内约有 20 多人候车休息。1 时 10 分左右，因电线短路突然起火，并迅速扩大，仅几分钟时间，大厅天花板开始燃烧，并有零星火球随构件坠落，二楼候车室顿时成为一片火海。车站人员和在场的公安民警紧急打开所有通道，迅速疏散候车旅客。1 时 35 分，3 辆消防车抵达现场展开扑救，但因室内装饰材料着火迅猛，火势无法控制。消防部门又紧急出动特勤队等单位数十辆消防车增援。10 分钟后，长 200 m、宽 50 m 的候车厅楼房顶轰然倒塌，2 时 15 分大火才被扑灭。这场火灾造成 1 名车站人员死亡，候车大厅完全烧毁。此次火灾是近 50 年来全国铁路客运大站发生的首例重大火灾事故。

为控制车站电气设备使用带来的人身安全风险，根据《铁路旅客运输服务质量规范》，制定预控措施：

1. 车站客运人员应通过生产作业、消防、电器、电气化、卫生防疫、劳动保护等安全培训，特定岗位工作人员按规定通过相应岗位安全培训。

2. 不得违规使用电源、电器，严禁摸黑开关电气设备，防止触电。

二、危险品检查

为保障集中候车区和列车运行途中旅客生命财产安全，任何人员不得违反规定携带爆炸性、毒害性、放射性、腐蚀性物质或传染病病原体等危险物质，以及非法携带枪支、弹药或弩、匕首等国家规定的管制器具进站乘车。旅客进站时，如果不逐个检查或检查不彻底，一旦危险物质和管制器具流入旅客群体，就有可能危及其他旅客生命财产安全，甚至酿成恐怖事件。

案 例

1988 年 7 月 1 日 5 时 43 分，广东省韶关市饲料公司采购员贺洪才在河北省出差时购买铝粉 300 g、铜粉 50 g，并将其与尼龙面料衣裤一并装入提包，准备回家使用。在京广线高邑车站登上北京南开往平顶山的 415 次旅客列车后，将提包随手放在行李架上。运行途中，尼龙衣裤受震动摩擦不断产生静电，11 时 26 分当列车运行到安阳—宝莲寺间，静电瞬间引燃铝粉和铜粉，发生爆炸炸死旅客 6 人、炸伤 19 人，客车报废 1 辆、小破 2 辆。

为控制危险品检查不规范带来的人身安全风险，根据《铁路安全管理条例》《铁路旅客运输安全检查管理办法》《铁路旅客运输服务质量规范》，制定预控措施：

1. 进站口和候车区等应有禁止携带危险品标识，候车区还应播放禁止携带危险品内容的音像。

2. 旅客进站流线和行包营业场所，应按规定配备危险品检查仪、安全门、危险品处置台、手持金属探测器、防爆罐等安全检查设施设备。

3. 旅客人人通过安全门和手持金属探测器检查，携带品件件过机。安检口外小件寄存处应对寄存物品进行检查。

4. 查出的违禁物品，应由旅客、托运人带回，或交车站按规定登记、保存、处理。

三、站台组织

旅客进入站台候车时，往往会携带行李在人群中穿梭、拥挤、奔跑、找位，或为满足好奇心观看列车进站过程，列车进出站中随车跑动、扒车，以及聊天、抽烟、照相、接打手机、随意走动等。如果不提醒和组织旅客有序排队，就有可能导致工作人员、旅客被挤下站台，或越过站台安全线被进、出站列车剐蹭，甚至侵入邻线通过或进、出站列车限界造成撞轧事件。另外，遇有列车对位不准、车门越过站台时，如果不及时提醒旅客或采取相应措施，还会造成摔伤、扭伤事件发生。

案例

2008 年 1 月 13 日 16 时 55 分，上海铁路局芜湖站迎来学生放假乘车高峰，站台上 2 名客运人员和 1 名民警维持着 700 多名旅客的候车秩序。当宁波开往阜阳的 5082 次旅客列车进站时，在站台上候车的安徽师范大学外国语学院大三学生冷静，被涌动的旅客挤下站台，被列车撞轧死亡。

2008 年 5 月 10 日 15 时 30 分，广州东开往沈阳北的 T11 次旅客列车停靠北京站 3 站台后，旅客张国栋酒后到站台买东西，因商品价格与男售货员发生争执，未听到广播提醒和开车铃声，当发现列车启动后，便慌忙追赶强行扒车。车站工作人员发现后，立即追赶，并呼叫司机停车，在停车过程中，张国栋因酒后抓握不牢，掉下站台。经医院诊断，张国栋腰椎和右手食指、中指多处骨折。

2012 年 1 月 14 日 18 时 46 分，哈尔滨铁路局哈尔滨开往齐齐哈尔的 L7081 次旅客列车在哈尔滨站 5 站台 11 道发车时，部分旅客和第 11 车列车乘务员还未上车，助理值班员金成滨未认真确认旅客乘降情况，也未得到客运值班员旅客乘降完毕报告，盲目向司机显示发车信号，导致 1 名旅客从 11 至 12 硬座车连接处坠入线路，被启动的列车碾轧致死。

为控制站台组织不规范带来的人身安全风险，根据《铁路旅客运输服务质量规范》《普速旅客列车车门管理规定》，制定预控措施：

1. 旅客进站后，应按车厢位置组织旅客在安全线内排队候车，防止旅客被挤下站台或抢越股道，阻止旅客随车奔跑、扒车。

2. 车门越过站台时，应及时提醒旅客，并对重点旅客采取扶护措施。

3. 开车铃响后，车站应加强站台盯控，防止旅客抢上、扒车或在站台奔跑。

4. 确认旅客乘降完毕，行包装卸结束，车门关闭，站台人员、车辆及其他物件等不侵线时，方准发出列车。

5. 迎送列车时，应足靠安全线，面向列车方向目迎目送，自列车进入站台开始，开出站台为止。其间，不得侵入安全线外。

6. 旅客未乘降完毕列车启动时，车站工作人员发现后，应立即通知司机停车，并坚持“宁漏勿扒”原则，立即劝阻疏散正在乘降的旅客到安全线以内。

四、应急处置

车站遇有恶劣天气、列车停运、大面积晚点、突发大客流、客票（服）系统故障、火灾爆炸、作业车辆（设备）坠入站台等非正常情况，售票厅、候车室、站台及客流通道的旅客，往往会出现抱怨、泄愤、拥挤、奔跑、扒车等失控行为，甚至情绪激动与工作人员发生争执、冲突。如果预想不周、预案不健全或不按预案执行，就有可能扰乱车站正常旅客运输秩序，给旅客和工作人员造成伤害。

案例

2002年3月5日14时24分，宜昌开往广州的L357次旅客列车，运行途中晚点7小时，在抵达广铁集团公司长沙车务段石湾站后，又待避多趟列车造成长时间滞留。由于滞留时间过长，部分旅客情绪激动，纷纷下车进入邻线股道，企图拦停列车，因躲避不及，被通过的天津开往广州K253次旅客列车刮碰，当场死亡6人、伤6人，在送往医院途中死亡1人，经抢救无效死亡1人，共造成旅客8人死亡、4人受伤。

2015年7月21日9时35分，南昌铁路局涵江车站接D2301次旅客列车时，遇阴雨天气，站台地面湿滑。车站组织旅客检票后，进入站台候车，未及时提醒旅客地面湿滑、注意防范。旅客陈美华在排队候车过程中，随意走动，不慎滑倒。后经涵江平民医院和福州市第二医院治疗，陈美华右胫骨中下段骨折，构成十级伤残。福州铁路运输法院判令，南昌铁路局赔偿陈美华因本案事故产生的残疾赔偿金、误工费、医疗费、住院伙食补助费、鉴定费、交通费、营养费、护理费及精神损害抚慰金共计9万余元。

为控制应急处置不规范带来的人身安全风险，根据《铁路技术管理规程》《铁路旅客运输服务质量规范》，制定预控措施：

1. 针对恶劣天气、列车停运、大面积晚点、突发大客流、设备故障、客票（服）系统故障、火灾爆炸、重大疫情、食物中毒、作业车辆（设备）坠入股道、旅客人身伤害等非正常情况，应制定应急处置预案，预案应分工明确、流程清晰。

2. 结合应急预案，定期组织培训、演练，培训、演练应有记录、有结果、有考核。

3. 遇有非正常情况，应及时启动应急预案，做好咨询、解释、安抚等善后工作。

五、站台作业车辆使用

站台作业车辆是指为运送特殊旅客、行李、货物、垃圾等，在站台或站内平过道上行驶的机动车和非机动车辆，属场（厂）内专用机动车。如果这些车辆在站台上，不按指定位置与站台平行停放，一旦车辆溜逸，就容易坠入站台或与进出站、停留列车相撞；使用中超速、超载，或在站台上与列车同时移动，或通过站内平过道时无专人引领，就很容易造成货物坠落，甚至与列车剐蹭、相撞，导致作业车辆和旅客列车人身伤亡事故。

案 例

1989 年 8 月 27 日 6 时 00 分，北京铁路局保定站客运行装班组接 351 次旅客列车时，装卸工张高柱趁行包牵引车司机不在，擅自驾驶牵引车作业。在 1 站台转弯时，牵引车右侧两个车轮掉下站台，装卸工张高柱和行李员王嘉平慌忙抬车，此时 351 次旅客列车已经启动，列车乘务员发现后紧急停车，王嘉平被列车撞倒，造成左臂和左踝骨碰伤。

2012 年 2 月 28 日 17 时 02 分，成都铁路局凯里车务段玉屏站大龙康铁装卸有限公司装卸工李树凯，接完行包拉平板车通过Ⅰ道平过道时，被通过的 K79 次旅客列车撞伤，经抢救无效死亡。

为控制站台作业车辆使用中的人身安全风险，根据《铁路技术管理规程》《铁路旅客运输服务质量规范》，制定预控措施：

1. 站内平过道应与站外道路和人行道路断开，禁止社会车辆、非工作人员通行。非作业车辆不得进入站台。

2. 进入站台的作业车辆及移动小机具、小推车不得影响旅客乘降，不得堵塞通道，不侵入安全线；停放时，应在指定位置，与列车平行，有制动措施；行驶或移动时，不得与本站台列车同时移动，不侵入安全线，速度不超过 10 km/h。

3. 行包、邮政拖车使用时，重车（含混编）不超过 4 辆，空车不超过 5 辆，混编时重车在前、空车在后。

4. 货物装载高度距地面不超过 2 m，横向宽度不超出车体两侧各 0.2 m，重量不超过 2 吨，堆码整齐，用绳索捆牢，不致被甩落。四周护栏拖车运行中，侧向护栏锁闭。

5. 机动车通过平过道时，应有人引导。

六、上水作业

上水作业是指在规定时间内，完成旅客列车始发站上水或途中补水的作业过程。为满足旅客列车用水需求，保证列车正点开行，车站给水员需在列车进站前，提前进入上水阀处股道中间站位接车。待列车停稳后，在短时间内加满几节车厢水箱，遇有赶点列车还需压缩作业时间。上水作业时，如果给水员不注意邻线列车运行动态，作业中侵入邻线，或被脚下道砟、胶管、上水栓、水井盖等障碍物绊倒后侵入邻线，就有可能被邻线列车剐蹭、撞轧，造成人身伤亡。

案 例

1985 年 7 月 2 日 23 时 58 分，原上海铁路局南昌客运段上水工李和平给杭州开往广州的 229 次列车上水结束后，将软管收回至 2、3 道间水箱内，放软管时臀部侵入 3 道限界，被 3 道正在进站的 473 次列车撞倒轧伤，经抢救无效死亡。

为控制上水作业中的人身安全风险，根据《铁路旅客运输服务质量规范》，制定预控措施：

1. 给水站根据给水方案配备给水人员，防护用具齐全，按指定线路提前到指定位置接送车，有人防护，同去同回。

2. 按规定程序及时上水，始发列车辆辆满水，中途站按给水方案补水，有注水口的挡板锁闭，水管回卷到位，管头插入上水井内。

3. 客车上水时，给水员应戴安全帽、穿防护服，应注意脚下杂物和来往车辆。

七、上道捡拾杂物

为保持站容整洁，车站客运人员需利用列车间隙或天窗时间上线路捡拾杂物、垃圾，这是一种经常性的侵限作业。上道捡拾杂物时，往往受站场广播、列车噪声、旅客喧哗等环境影响，使作业人员安全警惕性放松。此时，如果不设专职防护人员，或未经安全培训保洁人员上道，或上道人员听到下道通知后仍继续作业，就有可能发生作业人员被列车或车列撞轧事故。

案 例

2007 年 6 月 5 日早晨，广铁集团公司汕头站，顶送 N626 次旅客列车车底进入4道，二站台上1名中年男子，突然从运行前方10 m处跳下站台，进入4道捡拾矿泉水瓶。站在车底前端的连结员程春河发现后，果断按下急停信号装置，紧急停车后，距离男子不足6 m，该男子被吓得面色苍白。

为控制上道捡拾杂物带来的人身安全风险，根据《铁路旅客运输服务质量规范》，制定预控措施：

1. 车站应针对上道捡拾杂物人员具体情况，制定相应安全措施。

2. 保洁人员应经专业知识和铁路安全知识培训合格，持证上岗。

3. 上道捡拾杂物，应设专人防护，保洁人员应穿防护服。

第十一章

旅客列车劳动安全

第一节　出退乘与巡查

一、乘务人员出退乘

列车乘务人员出退乘，通常在客技站或折返站的客车底停留线进行。车底停留线会随站场使用情况而变更股道，车底停留线两侧线路往往有机车、车辆移动或停留车辆，列车乘务员出退乘过程中，经常会沿线路行走、横越线路或绕行停留车辆等。如果乘务人员出退乘时分散行走，就会面临被列车或车辆撞轧风险。另外，客车底停留线通常没有站台，乘务员携带随身物品上下车梯、装卸货物时，也容易造成踩空、失稳、坠落等伤害。

案 例

2005 年 12 月 25 日，武汉铁路局武汉客运段担当的 T67 次旅客列车 8 时 45 分到达深圳站，9 时 43 分，车底被拉送到深圳北站南场 6 道存放。11 时 05 分，未能赶上和其他人员一起退乘的列车员毛秀玲准备回公寓吃饭、休息，在经过 4 道存放的 T95 车底北端行李车后，横越广深高速上行Ⅱ道时，被通过的 T962 次列车撞轧，当场死亡。

为控制乘务人员出退乘中的人身安全风险，根据《铁路旅客运输服务质量规范》《铁路旅客运输管理规则》，制定预控措施：

1. 乘务人员出退乘，应集体列队，并按指定通道行走。

2. 上下车时，应踩稳抓牢，有序上下。

二、危险品巡查

为进一步保证旅客列车运行安全，除旅客进站时对危险品和管制器具检查外，列车运行途中，乘务人员还应加强危险品巡视检查。如果不检查或对查出的危险品处置不当，就有可能酿成旅客列车火灾、爆炸等危害公共安全事件发生。

案 例

1989 年 6 月 26 日 23 时，浙江省义乌市佛堂区田心乡舟墟村 25 岁农民周文志，因承包建筑工程拖欠债款近万元无力偿还，遂携带 5.4 kg TNT 炸药，登上杭州开往上海的 364 次旅客列车。当列车运行至沪杭线松江—协兴，周文志在 7 号硬座车厢前端左侧厕所内引爆自毙，造成旅客死亡 24 人、重伤 11 人、轻伤 28 人。

为控制危险品巡查不规范带来的人身安全风险，根据《铁路旅客运输安全检查管理办法》《铁路旅客运输服务质量规范》，制定预控措施：

1. 旅客列车始发前，应广播播放禁止携带危险品和已经携带危险品上车处置方法等内容。

2. 发现旅客携带品可疑及无人认领物品时，应通知乘警处理，对发令纸、鞭炮类危险品，应立即浸水处理。

3. 乘警应对危险品做好登记、保管及现场处置，并交最近前方停车站派出所处理。

三、列车消防安全

旅客列车内部电气设备多、可燃物多，空间小、过道窄，人员拥挤。一旦发生火灾，难以控制，难以扑救，难以疏散，难以逃生。一方面，列车在高速行驶中形成的风力，会助长火势迅速蔓延，使列车变成一条“火龙”；另一方面，铁路线路往往远离公路，地方消防力量不易快速接近火灾现场实施救援。因此，在旅客列车上，消防安全尤为重要。如果乘务人员不掌握消防知识，不消除火灾隐患，不及时把火情扑灭在萌芽状态，后果将不堪设想。

案 例

1984 年 5 月 14 日 12 时 05 分，济宁开往三棵树站的 117 次旅客列车，以 90 km/h 速度运行在沈山线方家至大红旗区间。旅客孙志清坐在自带竹筐上吸烟，掐灭烟头时，烟丝余火落在四层叠加竹筐下角，引燃筐内报纸、塑料布、席片等。孙志清扑打未灭，往外扔时被窗框卡住，经风吹后，火势更旺。慌乱中，竹筐被扔到72号至79号座席，一场大火就这样烧起来了！火灾造成旅客死亡6人、伤22人，客车报废2辆、小破1辆。

2002年2月20日2时05分，埃及一列由开罗开往阿斯旺市的832次旅客列车，途经米特加以特村时，拥挤了300余人的最后一节车厢电闸烧毁引起短路，并引燃电缆线路、木质车座、行李架等。随着滚滚浓烟，车厢照明断电，并被大火吞噬。车厢内到处是呼喊和惨叫，人们四散奔逃，相互拥挤、碰撞、踩踏。大风中，烈火和浓烟很快蔓延到其他车厢。在停车前的10多公里自救中，很多旅客被踩死、烧死，很多跳车者或被卷入车底，或撞到路旁电杆，或坠入路边水渠。事故共造成373人死亡，300余人受伤。

为控制列车消防安全隐患带来的人身安全风险，根据《铁路安全管理条例》《铁路旅客运输安全检查管理办法》《铁路旅客列车消防安全管理规定》《铁路旅客运输服务质量规范》，制定预控措施：

1. 乘务人员应经消防安全培训，人人熟记岗位防火职责和火灾应急处置要求，达到“四懂四会”。即：懂得岗位火灾的危险性，懂得预防火灾的措施，懂得扑救火灾的方法，懂得逃生的方法；会使用消防器材，会报火警，会扑救初起火灾，会组织疏散逃生。

2. 加强宣传，禁止在动车组列车上吸烟或在其他列车禁烟区域吸烟，一经发现立即劝阻，并由乘警查处。

3. 列车始发前，由列车长组织乘警、车辆乘务人员对用火用电设备及消防设施、器材进行全面检查，运行中重点检查，终到后彻底检查。

4. 运行中列车长、乘警、车辆乘务人员，应每2小时进行1次防火巡查。

5. 发生烟火报警，随车机械师、列车长和乘警，应立即到报警车厢查实确认。若有火情，应立即通知司机停车，并启动应急预案；若非火情原因，应由随车机械师恢复，乘警依法调查，并向旅客通告。

第二节　设备使用

一、燃煤锅炉使用

非空调列车上的每节车厢取暖锅炉，通常以煤炭为燃料加热，通过暖管在车厢释放热能，达到取暖目的。茶炉是专门为旅客供应开水的一种锅炉，通常也以煤炭为原料。使用中，如果锅炉超温运行、干烧、烟道堵塞，炉灰不及时用水浸灭，锅炉间存放杂物等，都易引起火灾、爆炸。另外，作业后锅炉室门不及时锁闭，旅客直接从锅炉接开水，还容易发生烫伤事故。

案例

2007年1月20日11时38分，广铁集团公司长沙客运段担当的长沙至北京西L318次旅客列车，机后第13位车辆防寒整备时，取暖锅炉2个排水阀没有关闭。列车员点火前未检查发现问题，造成锅炉向外排水，无法存水，锅炉干烧。列车运行至京广线卫辉至淇县间上行线K557+791处，炉体产生的高温引燃车顶可燃结构，发生火灾。当地淇县消防官兵迅速赶到现场将火扑灭，事故造成多名旅客被烧伤。

为控制燃煤锅炉使用中的人身安全风险，根据《铁路旅客列车消防安全管理规定》《铁路技术管理规程》《铁路旅客运输服务质量规范》，制定预控措施：

1. 客车内燃煤锅炉、茶炉，餐车低压锅炉、炉灶应有防火措施，餐车低压锅炉应有防爆措施。

2. 取暖和蒸饭锅炉、茶炉应配件齐全、状态良好，落实点火试验和交接制度。使用中按规定检查水位（压）表、水温表、验水阀、水循环状况，做到不漏水、不超温，严禁缺水、干烧。

3. 排烟系统完整、通畅，炉灰应用水浸灭、晾凉，再装袋处置，炉室内不得堆放杂物，离人加锁；茶炉水开后，应接入保温桶并加锁。

4. 处于点火状态的独立采暖锅炉入库停留，应派人看火；终到或因故甩下客车，应彻底熄灭炉火、清理炉灰，排净水暖管系、温水箱和炉内积水，停用时，还应清除杂物，封闭炉室。

二、餐车炊事设备使用

旅客列车餐车炊事设备使用不同于地面炊事设备：一方面，受线路条件和列车调速影响，容易造成炊具摆动，食物溢出；另一方面，餐车空间狭小，运行中一旦发生火情，容易风助火势，酿成火灾。如果油炸食品时，油量过多溢出，炉灶台面、墙壁、抽油烟机、排烟罩、烟道等处油垢积结过多，或使用炊事设备时人员擅自离岗等，都容易引发餐车火灾，危及旅客和工作人员的生命安全。

案例

1998年9月24日凌晨5时，原郑州铁路局襄樊客运段担当的襄樊至宜昌675次旅客列车，运行到小烟墩至当阳站。夜班炊事员刘金福油炸全鱼，锅未离火，便到相邻软卧车厢与其他乘务员聊天，其间，锅内食用油烧干起火。返回时，火焰已窜出厨房，错过最佳扑救时机，导致餐车烧毁报废，所幸未造成人员伤亡。

为控制餐车炊事设备使用中的人身安全风险，根据《铁路旅客列车消防安全管理规定》《铁路旅客运输服务质量规范》，制定预控措施：

1. 定期清理炉灶、台面、器具油垢，做到“一餐一清”；炉灶墙壁、抽油烟机、排烟罩和烟道表面可见部位“一趟一清”。

2. 按规程操作餐车电磁炉、电炸炉、电烤箱、微波炉、蒸饭箱等电气设备，使用期间操作人员不得离岗，使用完毕及时断开电源。

3. 油炸食物时，电炸锅油面高度不得超过容器1/4，油温设定值不得超过200 ℃；列车前进方向第一个燃煤炉灶，油面高度不得超过容器1/3。

三、列车电气设备使用

旅客列车电气设备主要有配电室、配电箱、电茶炉、空调、通风、暖气、插座、照明、轴温报警器和列车广播，以及餐车配套电气设备等，如果违规操作电气设备、私拉乱接电源、超负荷使用电器，或因管理不善旅客私自闯入配电室、擅自操作列车电气设备等，都容易造成人员触电或电器短路引发火灾事故。

案例

2006年12月28日20时，哈尔滨铁路局齐齐哈尔客运段担当的满洲里至北京1302次旅客列车抵达终点后，入北京车辆段库内整备。餐车厨师丁卫东使用电磁炉做菜，用后忘记关闭电源开关，将炒菜锅放在电磁炉上。20时30分餐车断电，23时餐车看车人员脱岗到8号硬卧车睡觉。凌晨1时左右发电车供电，致使开启状态的电磁炉形成高温辐射热，烤燃餐车可燃结构。次日7时20分，炊事员唐小林打开餐车后台门时发现车内冒黑烟，经列车乘务员和北京车辆段部分职工共同施救将火扑灭。

2009年1月3日14时44分，北京至乌兰巴托K23次国际旅客列车上，蒙古车辆乘务员将可燃物放在机后第1位发电车冷却间电采暖装置旁边。当列车运行至京包线孤山至堡子湾间 K393+761 处，纸质包装箱被电采暖装置烘烤自燃，发生火灾，造成车辆大破，影响本列车 5 小时 32 分的运行时间。

为控制列车电气设备使用中的人身安全风险，根据《铁路旅客列车消防安全管理规定》《铁路旅客运输服务质量规范》，制定预控措施：

1. 列车电气元件应安装牢固，接线及插座无松动，紧急断电按钮护盖施封良好，按钮开关、指示灯作用良好。

2. 配电室（箱）应人离锁闭，门锁良好，配电室（箱）、控制柜（箱）内及上部不得放置物品。

3. 可燃物品不得贴靠电采暖装置。

4. 不乱接电源，不增加电器，不超负荷使用，不用水冲刷地板、墙板、电气设备。

第三节　车门管理

一、普通车门管理

普通列车供旅客乘降的脚蹬门，又称四角门，一般由车门、门锁、踏板、压脚和车梯组成，车门采用内开门方式打开或关闭。如果各车厢列车员不提前通知旅客做好下车准备，不提前疏通门扇打开空间内旅客和行李，就有可能因急于下车的旅客拥挤，造成车门难以打开，或打开时机过晚，造成旅客在慌乱中跳车摔伤。另外，列车员不提前到岗确认站台位置，还有可能开错车门，导致旅客从非站台侧下车，造成摔伤或被邻线通过的列车撞轧。

案例

1991 年 7 月 23 日，原郑州铁路局武昌客运段担当的武昌至宜昌 363 次旅客列车，中途超员 75%左右。该列车在胡集站停车后，10 号车厢列车员还在乘务室内休息，未提前开门组织旅客乘降，当听见有旅客呼喊下车时，才从乘务室匆忙出来，挤到车门口，但车门风挡处坐满旅客，等他疏通车门后，列车已经启动。列车员打开车门让 2 名旅客快速下车，旅客何芬艳从半开的车门跳下站台，当即摔死，后面跟着跳下的胡秀华，摔成重伤。

2015 年 12 月 1 日 14 时 45 分，兰州铁路局兰州客运段深圳车队，第 8 乘务组担当的 K131 次列车运行至陇海线巩义站停车时，14 号车厢乘务员孙磊发现车门翻板不能正常弹起，但仍使用车门钥匙将翻板勾起，临时卡在卡锁内组织旅客乘降。旅客曾宪林在15号车厢补完去天水的车票后，准备从巩义站台前往11车，在14号车厢边门等候下车时，前一位旅客下车后，车门踏板突然失控落下，砸在曾宪林左脚拇趾上，经简单包扎处理后，列车长戚乃心动员该旅客在灵宝站下车治疗。

为控制普通车门管理不规范带来的人身安全风险，根据《铁路旅客运输服务质量规范》《普速旅客列车车门管理规定》，制定预控措施：

1. 进站提前到岗，确认站台，试开车门，停稳开门，卡牢踏板，无旅客从背面车门下车。

2. 车站开车铃声结束、旅客乘降完毕，上车放下踏板，在车门口值守做好关门准备，密切注意车门口旅客和站台人员动态，防止出现人员抢上抢下，列车启动迅速关闭车门。

二、非动车组塞拉门管理

随着列车运行速度不断提高和车辆制造工艺水平飞速发展，传统的普通折页门被逐渐淘汰，取而代之的是塞拉门。塞拉门具有塞和拉两种动作，塞就是将车门沿车内或车外滑道塞入门口，嵌入车体；拉就是将车门从车体中拉出，沿滑道移开。塞拉门具有手动、电动、集控、防挤压和时速5 km自动锁闭等功能，便于实现全列车门集中控制和分散控制。由于塞拉门结构复杂，自动化程度高，操作塞拉门时，如果不确认车门渡板及指示灯状态，就有可能造成旅客下车时踏空摔伤；不按规定处理、看管故障车门，就有可能发生列车运行中旅客坠落事件；不及时清理塞拉门下滑道杂物、冰雪，保持滑道畅通，或用水冲刷地板及塞拉门电控挡罩等，还有可能人为导致塞拉门工作异常，给旅客乘降带来人身安全风险。

案例

1995年1月1日，持有武汉至信阳车票的武汉体院学生蓄猛军，乘坐原郑州铁路局94次双层旅客列车前往信阳站，上车后，专心看书答题，未听到列车员通报站名。列车到达信阳站，旅客乘降完毕，因11号车厢列车员李淑英对双层列车塞拉门性能不熟悉，关闭车门时未确认车门锁闭状态。列车启动约2分46秒后，蓄猛军突然发现列车已到达信阳站，急忙跑到车门处，拉开未锁闭的车门跳车，结果被摔成重伤。

为控制非动车组塞拉门管理不规范带来的人身安全风险，根据《铁路旅客运输服务质量规范》《铁道客车塞拉门》，制定预控措施：

1. 列车员应按规程操作塞拉门，并确认车门、渡板及指示灯状态，提醒旅客安全乘降。

2. 塞拉门不能正常关闭，应将紧急解锁装置打至“解锁位”，再打至“复位”，待门扇自动关闭后，锁闭隔离锁；遇门扇不能自动关闭，应将门扇手动拉至关闭位，并锁闭隔离锁；遇门扇不能关闭，应立即报车辆乘务员处理。

3. 塞拉门应有“禁止倚靠”标志，并保持滑道清洁，禁止用水冲刷地板及塞拉门电控挡罩，或在车门打开、踏板伸出状态下清洗车体。

三、动车组车门管理

动车组车门系统是动车车辆的重要组成部分，它对于动车组安全运行起着至关重要的作用。动车组车门一般采用单扇、密封、水平向外打开的电动塞拉门，具备集中控制和手动控制两种。有的车型车门集中控制按钮设置在司机操作台上，有的设置在随车机械师乘务室内，只有车门完全关闭后，列车方能启动开车。如果动车组未对准停车位置打开车门，或旅客未上下完毕提前关闭车门，就有可能造成旅客慌乱，人为堵塞、拍打车门，甚至发生旅客人身伤亡事故。

案例

2013 年 8 月 19 日 11 时 15 分，宜昌开往南昌的 D3258 次动车组，在汉口站开车时，有两人强行堵住车门，不让车门正常关闭。原来，堵门者一行共有 5 人，其中一人没能及时上车，同伴通过堵门方式延缓开车。待民警赶到现场，对堵门男子进行批评教育后，他们才返回车厢，但工作人员不得不对全列车门进行重新检查，加上待避其他列车，造成 D3258 次动车组晚点半小时左右。

为控制动车组车门管理不规范带来的人身安全风险，根据《铁路旅客运输服务质量规范》，制定预控措施：

1. 列车到站停稳后，应由司机或随车机械师开启车门，并监控车门开启状态。

2. 开车前，列车长（重联时为运行方向前组列车长）接到车站与客运有关的作业完毕通知后，按规定通知司机或随车机械师关闭车门。

3. 动车组列车停靠低站台时，到站前乘务人员应提前锁闭辅助板指示锁并打开翻板，开车后及时将翻板及辅助板指示锁复位。

4. 遇车门故障无法自动开启时，应手动开启，无法关闭时，应专人看守，并通知随车机械师处理。

四、运行中车门管理

旅客列车车门主要是指编组的各车辆车体内端门、外端门、侧门以及餐车、发电车、行李车、邮政车等特种车辆边门，旅客列车车门主要用于全列贯通、旅客乘降、工作人员进出和装卸货物使用。使用中，如果列车首尾车厢端门不采取防护措施，就有可能发生旅客或工作人员坠落事件。另外，如果列车未停稳提前开启车门，或列车启动后未及时关闭车门，就有可能造成旅客和工作人员因拥挤发生坠落，或受运行中列车摆动甩出车外。

案 例

2002 年 3 月 19 日 17 时 30 分，原郑州铁路局襄樊分局担当的武昌至襄樊 K776 次旅客列车，运行至随州至枣阳区间，旅客杨诚午休醒来，在尾部 1 号、2 号车厢连接处接打手机，因车门未关，被甩出车外，脑部受伤昏迷。当晚被随州工务段巡道工发现，因伤势过重，当地医院求助武汉 120 空中急救，后用直升机把杨诚从随州接至武汉，送进协和医院治疗。经抢救，杨诚虽脱离生命危险，但不能正常思维和表达，需终身治疗、护理。

为控制运行中车门管理不规范带来的人身安全风险，根据《铁路旅客运输服务质量规范》《普速旅客列车车门管理规定》，制定预控措施：

1. 车门管理应做到停开，动关、锁，出站台 4 门检查瞭望值乘区域车门。

2. 列车运行中，车厢侧门，餐车厨房边门、走廊边门、厨房后门，行李车、发电车、邮政车端门，以及首尾节车厢内外端门应锁闭；严禁开车门乘凉、探身瞭望及清扫垃圾。

3. 站停作业时，必须打开非旅客乘降车门时，应按照“谁打开，谁负责”的原则做好监护，防止旅客乘降，作业完毕及时锁闭并确认。作业人员不能有效监护或正常锁闭时，应及时通知客运乘务人员到场监护或锁闭后方可离开；未接到作业人员通知，其他人员不得锁闭作业车门。途中遇非正常停车须临时下车应急处置时，应及时通知客运乘务人员到场监护车门。

4. 出乘前，列车头尾部风挡处和餐车厨房侧门，应安装安全防护栏。首尾车厢内端门设置“旅客止步”，外端门设置“禁止通行”标志。

五、停站立岗

停站立岗，是指客运乘务人员在客办站列车车门处组织旅客安全乘降的作业过程。在此过程中，如果停站立岗人员不提醒旅客乘降安全注意事项，或遇列车停靠高站台车门与站台间隙较大，就有可能导致旅客在乘降过程中踩空，甚至坠入站台与车体间隙。另外，遇高站台停站立岗时，如果停站立岗人员背对车厢连接处站立，或匆忙拥挤的旅客不注意车厢连接处间隙，稍有不慎就有可能造成停站立岗人员或旅客从两车连接处坠落，导致人身伤害事故。

案 例

2015年9月2日15时55分，太原开往昆明的K505次旅客列车在太原站7站台迎接旅客上车时，1名旅客不慎从1号车厢和2号车厢连接处坠入股道导致昏迷，车站民警王锦财接到通报后，立即赶赴现场钻入车底将其救起。

为控制停站立岗中的人身安全风险，根据《铁路旅客运输服务质量规范》，制定预控措施：

1. 停站立岗时，面向旅客放行方向立岗，高站台不得背对车厢连接处立岗，做好安全宣传、重点帮扶。

2. 高站台站停时间超过4分钟时，车门口与站台间应使用安全踏板，并在组织乘降的车门与相邻车厢间空挡处，设置反光材料制作的“请勿靠近、当心坠落”字样及当前、相邻车厢顺号的警示带。

3. 遇车厢与站台间隙过大或落差过高时，可不使用安全踏板，但应加强安全提示和乘降组织，也可组织旅客到相邻车厢或车门乘降。

六、临时停车

旅客列车在运行中，遇行车设备故障，行人、牲畜抢道，以及技术停车或行车组织调整等，都会造成列车在途中临时停车。临时停车时，旅客往往误认为列车已经到站，收拾行李拥向车门，当发现没有列车员开门，就可能采取过激行为，甚至自行开门下车。另外，个别列车员不熟悉列车运行时刻，也会误认为已到达办客站，盲目打开车门，放行旅客下车，造成旅客摔伤或被邻线通过的列车撞轧。如果旅客发现下错车，再慌忙上车，若遇列车恢复运行，就很容易造成旅客扒车或被列车拖挂，酿成人身安全事故。

案 例

2001年6月18日4时43分，广铁集团公司长沙客运段担当的2162次列车运行至京广线临湘站4道临时停车，待避T98次列车，10号车厢列车员在乘务室内打瞌睡，未巡视车门锁闭状态。1名男旅客误认为已经到站，不见列车员开门，使用自制钥匙打开该车厢右侧车门下车，同车厢的30~33号座4名旅客听说到站了，便尾随其下车。此时，T98 次列车从Ⅱ道通过，当场造成两名旅客被撞死、1 名旅客受轻伤。

为控制临时停车中的人身安全风险，根据《铁路旅客运输服务质量规范》《普速旅客列车车门管理规定》，制定预控措施：

1. 客运乘务人员应熟练掌握本趟列车办客站及到开时刻、技术停点等业务知识。遇列车停车不能判明是否到达本趟列车办客站时，应及时向车长或其他列车员询问，必要时通过车辆乘务员与司机确认。

2. 临时停车时，应做好宣传，加强巡视，确保车门锁闭，严禁旅客上下车，未经列车长统一组织不准开启车门，列车启动后四门检查瞭望。

七、站停时车门应急处置

供旅客乘降的车门发生故障后，往往造成车门无法打开或关闭。旅客列车在站内停车遇有车门故障，特别是车门无法关闭时，盲目开出列车，就有可能在运行中造成旅客坠车事故。另外，旅客未乘降完毕列车盲目启动，还有可能造成旅客被拖挂，甚至坠入列车与站台间隙，导致旅客伤亡事故。

案 例

1999 年 2 月 19 日，大年初四 5 时左右，广铁集团公司怀化客运段担当的 418 次旅客列车在原郑州铁路局宜昌站始发时，旅客王小丽带着 5 岁儿子王磊，持宜昌至襄樊 17 车硬座票乘车。因 17 号车厢车门未开，改从 16 号车门上车，其子在前面上车，王小丽随后上车。列车启动时列车员关闭车门，致使王小丽坠落车下，被启动的列车轧伤双足，后经宜昌市第一人民医院抢救治疗，王小丽双足被截肢。

为控制站停时车门应急处置中的人身安全风险，根据《普速旅客列车车门管理规定》，制定预控措施：

1. 到站作业车门故障无法打开时，应立即通告和引导旅客，使用临近车厢车门组织乘降。

2. 列车启动前发现车门无法关闭时，列车工作人员立即呼叫车辆乘务员（或站台工作人员）通知司机不得开车，同时迅速通知车辆乘务员到场处理。

3. 车门无法关闭但列车已启动时，列车工作人员应立即使用紧急制动阀停车，同时迅速通知车辆乘务员到场处理。

4. 旅客未乘降完毕列车启动时，列车工作人员应迅速呼叫车辆乘务员或站台工作人员通知司机停车，不具备呼叫条件时，使用对讲机呼叫列车上其他工

作人员，车上有值乘人员听到后，应立即使用紧急制动阀停车。列车工作人员应坚持“宁漏勿扒”原则，立即劝阻疏散正在乘降的旅客到安全白线以内，列车员应尽可能及时撤下安全踏板。

八、运行中车门应急处置

旅客列车在运行中，遇有车门故障无法关闭和锁闭时，旅客就有可能在运行途中随意打开车门乘凉、观光，被行驶的列车甩出车外。另外，故障车门在列车行驶中很可能受震动或外力作用突然打开，导致站立、乘坐、倚靠在故障车门处的旅客坠落。所以，在运行途中遇有车门故障，如果不疏散旅客，不派专人防护，不及时通知有关人员采取处置措施，就很可能发生人员坠车事故。

案 例

2013 年 4 月 21 日 15 时 30 分，南宁铁路局南宁客运段值乘的茂名至桂林北 5506 次旅客列车 9 号车厢运行方向右侧车门发生故障。当列车运行到湘桂线白山站至进德站间 K547+550 处，车门自动弹开，列车员覃国权处理车门故障时，坠落至车下，被下行通过的列车撞击死亡。

为控制运行中车门应急处置带来的人身安全风险，根据《普速旅客列车车门管理规定》，制定预控措施：

1. 列车运行中车门开启，若列车工作人员发现，应由发现者立即锁闭车门，并向列车长通报；若车站助理值班员发现，应呼叫列车车辆乘务员（或呼叫司机通知车辆乘务员），乘务员应及时就近锁闭或通知列车长指派就近列车员锁闭。“三乘人员”（乘务、乘警、乘检三类人员）应对开启车门状态进行确认。

2. 列车运行中，列车长应对车门锁闭状态定期巡视，发现未锁闭或锁闭状态不良时，应指派专人看守，并通知车辆乘务员处理。

3. 车辆乘务员现场确认车门无法正常关闭时，列车长、车辆乘务员分别向所在地客运调度、车辆调度汇报，并在前方站停车处理。

4. 遇车门口有人员难以疏散、扒车、坠落等严重危及人身、行车安全时，列车上首先到达车门现场的工作人员应迅速果断使用紧急制动阀停车。

第四节　应急处置

一、应急预案

旅客列车遇火灾爆炸、重大疫情、食物中毒、空调失效、设备故障、列车晚点等情况，往往会出现旅客情绪激动、慌乱失措、盲目自救，甚至造成旅客伤害或死亡。如果不针对非正常情况制定预案，或遇有非正常情况不按预案处置，就有可能扩大事态，酿成旅客和乘务人员不必要的伤害。

案 例

1991年8月18日0时17分，原郑州铁路局武汉客运段，担当的武昌开往广州247次旅客列车，驶入京广线广东省境内全长14公里的大瑶山隧道。躺在17号车厢行李架上吸烟的旅客宁春柱，将烟头塞进车厢检查孔，引起行李架上部板壁内起火燃烧，并产生大量浓烟。接到报警的副车长李志权在8号车厢使用紧急制动阀停车，并组织人员携带5具灭火器赶赴17号车厢扑救。混乱中，旅客情绪亢奋、盲目自救，先后有三四百名旅客从16号、17号及其他车厢跳出窗外，被上行通过的1766次货物列车撞轧，当场撞死旅客12人、撞伤20人。

为控制应急预案不规范带来的人身安全风险，根据《铁路旅客运输服务质量规范》，制定预控措施：

1. 针对火灾爆炸、重大疫情、食物中毒、空调失效、设备故障和列车大面积晚点、停运、变更径路、变更车底等非正常情况，应制定应急处置预案，预案内容分工明确，流程清晰。

2. 结合应急预案，定期组织培训、演练，培训、演练应有记录、有结果、有考核。

3. 遇有非正常情况时，应及时启动应急预案，掌握车内旅客人数及到站情况，维持车内秩序，准确通报信息，做好咨询、解释、安抚、生活保障等善后工作。

二、使用紧急制动阀

列车上的紧急制动阀（装置）是为预防或降低运行中旅客列车行车和人身安全事故而设置的紧急停车装置。乘务人员发现危及行车和旅客人身安全等特殊情况，不能及时通知司机停车时，可使用紧急制动阀停车。如果乘务人员滥用紧急制动阀就会打乱正常运输秩序；反之，遇有特殊情况，乘务人员不使用或不按规定方法使用紧急制动阀，就有可能扩大事态，甚至造成行车或人身安全事故。

案例

2001年2月7日23时10分，成都铁路局成都客运段绵广二组担当的绵阳至广州L361次旅客列车，机后第2位15号卧铺车休班列车员张焰，向广播员要来广播室钥匙，叼着烟头、抱着被子和枕头进入本车厢广播室准备休息，铺被子时烟头掉落，在未找到烟头的情况下又擅自返回宿营车闲聊。次日0时19分，列车运行至焦柳线赶于幽至西斋间K781+406处，有旅客发现广播室冒烟，待找到张焰打开广播室门时，火势骤起，已无法控制，张焰急忙拉下紧急制动阀。慌乱中，制动阀未拉到位就松手救火，列车从0时19分41秒开始排风，足足用了1分31秒才排完，延误了停车时机，扑救过程中，疏散不及，导致4名旅客死亡。

为控制使用紧急制动阀操作不规范带来的人身安全风险，根据《铁路技术管理规程》，制定预控措施：

1. 客运乘务人员发现下列危及行车和人身安全情形时，应使用紧急制动阀（紧急制动装置）停车。

（1）车辆燃轴或重要部件损坏。

（2）列车发生火灾。

（3）有人从列车上坠落或线路内有人死伤。

（4）其他危及行车和人身安全必须紧急停车时。

2. 使用紧急制动阀时，不必先行破封，应立即将阀手把向全开位置拉动，直到全开为止，不得停顿和关闭。

3. 列车发生火灾、爆炸，须立即停车时，停车地点应尽量避开特大桥梁、长隧道等，选择便于旅客疏散的地点。

4. 使用紧急制动阀停车的列车，应由车辆乘务员（随车机械师）查明情况、消除隐患后，方准通知司机开车。

三、客车底看守

客车到达终到站，车底被推送到客技站或折返站停留线后，往往需留守少数列车乘务员在车上值班，防止闲杂人员盗窃、破坏，保证燃煤锅炉和电气设备安全；途中遇车底故障，不能及时修复时，故障车底也需留人看管备品和设备。如果不留人员看守，或看守人员在车厢内吸烟、违规使用电器、不按规定使用燃煤锅炉等，都可能发生客车底火灾事故，危及值守人员人身安全。

案例

2012年5月15日1时54分，哈尔滨铁路局哈尔滨客运段，担当哈尔滨至上海编组19辆的K57/58次旅客列车车底在哈尔滨客技站4道停留时，列车保洁员许立刚在第8位软卧车厢9号包房内吸烟，将未熄灭的烟头遗留在35号铺上，然后到隔壁8号包房休息，烟头逐渐引燃卧铺上的可燃物。当许立刚听到9号包房传出“噼叭”响声后，连忙拉开9号房门，瞬间火焰蹿出，无法控制。此次火灾造成在该车休息的8名人员中2人遇难。其中，3号包房内休息的炊事员陆景致中毒窒息死亡，售货员王玉亮在逃生中，窒息晕倒在7号餐车过道，送医院抢救无效死亡。

为控制客车底看守不规范带来的人身安全风险，根据《铁路旅客运输管理规则》《铁路旅客运输服务质量规范》，制定预控措施：

1. 在本、外段停留的车底，及未灭火的燃煤锅炉、燃煤茶炉、餐车炉灶，应派人看管。

2. 看管人员应定时巡视，做好防火、防干烧、防冻车工作。不得在车上吸烟、喝酒、动用明火取暖和超负荷使用电气设备。

3. 车底停留期间，除检修试验需要外，严禁使用空调、电风扇、电开水炉、电冰箱、电气化厨房和照明等电气设备。

4. 备用客车存放时，应锁闭车门、车窗，断开蓄电池电源。

第十二章

机务运用劳动安全

第一节 整备作业

一、整备场隔离开关操作

机车整备场各股道分别设有隔离开关，机车进入整备场进行整备作业前，需断开相应股道隔离开关。操作隔离开关时，如果不断电降弓带负荷操作、带电挂地线、带地线合闸、人员未撤离送电等，都会造成作业人员电击伤害。

案例

2015年7月6日，西安铁路局新丰镇机务段，专检专修组职工王鹏、朱万顺负责对入库的HXD_3型787、394号机车进行车顶整备检查和保洁作业。12时00分，办理隔离开关分闸手续并接地后，王鹏、朱万顺登顶进行作业。王鹏作业完毕下车，在未确认朱万顺是否下车，也未向隔离开关监护人申请销记、合闸的情况下，于13时35分，擅自撤除接地线并进行合闸操作，造成还在车顶作业的朱万顺被高压电击伤。

为控制整备场隔离开关操作中的人身安全风险，根据《电气化铁路有关人员电气安全规则》，制定预控措施：

1. 整备场隔离开关操作，应执行隔离开关操作通用规定。

2. 隔离开关分闸时，应执行断电降弓、登记、分闸、升弓验电、挂接地线

程序后，方可登顶作业。

3. 隔离开关合闸时，应确认车顶门锁闭，登顶和监护人员到齐并签认，撤除接地线后，方可合闸作业。

二、机车整备作业

机车整备作业主要是指机车出库前的清洁、上砂、给油、检查和行车安全装备检测试验工作。其中行车安全装备检测试验包括机车信号、机车电台、监控自停装置、列尾装置、调监装置等。整备作业具有项目多、人员多、时间紧、不同工种频繁交叉作业等特点。如果作业人员在机车下部、机械间、高压室或变压器室检查整修时，司机盲目升弓合闸、启动机车，极易造成作业人员受电击和被撞轧伤害事故。

案 例

2014 年 8 月 12 日 9 时 45 分，朔黄铁路公司 SS_4型 059 号电力机车，在机辆分公司整备场整备作业时，司机王永刚车顶作业完毕后，未确认学习司机处于安全处所，盲目升弓合闸。此时，正在地沟检查电机碳刷的学习司机李海荣听到主断路器闭合声，慌忙蹲下，险些造成电击伤害。

为控制机车整备作业中的人身安全风险，根据《铁路机车操作规则》，制定预控措施：

1. 作业前，应采取制动措施，断电降弓，操纵端司机台放置“禁动”牌。

2. 动车前，应确认相关人员处于安全处所，防溜撤除，并高声呼唤“某某机车升弓”，方可鸣笛、升弓、合闸、动车。

三、机车高压试验

机车高压试验目的是检验机车在接触网供电工况下，各辅助电气设备启动、运行情况，并初步验证机车牵引、制动性能。试验过程中，如果牵引设备故障或人为操作失误，就可能使机车瞬间产生较大动力，造成机车位移，撞击前方机车或作业人员，导致人身伤害事故。

案 例

2012 年 2 月 21 日，上海铁路局某机务段，辅修库前对 SS_4—0055 号机车进行高压试验。司机刘强在制动缸压力不足 300 kPa 的情况下，违章进行牵引性能试验。试验中导致机车迅速移动，与前方机车发生冲突，将正在前方机车下部作业的学习司机李世玉撞成重伤。

为控制机车高压试验中的人身安全风险，根据《铁路机车操作规则》，制定预控措施：

1. 高压试验前，司机应确认高压室、变压器室、地沟内、机车下部无作业人员，本班人员处于安全位置。

2. 高压试验时，制动缸压力应不小于300 kPa，直流机车电流不超过300 A，交流机车牵引力不超过50 kN。

3. 试验中不得进行走行部检查，发现牵引力异常增大，应立即紧急制动、断电降弓。

四、接触网下擦车作业

电气化区段接触网电压为27.5 kV，在接触网下擦车时，作业人员受站立位置、擦车角度以及身高等因素影响，有可能使手持工具侵入机车顶部导电杆、高压互感器、受电弓等高压带电体的2 m安全限界。如果机车不断电降弓，极易引发被电击伤害。另外，如果采用喷水方式冲刷车体，即使机车断电降弓，接触网高压也会通过水柱、水雾介质导电，造成作业人员被电击事故。

案 例

2012年8月13日，太原铁路局某机务段整备车间保洁员刘志强在机车未断电降弓情况下，使用擦车杆清洗车体，当擦车杆接近车顶带电部位时引起放电，造成其右臂被电击烧伤。

为控制接触网下擦车作业中的人身安全风险，制定预控措施：

1. 擦车前，机车应断电降弓。

2. 擦车工具不得越过机车防雨檐上边框。

3. 禁止采用喷水方式冲刷车体。

第二节　出库运行

一、站场交接班

随着机车装备水平的不断提高，机车交路延长已成为现实，机车乘务员在站场交接班成为常态。在站场交接班时，受站场运输组织和股道有效长度影响，到达列车股道和停车位置随机变化，导致乘务员交接班地点也随之发生变化，接班乘务员需在站场内横越线路或绕行停留列车寻找值乘机车。由于交接班乘务员在线路行走中无专人防护，遇有站场接发列车繁忙、站场施工和雨、雪、雾、霾不良天气等因素影响，极易导致交接班乘务员被列车剐碰或撞轧。

案 例

2019年8月15日21时38分，小雪。某机务段接班乘务员张世华，在泰山南站前往6道接班地点抢越4道线路时，不慎滑倒，被推进运行的调车列撞轧，经抢救无效死亡。

为控制站场交接班中的人身安全风险，制定预控措施：

1. 站场交接班时，应走固定线路，一班人同行，同行人员应相互提醒躲避机车车辆。

2. 交接班固定线路应铺设站内平过道，股道间应铺劳保石砟。

二、试风作业

列车缓解时，通过贯穿于全列车的制动管对机车、车辆制动装置副风缸充风，实现制动缸对外排风，使制动闸瓦与轮毂分离；列车制动时，通过贯穿于全列车的制动管排风，实现副风缸对制动缸充风，使制动闸瓦与轮毂摩擦制动。所以，列车发车前，通过对制动管充风和尾部风压反馈结果检查列车是否完整；通过制动管排风时间和减压量试验列车制动性能，通常被称作试风作业。如果发车前乘务员不试风或未按标准试风，就不能检查列车完整性和列车制动性能。运行中就极易发生列车制动失效，列车放飏，导致脱轨、颠覆或冲突事故，造成人身伤害。

案 例

2019年4月10日21时52分，中国铝业股份有限公司河南分公司陆港公司专用铁路上，6102次列车编组25辆铝矿石车辆总质量达2 347.5吨，由DF10D—0179号机车担当牵引任务。列车在小关站开车前，陆港公司作业人员未连接机车与机后第1位车辆制动软管，未打开机车和机后第1位车辆运行方向第1位端折角塞门，未按规定进行列车制动机试验，在开车前未能发现机车与车辆制动主管没有贯通。列车运行在长大下坡道上只有机车投入制动，25辆车辆未投入制动，导致整列车制动失效放飏，以99 km/h的速度冲出本应停车的新中站，进入避难线，造成机车及机后16辆车辆冲出避难线后脱轨，导致包括乘务员在内的6人死亡。

为控制试风作业中的人身以及行车安全风险，根据《铁路机车操作规则》，制定预控措施：

1. 挂车后，机车保持制动，司机确认机车与第一位车辆车钩、软管连结和折角塞门状态。多机重联时，机车与车辆连挂状态检查由连挂司机负责；列车本务司机应复检机车与第一位车辆车钩、软管连结和折角塞门状态。

2. 司机应在列车充风或列车制动机试验时，检查本务机车与列尾装置主机是否已形成“一对一”关系。

3. 制动主管达到定压后，司机按规定及检车人员的要求进行列车制动机试验，装有防折关装置的机车应确认制动主管贯通情况。

4. 发现充、排风时间短等异常或制动主管漏泄每分钟超过 20 kPa 时，及时通知检车人员（无检车人员时通知车站值班员）。

5. 列车制动机试验时，司机应确认并正确记录充、排风时间，检查制动主管压力的变化情况，并作为列车操纵和制动机使用的参考依据。

三、前方瞭望

列车运行中，机车乘务员需密切注视运行前方线路状态、信号显示、标志标识、接触网设备、行人或障碍物，根据情况合理操纵机车。如果乘务员瞭望不彻底或间断瞭望，遇有运输设备侵限、停留车辆、大型机械、山体滑坡、桥梁垮塌、接触网倒杆等障碍物，危及行车安全时，就不能及时采取措施，无法避免行车事故和乘务员伤害事件发生。

案 例

1991 年 6 月 13 日 4 时 27 分，济南铁路局济南机务段 DF_4—528 号机车担当北京开往苏州的 109 次旅客列车牵引任务。途中自动停车装置发生故障，司机赵林杰犯困打盹，间断瞭望，副司机宋全民离岗，列车运行到津浦线新马桥至曹老集间 K816+920 处，与 1329 次货物列车发生追尾冲突，导致副司机宋全民被挤死在后台座位上，乘务人员和旅客 28 人受伤。

2000 年 3 月 17 日，178 次旅客列车行至京包线西八里至新保安间 K133+289 无人看守道口处，与一辆抢行的东风 141 型拖斗运煤卡车相撞，造成汽车报废、汽车司机轻伤，机车小破，添乘的车队党支部书记经抢救无效死亡，指导司机和值乘司机重伤，副司机轻伤，中断下行正线 1 小时 26 分钟，上行正线 3 小时 38 分钟。

为控制前方瞭望不规范带来的人身安全风险，根据《铁路技术管理规程》，

制定预控措施：

1. 运行中，司机应彻底瞭望，确认信号，认真执行呼唤应答制度，严格按信号显示要求行车。

2. 遇危及行车和人身安全时，应立即采取减速或停车措施，必要时乘务人员应采取自保措施。

四、后部瞭望

后部瞭望是指机车在运行中，乘务员通过司机室侧窗伸出上身或头部对机车及后部车列运行状态的检查过程。后部瞭望时，遇有桥梁、隧道、高柱信号机等不利条件，乘务人员极易与地面行车设备或桥梁、隧道突出物发生剐碰，造成人身伤害。另外，遇有列车交会，还容易被邻线列车货物加固绳索、开放篷布、超限货物及飞溅的砂石、煤块等颗粒物击伤。

案 例

2019 年 9 月 14 日 5 时 43 分，黄山南机务段 HXD1 型 0663 号机车担当 31502 次货物列车牵引任务，运行到陇川线冀中至王家屯区间 K325+510 弯道处，遇雾霾天气。学习司机郭同刚进行后部瞭望时，被邻线货物列车飞落的煤块击中头部，造成颅内出血，经抢救无效死亡。

为控制后部瞭望不规范带来的人身安全风险，制定预控措施：

1. 后部瞭望前，应呼唤应答。

2. 应充分利用弯道有利条件，进行后部瞭望。

3. 通过桥梁、隧道、高柱信号机等处所及列车交会时，不得进行后部瞭望。

五、双机或多机作业

为满足我国铁路运输需求，单元列车、组合列车、多机连挂运行已成为铁路常态化运输方式。采用这种方式运行时，各机车在开车前例行检查作业和故障处理时间存在差异，如果前进方向首部机车未与其他机车彻底联系盲目动车，或不具备牵引权利的机车擅自操纵机车，都会造成列车位移，给其他乘务人员带来被撞轧的安全风险。

案 例

2014 年 9 月 5 日 16 时 08 分，朔黄铁路公司机辆分公司 HXD1 型 7143 号机车担当黄骅港至肃宁北51315次本务牵引任务，列车编组为3台机车重联回送。列车进入黄骅南站9道B段后，接车站通知尾部重联机车（内燃）摘解。摘解完毕开车时，本务机车司机张国良未与后部机车联控，在鸣示启动信号未得到后部机车回示的情况下，盲目开车。列车运行13秒后，发现后部机车学习司机王志合漏乘，立即停车，此次事件险些导致正在车下作业的王志合受到伤害。

为控制双机或多机作业中的人身安全风险，根据《铁路机车操作规则》，制定预控措施：

1. 机车操纵应由行进方向的前部机车负责，重联机车应服从前部机车指挥，作业中提示、相互联系等应使用通信设备方式。遇联系不通或危及行车人身安全时，应采用鸣笛方式。

2. 动车前，前进方向的首部机车应确认其他机车人员齐全，相关人员处于安全位置。

六、换端作业

换端作业是乘务员改变机车操纵端的一项基本作业。在换端过程中，机车监控装置防溜控制功能失效，如果不对机车采取制动或制动缸压力不足，就有可能因站场坡度造成机车溜逸，甚至导致人身伤害。

案例

2002年6月7日1时50分，原郑州铁路局襄樊机务段DF11—0365号机车在襄樊站8道北头准备待挂K784次旅客列车。换端作业时，司机高福财将大闸由运转位快速移至取出位，未在制动区停留，导致机车缓解，随后取出大、小闸手柄，同副司机郑跃平一起去另一端，行至机械间发现柴油机调速器底座有渗油现象，便开始查找处理，时间长达2分29秒。此时，机车已经溜逸，越过D77信号，挤坏93号道岔，进入7道客车进路。当K784列车以26 km/h速度准备进襄樊车站7道停车时，发现前方溜逸机车，立即采取紧急制动，停车后，距溜逸机车仅有50 m，险些造成重大人员伤亡。

为控制换端作业中的人身安全风险，制定预控措施：

1. 换端前，大闸应减压170 kPa及以上，交流机车同时应施加停放制动。

2. 换端时，由学习司机在原操纵端盯控闸缸压力，发现异常应采取紧急制动，待司机到另一端制动、鸣笛后，方可离开。

七、调车作业

除列车在车站到达、出发、通过以及在区间内运行外，凡机车车辆进行一切有目的移动统称为调车。我国现有的信号设备调车进路地面轨道电路，不对机车发送地面信号显示信息。调车作业时，机车监控装置不能接收地面调车信号显示信息，不能实现冒进信号自动停车功能，需人工确认信号，操纵机车，保障调车作业安全。调车作业中，如果乘务员不认真确认地面信号显示或执行调车人员作业指令，盲目动车，就极易发生冲突事故，导致乘务人员人身伤害，或造成地面调车人员被撞轧事故。

案 例

2001 年 9 月 9 日 15 时 33 分，原哈尔滨铁路局一面坡机务段 DF4—7113 号机车担当 20148 次货物列车补机牵引任务。到达滨绥线虎峰站 4 道，副司机摘解制动软管后，机车行至 D5 信号机外方准备进入下行线开单机。司机与人说话分散精力，未确认 D5 信号就盲目动车，冒闯信号，当听到异音，立即紧急制动停车，下车后发现机车运行方向后台车第 4、5 位轮对脱轨，侵入Ⅱ道限界。车站值班员发现 D5 信号机内方出现红光带时，未果断关闭信号，拦停准备Ⅱ道通过的 T410 次旅客列车。当 T410 次列车发现侵线机车后，立即紧急制动，停车过程中，在 13/15 号道岔处与 DF4—7113 号机车侧面冲突，造成机车小破 2 台，5 人轻伤。

为控制调车作业中的人身安全风险，根据《铁路技术管理规程》规定，制定风险预控措施：

1. 时刻注意确认信号，不间断地进行瞭望，瞭望时不得将头部或身体探出过远。

2. 认真执行呼唤应答制，正确及时执行信号显示（作业指令）和调车速度要求。

3. 没有信号（指令）不准动车，信号（指令）不清立即停车。

第三节　故障处理

一、下车检查

下车检查是指机车乘务员下车后，对机车外部进行的各项例行检查和列车运行中遇非常停车检查处置。在下车检查中，遇有机车车辆故障、路外伤亡等异常情况，乘务员一方面急于临时处置，开通区间，减少影响；另一方面忙于应对车站、行调、机调以及本单位相关人员等咨询指导。如果忙中出错，侵入邻线，就极易被邻线通过的列车或车列撞轧。

案 例

2012 年 4 月 1 日 17 时 00 分，广铁集团公司株洲机务段 DF12—041 号机车无火附挂 51404 次列车到长沙机务段检修。司机吴疆、学习司机许泽华担当该机车无火回送任务，列车到达长沙东站后，机车被推送至南机待线。等待入库期间，吴疆下车检查时，侵入上行线，被通过的 X308 次列车撞轧，当场死亡。

为控制下车检查中的人身安全风险，制定预控措施：

1. 下车检查和应急处置时，不得侵入邻线限界。

2. 邻线有车通过时，禁止在邻线侧作业，并执行一人作业，另一人在车窗处探头瞭望监护。

3. 区间下车作业时，应穿防护服，携带照明和通信工具及防护用具，沿路肩外侧行走。

二、机车高压电气故障处理

机车高压电气故障处理主要是指 220 V 及以上电压等级机车电气部件发生异常情况的处置作业。故障处理时，如果不断开主断路器，就有可能发生故障处理人员被电击事故。特别是在运行中，机车通过岔区、弯道地段晃动较大，故障处理人员站立不稳，很可能触及带电设备。另外，乘务员担心途停后会面临追责，往往容易违章带电处理故障，这些都可能导致作业人员电击伤害。

案 例

2004 年 6 月 7 日，朔黄铁路公司 SS4B—0068 号机车担任 S806 次货物列车牵引任务。列车运行至北大牛进站信号机外方，过分相后司机发现劈相机未启动，便断开主断路器，指派副司机李志学去机械间处理。1 分钟后，司机认为故障应该处理完毕，便擅自闭合主断路器试验，结果造成机械间正在闭合三相自动开关的副司机被瞬间产生的电弧灼伤。

为控制机车高压电气故障处理中的人身安全风险，制定预控措施：

1. 机车故障处理前，应断开主断路器，并将电钥匙交与故障处理人。

2. 故障处理中，不得提前闭合主断路器。

3. 运行中机车发生故障，应按司机指示，妥善处理。

三、电气化区段途中车顶故障处理

电气化区段途中车顶故障处理，是指电气化铁路区段机车在运行途中发生故障，需登上车顶处置的作业项目。比如，电力机车在运行途中发生弓网故障，往往会造成受电弓变形、损毁、钻网，需乘务员登上车顶临时处置。如果接触网不停电，或停电后不验电接地，乘务员盲目攀登车顶处理故障，就会发生被电击伤亡事故。

案 例

1998年3月19日9时11分，原广铁集团公司岳阳机务段SS1—205号机车在京广线担当货物列车牵引任务。行至上行K1642+351处时发生弓网故障，受电弓滑板变形，接触网停电。停车后，司机李光南自认为处理受电弓滑板变形用时很短，当通过网压表确认接触网无电后，他便快速登上车顶处理故障，此时，接触网突然恢复供电，导致李光南受电击死亡。

为控制电气化区段途中车顶故障处理中的人身安全风险，根据《电气化铁路有关人员电气安全规则》，制定预控措施：

1. 途中处理车顶故障时，应向列车调度员申请接触网停电命令。

2. 接到接触网已停电命令，应验电、接地后，方准登顶处理，验电、接地作业时，要按规定穿戴劳动防护用品，严禁侵入邻线。

3. 故障处理完毕，人员撤离车顶，拆除接地线后，方准申请送电。

第四节　设置响墩防护

一、请求救援本列响墩防护

响墩是铁路临时使用的一种紧急听觉信号，通过车轮碾轧产生巨响，以警示司机紧急停车，为防止救援列车进入区间时遇有瞭望不良，不能确认被救援列车准确位置，司机臆测行车导致救援列车与被救援列车发生冲突事故。所以，列车在区间被迫停车，请求救援后，应在救援列车来车方向设置响墩。如果不设置响墩防护或设置方向错误、设置距离不足，就不能警示救援列车提前停车，甚至造成冲突事故。

案例

2000年3月6日8时40分，沈阳铁路局阜新机务段QJ—6989号蒸汽机车担当4131次货物列车牵引任务。运行到新义线雹神至清河门间K100+000处因12‰上坡道造成坡停，请求救援后，乘务员未在救援列车开来方面设置响墩防护。清河门站开6002次DF4—1684号单机进入区间担当救援，因司机将监控器置于调车位，违章超速运行，间断瞭望，造成救援单机与4131次列车发生正面冲突，导致两台机车车钩、排障器等处不同程度破损，乘务员受伤。

为控制请求救援本列响墩防护中的人身安全风险，根据《铁路技术管理规程》，制定预控措施：

列车在区间被迫停车，已请求救援时，从救援列车开来方面（不明时，从列车前后两方面），距离列车不小于300 m处设置响墩防护。

二、一切电话中断响墩防护

一切电话中断，是指车站行车室内行车闭塞电话、调度电话、自动电话全部中断，车站值班员无法使用电话办理行车联系事项。在这种特定闭塞方式下发出的列车，如果未持有《技术细则》附件3通知书1中的有效红色许可证，即未持有到达前方站后改变发车权许可证的列车，在区间被迫停车后，乘务员使用无线通信设备可能通知不到发车站，不能及时阻止继续向区间发出列车，也不能拦停已经进入区间的后续列车。此时，如果不在本列后方设置响墩防护，就可能发生后续列车追尾事故。

案例

1973年4月24日，嵩山北机务段QJ—1211号蒸汽机车担当1756次列车牵引任务。按一切电话中断行车方式，进入新沪线照宁至高临东区间K432+510处，因行人抢道，紧急停车。停车后，运转车长未在列车后方设置响墩防护，导致后续货物列车追尾，造成2名乘务员死亡。

为控制一切电话中断响墩防护中的人身安全风险，根据《铁路技术管理规程》，制定预控措施：

一切电话中断后发出的列车（持有附件3通知书1的列车除外），应于停车后，立即从列车后方按线路最大速度等级规定的列车紧急制动距离位置处设置响墩防护。

三、妨碍邻线响墩防护

列车在区间发生脱轨、颠覆，事故车辆、部件、运载货物等侵入邻线限界，或造成邻线线路设备损坏，妨碍邻线列车运行时，除应用无线通信设备立即通知邻线上运行的列车和两端站（列车调度员），还应在相邻线路上放置响墩防护，以警示邻线正常运行的列车在接近事故地点时紧急停车。如果不在邻线设置响墩防护，一旦邻线有列车通过，就有可能导致邻线列车冲突等次生事故发生。

案 例

2013 年 10 月 17 日 13 时 29 分，沈阳铁路局锦州机务段 HXD3B—214 号机车牵引 J930 次货物列车锦州站上行场 8 道通过，运行至 617#道岔处，机后第 1 位和第 3 位至第 8 位脱轨，停车后司机连续 8 次缓解充风。13 时 37 分，司机下车发现列车脱轨，忙于联系机务段车间和车队干部，没有向车站值班员汇报，也没有对邻线采取任何防护措施。13 时 39 分，Ⅱ道正线通过的 J928 次货物列车距脱轨车辆 200 m 左右，发现侵限车辆并采取紧急制动，停车过程中，与 J930 次机后第 4 位脱线车辆后部发生冲突，造成 J930 次机车及机后第 1、3、6 位车辆颠覆，第 7 位车辆脱轨，J928 次机后第 3、4 位颠覆及第 1、2、5、9 位车辆脱轨。

为控制妨碍邻线响墩防护中的人身安全风险，根据《铁路技术管理规程》，制定预控措施：

对于邻线上妨碍行车地点，应从两方面按线路最大速度等级规定的列车紧急制动距离位置处设置响墩防护，如确知列车开来方向时，仅对来车方面设置防护。

四、遗留车辆响墩防护

列车在区间发生断钩、制动主管破裂、脱轨等被迫停车，必须分部运行时，会在区间留下部分车辆。当机车牵引可运行车辆到达前方站后，机车需返回区间挂取遗留车辆，或救援列车进入区间救援，遇有弯道、隧道、恶劣天气等视线不良时，很难准确发现遗留车辆具体位置。如果不对区间遗留车辆设置响墩防护，就有可能发生机车或救援列车与遗留车列冲突。

案 例

2008 年 9 月 13 日，济南铁路局某机务段机车司机刘超群，担当 53412 次货物列车牵引任务。运行至胶济线 K97+236 处，因行人抢道紧急停车后发生列车分离。临时处置后，司机牵引前部车列继续运行，学习司机未对遗留车辆设置响墩防护，导致救援机车与遗留车列发生冲突，造成乘务员轻伤。

为控制遗留车辆响墩防护中的人身安全风险，根据《铁路技术管理规程》，制定预控措施：

列车分部运行，机车进入区间挂取遗留车辆时，应从车列前方距离不小于 300 m 处设置响墩防护。

第五节 事故救援

一、请求救援

列车在区间因操纵不当、设备故障、行车事故或自然灾害等原因被迫停车，不能继续运行时，需请求其他机车或救援列车进入区间救援。如果请求救援机车停车位置报告不准确、不设防护或防护距离设置不足，极易导致救援与被救援列车冲突，甚至发生人身伤害。

案 例

2012 年 3 月 29 日，黑龙江西北部普降大雪，哈尔滨铁路局齐齐哈尔机务段 DF4B—1818 号机车担当 40982 次牵引任务。途中机车主发电机故障，机车内部冒出浓烟，于 19 时 37 分停至嫩林线乌鲁布铁至春亭阁间 K105+485 弯道处。请求救援时，司机郭立波未认真确认监控显示，仅凭附近地面半公里标确定机车位置，错误地将停车地点公里标汇报为 K106+500，与实际位置相差 1 015 m，也未设置防护。20 时 17 分，由春亭阁站开 DF4B—3795 号单机进入区间担当救援，以 69 km/h 速度运行至距停留车 137 m 处，突然发现被救援列车，紧急制动后，列车以 58 km/h 速度与停留车冲突，造成救援单机乘务员郭友才左腓骨骨折和王国良左踝骨骨折。

为控制请求救援中的人身安全风险，根据《铁路技术管理规程》，制定预控措施：

1. 列车在区间被迫停车，不能继续运行时，应立即向两端站报告停车原因和停车位置，根据需要迅速请求救援。

2. 请求救援后，列车不得再行移动，并按规定做好防护。

二、担当救援

救援列车进入区间担当救援任务时，如果对被救援列车停车位置掌握不清，不联系确认，不提前控制运行速度，不在规定地点停车，就容易发生救援列车与被救援列车冲突，造成人身伤害。

案 例

2008 年 9 月 29 日清晨，晋中地区大雾天气，能见度不足 15 m。阳涉铁路 D8 次货物列车编组 51 辆，换长 62. 9 m，运行到和顺县至泊里间 K76+600 处途停，司机请求救援后未设置防护。调度员王志荣未了解停车地点是列车前部还是尾部和现场防护情况，便命令 DF12—0047 号机车司机陈嘉斌、副司机贾新阳由和顺县站开 58102 次进入区间担当救援。救援列车进入区间后，距离停留车 2 km 时，未严格控制速度，也未使用列车无线通信设备与停留列车联系。7 时 45 分，与 D8 次列车尾部相撞，险些造成乘务人员伤亡事故。

为控制担当救援作业中的人身安全风险，根据《铁路技术管理规程》，制定预控措施：

1. 司机接到救援命令后，必须认真确认。命令不清、停车位置不明确时，不准动车。

2. 救援列车进入封锁区间后，在接近被救援列车或车列 2 km 时，要严格控制速度，同时，使用列车无线调度通信设备与请求救援的机车司机进行联系，或以在瞭望距离内能够随时停车的速度运行，最高不得超过 20 km/h，在防护人员处或压上响墩后停车，联系确认，并按要求进行作业。

第十三章

机务检修劳动安全

第一节　车体检修

一、轨道平车使用

轨道平车是一种有轨厂内运输车辆，主要用于厂内重大物件运输作业，具有运行噪声小、承载能力大、运行惯性大等特点。通常，机务检修库内使用的轨道平车多为推拉式，该平车无动力和制动系统，走行时需人工推移。轨道平车使用中，装载物容易遮挡视线，如果运行速度过快，遇有前方人员或障碍物时，难以及时停车，极易发生撞轧事件。

案例

2003年6月13日，湖南省衡阳机械配件制造车间设备维修工李飞，独自使用轨道平车运输高1.7 m、重约6吨的液压设备。由于设备遮挡前方观察路线，李飞在轨道前方状况不明情况下，从平车后方推动平车运行。运行过程中，将正在轨道侧前方进行维修作业的何志华撞倒，造成其小腿骨折。

为控制轨道平车使用中的人身安全风险，制定预控措施：

1. 使用轨道平车，应设专人监护。

2. 轨道平车走行时，应严格控制速度，保证能随时停车。

3. 轨道平车停止时，应及时打好止轮器。

二、机车重联门处递送配件

电力机车一般由两节各自独立且又相互联系的机车组成。两节机车分离检修时，检修人员会从机车重联门处上下递送配件，由于该处位于地沟上方，重联门距离地面 1.75 m，地沟深度 1.1 m 左右，累计落差 2.86 m 左右。递送配件时，机车上部人员容易站立不稳，甚至踏空或坠落。另外，重联门装有自动闭门器，如果门体固定不牢，突然关闭，极易将车上人员挤出车外、坠入地沟，导致人身伤害。

案 例

2008 年 9 月 27 日 15 时 31 分，衡岳机务段检修车间内，正在 SS4—0057 号机车上检修中继阀的制动钳工李康，听到车下作业人员王铮接 109 型分配阀的呼唤后，立即停下手中工作，跑向重联门，慌乱中忘记对重联门采取止挡措施，就弯腰接递配件。此时，身后重联门在闭门器的作用下突然快速关闭，将李康挤落至车下地沟，造成其腿部摔伤。

为控制机车重联门处递送配件中的人身安全风险，制定预控措施：

1. 重联门处递送配件前，应确认地沟内无人作业，并对重联门进行固定。

2. 重联门处递送配件时，车上人员应系安全带，并与车体可靠连挂。

三、架落机车

架落机车是采用半自动升降设备使机车车体与转向架分离或组合的作业过程，是检修机车转向架的重要工序。架落机车时，4 个架车镐托架分别支撑在车体四周，通过旋转丝杠带动托架平稳升降，完成车体与转向架的分离或组合。架落机车过程中，如果架车镐托架支撑车体部位不准确、丝杠升降不同步，就容易造成机车车体倾斜颠覆，伤及作业及周围人员。

案 例

2007 年 4 月 12 日 14 时 20 分，北京铁路局丰台车辆段石家庄南检修车间起落组乙班使用风动架车机对平车（N17GK5052693）进行架落作业。按照作业分工，陈东辉、杜锁柱分别负责该车东西两侧调整旁承游间。落车后，陈东辉发现第 2 位端（南侧）台车承游间不符合规定，需进行调整旁承游间作业。14 时 44 分，负责东侧调整作业的陈东辉通知起车，在起车过程中，车体突然发生横向位移，脱离西侧镐顶滑落，将正在车下作业的陈东辉挤压在该车第 5 位车轮处，经120救护人员到达现场抢救无效死亡。

为控制架落机车中的人身安全风险，制定预控措施：

1. 架落机车作业应由承修组工长专人指挥，车间安全员或生产管理人员现场监督。

2. 架落机车时，各架车镐应分别设专人监护，所架机车车顶、车内及车下不得有人停留。

四、机车闸瓦调整、更换

机车在运行中会造成闸瓦磨损，检查闸瓦磨损状态是机车入库检查的一项重要工作。当闸瓦与轮对踏面磨损间隙超过9 mm时，一般需要人工将其标调至6~9 mm范围内；当闸瓦磨损剩余厚度小于15 mm时，需更换闸瓦。在调整、更换闸瓦过程中，如果作业人员将手指置于闸瓦与轮对踏面间隙，一旦制动器突然动作，极易造成被挤压伤害。

案 例

1983年12月23日16时07分，乌鲁木齐铁路局库尔勒车辆段和静列检所，学习检车钳工余跃刚在3141次列车技检作业中，发现机后第9位闸瓦磨耗到限，更换时，截断塞门关闭不到位，副风缸排风不彻底，当主管风压下降时，造成制动缸鞲鞴推出，将其右手拇指挤在车轮踏面与闸瓦之间，造成轻伤。

为控制机车闸瓦调整、更换中的人身安全风险，制定预控措施：

1. 机车闸瓦调整、更换前，应关闭制动系统管路风源，并挂“禁动”牌。

2. 作业中，禁止手指伸入闸瓦与轮对踏面之间。

五、机车弹簧组拆装

机车弹簧组是设置在转向架构架与轮对轴箱之间的减震装置，用来减缓线路对机车的冲击和震动，它由弹簧和上下压盖组成。拆装弹簧组时，需将弹簧卡具安装于上下压盖定位孔处，并用穿销进行固定，使弹簧保持压缩状态。在此过程中，如果弹簧卡具固定不牢或定位孔穿销不到位，就容易导致弹簧蓄能突然释放，击伤作业及周围人员。

案 例

2012年7月26日8时17分，成都铁路局成都西机务段检修车间进行SS4—0076号机车转向架拆解作业。机械组员工张强在机车第二轴右侧安装弹簧内侧卡具时，由于弹簧组遮挡视线，致使卡具穿销未正确入位。之后，钳工王亮在拆解该弹簧组下方轴箱拉杆过程中，使用大锤敲击，弹簧卡具受震动崩脱，飞出的卡具击中正在附近作业的张林左脚，导致其左腿韧带撕裂。

为控制机车弹簧组拆装中的人身安全风险，制定预控措施：

1. 安装弹簧卡具时，应确认穿销到位，并经专人复查后，方可拆解。

2. 工作负荷测试时，弹簧上压盖中心销应对准测试压盘定位孔，并关闭防护隔离网。

六、使用外接电源牵车出入库

电气化铁路机车检修库内未设置接触网，电力机车出入检修库时，需使用外接电源给机车电机提供牵引动力使机车自行移动。牵引机车出入库作业，一般由3人配合完成，牵车前，一人在司机室确认牵车闸刀及制动风压状态，另两人分左右侧检查车顶、车下及前后端有无人员或障碍物；牵车中，车上人员负责前方瞭望和机车制动，车下一人负责给机车电机提供外接电源，另一人负责监护机车前进方向引道动态。如果牵车人员配备不足，或牵车时不认真检查周围人员及障碍物是否已经完全撤离，就有可能发生被撞轧事件。

案 例

2013年2月7日5时50分，乌鲁木齐铁路局乌鲁木齐机务段整备车间，机车钳工热尔曼·乌克提在未办理作业手续的情况下，盲目登上40道已整备完毕、防护信号已撤除的HX—6293号电力机车车顶进行设备复查。此时，负责牵引该机车至有电区的内燃司机未发现车顶有人作业，便盲目动车，造成热尔曼·乌克提从车顶坠落，导致腿部、腰部骨折。

为控制使用外接电源牵车出入库中的人身安全风险，制定预控措施：

1. 牵车前，应确认机车制动性能良好，机车各部及周围无人，运行前方无障碍物。

2. 牵车时，应设专人监护，并呼唤应答。

3. 牵车速度不得大于3 km/h。

第二节　性能试验

一、轮对与电机磨合试验

电力机车电机安装在轮对上后，利用磨合试验装置使轮对在规定时间内保持高速旋转，以检验轮对轴承运行的可靠性和稳定性，这项作业通常被称为轮对与电机磨合试验。在磨合试验过程中，发现轴承温度升高或听到齿轮异声等异常情况时，需停机检查处置。如果检查处置时不停机，高速旋转的轮对就很容易撞击作业人员及手持工具，造成人身伤害。

案 例

2007 年 9 月 17 日 15 时 31 分，原西安铁路局宝鸡机务段检修车间，机车钳工郭平、张东处理完 SS4 型 0056 号机车轴瓦发热故障后，为检验处理效果，2 人将轮对电机吊至试验台进行磨合试验。当轮对转速接近 60 km/h 左右时，齿轮箱逐渐发出规律性异声，经检查初步认为齿轮箱顶部螺栓松动，导致电机小齿轮端面与齿轮箱体发生摩擦。张东在未断电停机情况下，使用棘轮扳手紧固螺栓，作业中扳手滑脱，碰到高速旋转的轮对内侧轮辋，瞬间被击飞，飞出的棘轮扳手击中张东右肩，造成右肩部粉碎性骨折。

为控制轮对与电机磨合试验中的人身安全风险，制定预控措施：

1. 轮对与电机磨合试验时，应采取防护隔离，悬挂“禁止靠近”警示牌，并设专人监护。

2. 磨合试验中发现异常，应立即停机，待转动停止后方可处理。

二、电气配件性能试验

机车电气配件性能试验包括机车牵引电机、辅助机组、主断路器、空调机组等主要部件电气性能测试和机械功能试验，试验涉及高压、高速、高频等多个特殊作业程序。试验过程中，如果作业及周围人员触及试验部件，就有可能造成触电或机械伤害事故。

案 例

2019 年 3 月 21 日 14 时 38 分，华山南机务段机车电工姜文在检修车间进行高压互感器耐压试验，为图省事，试验前未对被试互感器采取隔离、警示措施。

试验过程中，负责搬运合格互感器的装卸工赵明不清楚高压试验存在电击风险，在搬运相邻互感器时，用力过猛导致身体倾倒，右手触及正在试验的互感器接线柱，发生触电，经医院抢救无效死亡。

为控制机车电气配件性能试验中的人身安全风险，制定预控措施：

电气配件性能试验时，应采取隔离措施，并设专人监护。

三、车顶电气设备绝缘性能试验

电力机车车顶电气设备，是指受电弓、导电杆、主断路器引入端及绝缘子等设备。为保证车顶电气设备在接触网 27.5 kV 电压下正常工作，车顶电气设备检修完毕，作业人员需利用机车自带车顶绝缘检测装置，对车顶电气设备进行绝缘性能试验。试验时，检测装置将机车 110 V 直流电源逆变为 29 kV 交流电压，并加载在车顶电气设备上。此时，如果车顶有人作业，就会造成车顶人员被电击伤害。

案 例

2011 年 11 月 18 日 15 时 25 分，成都铁路局原江油机务段，包修组员工郭志华、杨磊和李良检修完 SS3B—4021 号机车，确认车顶及车体周围无人后，郭志华进入司机室准备进行车顶电气设备绝缘性能试验。此时，地勤司机胡瑞海通知杨磊，需对机车检修质量进行验收。杨磊忙于处理临时故障，未及时撤除车顶攀登设备，也未通知其他人员停止试验。当车内郭志华闭合蓄电池闸刀进行试验时，导致正在 A 节受电弓处验收的胡瑞海触电，腿部被严重灼伤。

为控制车顶电气设备绝缘性能试验中的人身安全风险，制定预控措施：

1. 试验前，应确认车顶无人，并撤除攀登车顶设备。

2. 试验期间，应设专人现场监护。

四、机车外接电源低压试验

电力机车低压试验涉及机车控制和辅助回路上的各种电气设备。为保证辅助回路中各冷却风机、变压器冷却油泵、变流器冷却水泵，以及为制动和受电弓各气动机械装置提供风源的空气压缩机等设备正常试验，低压试验时，除使用机车自备 110 V 直流电源外，还需接通库内 380 V 交流辅助电源。此时，如果车内辅助回路设备上有人作业，或有人触及车体外辅助电源接线柱，就容易造成电击伤害。另外，试验中，如果发生制动机和受电弓误动作，还会造成车下和车顶人员机械伤害。

案例

2019 年 5 月 15 日 10 时 53 分，衡山机务段检修车间对 SS4—6195 号机车外接电源进行低压试验时，钳工王明请求进行机车走廊地板检修，经车上试验人员安全提示后，他进入机械间开始作业。作业中，发现 2#低压柜门开闭过程有卡滞现象，便打开柜门维修。维修时螺丝刀不慎与低压柜上带电导线接触，瞬间放电，造成螺丝刀被烧损，王明遭电击后，手部被大面积灼伤。

为控制机车外接电源低压试验中的人身安全风险，制定预控措施：

1. 机车外接电源低压试验前，除试验端司机室外，应确认机车各部无人，并锁闭非试验端门窗。

2. 机车辅助电源插座处，应加装防护罩，控制柜处应设专人监护。

3. 试验完毕，应先断开控制柜侧电源，后拆除电源线。

五、机车制动软管耐压试验

机车制动软管主要由内外橡胶层和中间化纤编织加强层组成，机车通过制动软管将高压风能传递给机车或车辆，以实现全列车制动与缓解。由于软管工作环境恶劣，老化速度快，因此需定期进行耐压试验。试验时，将机车制动软管拆下，置入试验水槽，并向软管内送风，风压最高可达 700 kPa，以检测软管是否漏风。之后，开始向软管内注水，水压最高可达 1 000 kPa，以检测软管是否渗漏。试验中，如果软管末端封堵不牢，就容易造成风堵崩脱，伤及周围人员。

案例

2019 年 10 月 17 日 9 时 32 分，华山南机务段检修车间对 SS4—6218 号机车制动软管进行耐压试验。制动钳工刘智全安装软管堵头时，未发现堵头螺纹损伤缺陷。当注水压力达到 1 000 kPa 时，堵头突然脱扣飞出，击中站在试验台前端的另一试验员赵海宁，造成其胸部骨折。

为控制机车制动软管耐压试验中的人身安全风险，制定预控措施：

1. 制动软管耐压试验时，应拧紧风堵，风堵崩脱方向不得站人。

2. 试验期间，操作人员应全程负责现场安全防护，不得离开。

第十四章
工务劳动安全

一、线路作业

铁道线路由路基、桥隧建筑物和轨道等附属设备组成。工务是从事线路维修养护的部门，露天环境给工务线路作业带来许多不利因素，尤其是在营业线路上利用列车间隔进行设备维修、保养和检查作业，如果现场作业人员不熟悉设备特点、列车运行情况、信号显示含义，就容易违反相关安全规程，给作业人员带来安全风险。

案 例

据不完全统计，工务作业人员因不熟悉管内设备情况、列车运行速度、密度以及各种信号显示方式，从而造成的人身伤害事故，占工务伤亡事故的60%左右。如2010年7月22日，赣州工务段实习生孔俊在区间背向列车行走，被通过的89178次货物列车撞死。2009年11月25日，济南工务段线路工罗朝平在京沪线K501+565处，未认真瞭望，盲目横越线路，被通过的K174次旅客列车撞死。

为控制线路作业中的人身安全风险，根据《普速铁路工务安全规则》，制定预控措施：

线路作业和巡检人员应熟悉管内线桥设备情况、列车运行速度、密度和各种信号显示方式，并注意瞭望，及时下道避车。

二、巡查线路

巡查线路作业，是指工务部门对管内线路设备运行状态的一种常规性检查，巡视人员按规定路线，面迎列车方向巡查。这里所说的巡查线路包括春融、防洪、防胀、防断季节性检查和日常巡道等作业。在营业线上，利用列车运行间隔时间巡查线路时，常因作业人员少，不设负责人、远端防护员和驻站联络员，凭借自主瞭望躲避列车，所以巡查线路是发生撞轧伤害事故的高风险作业。

案 例

2010年7月28日10时58分，兰州铁路局包兰线银川工务段巡道工马建明在石嘴山站内进行补修作业时，未确认来车，盲目上道作业，被调车车列撞上，经抢救无效死亡。

为控制巡查线路中的人身安全风险，根据《普速铁路工务安全规则》，制定预控措施：

1. 线路作业和巡检人员，应熟悉管内设备情况、列车运行速度、密度和各种信号显示方法，作业和巡检时应注意瞭望，及时下道避车，目送本线运行列车。

2. 巡查线路应双人同行，一人巡查，一人防护。

三、多人线上作业

工务线上维修、中修、大修和事故抢险等多为群体性作业，作业人员相互间距离较近，材料、工具在搬运和使用中很容易伤及周围作业人员。比如，经常发生的捣镐碰伤脚面、飞起石砟碰头、丁字扳手相互碰伤手指、撬棍飞起伤人、手伸入轨底被轧伤等事故。

案 例

2011年5月18日15时50分，成都铁路局绵阳工务段德阳线桥车间什邡线路工区在广岳线K10+890处进行换轨撬动钢轨作业。工长黄开平计划将广汉端钢轨先翻入道心，他指挥6人站在广汉端，向线路内侧撬轨，黄勇、谢德国2人站在什邡方向钢轨端小腰位置附近撇住钢轨。钢轨翻动过程中被道钉卡住，工长黄开平未及时发现，也加入撬轨作业。伴随钢轨弯矩力逐渐加大，道钉卡住部位突然滑脱，导致钢轨瞬间发生弹滑，将另一端撇轨的黄勇和谢德国打伤，造成黄勇右腿胫腓骨骨折，谢德国右足第一跖骨骨折。

为控制多人线上作业中的人身安全风险，根据《普速铁路工务安全规则》，制定预控措施：

多人在一起作业时，应统一指挥，相互间保持一定安全距离，防止工具碰撞伤人。

四、桥梁人行道作业

桥梁人行道主要由钢支架、栏杆及人行道板组成。由于桥梁钢支架承载力有限，在桥梁人行道上堆放重物前，如果不对桥梁进行全面调查、检算，一旦受力超过限值，就可能造成人行道垮塌、梁体侧翻，导致人身伤亡重大事故。另外，在桥梁人行道上进行钢支架加固，栏杆油饰，更换人行道板等作业时，遇有人行道板失效、断裂、缺失，都会给作业人员带来安全风险。

案 例

2012 年 5 月 13 日，成都铁路局成都工务机械段在成昆线 K223+657 鸭子池 2#大桥上进行人工清筛作业。由于出厂梁体 U 形螺栓预埋深度不足，随着人行道堆载石砟越来越多，第 4 孔跨度 31.7 m 混凝土梁左侧整孔人行道支架突然垮塌，桥上施工人员坠落，造成 2 死 2 伤。

2015 年 5 月 16 日 23 时 08 分，兰州铁路局兰州工务机械段，在兰新上行线进行线路整修作业过程中，14 名作业人员在 89#桥梁上行侧人行道避让列车时，桥梁步行板支架整体垮塌，作业人员坠至桥下，造成 1 人死亡、4 人重伤、9 人轻伤。

2019 年 1 月 8 日，南昌铁路局南昌西工务段助理工程师张义倡在合福高铁检查桥梁围栏吊篮步行板时，随步行板坠落至 12.27 m 桥下，经抢救无效死亡。

为控制桥梁人行道作业中的人身安全风险，根据《普速铁路工务安全规则》，制定预控措施：

1. 在桥梁人行道上堆放重物，特别是在整孔换铺轨枕或换铺轨排等作业时，应对桥梁状态进行全面调查，对桥梁结构、承载力和稳定性进行检算。

2. 当检算结果不满足有关规范要求时，应采取可靠加固措施，并确认满足要求，方准作业。

3. 任何情况下，人行道上竖向静活载不得超过设计标准值。

4. 人行道板应及时检查，发现人行道板失效、断裂、缺失时，应及时维护、更换。

五、脚手架搭拆作业

脚手架是桥梁、护坡、隧道拱顶等高处作业的辅助设备，一般用圆木或钢管固定成架，上部铺设脚手板。如果脚手架材质不符合规定、捆扎不牢、脚手板浮起、活动等，就有可能造成脚手架垮塌、人员坠落。另外，脚手架距离接触网和附近电力线路过近，容易造成作业人员被电击伤害。

案 例

2010 年 11 月 11 日，广州铁路集团公司肇庆工务段在广茂线 K114+916 西江特大桥上使用脚手架维修作业时，脚手架平台上的两根平行横杆突然折断，副工长林绍华坠入西江，经抢救无效死亡。

为控制脚手架搭拆作业中的人身安全风险，根据《普速铁路工务安全规则》，制定预控措施：

1. 脚手架质量应满足安全要求，搭设应配合工程进度，不宜搭设过高。

2. 脚手架应搭设牢固，脚手板外伸悬臂应有专人负责，经常检查整修，不得浮起、活动。

3. 接触网和电力线路附近搭拆时，应满足安全距离要求。

4. 脚手架搭设完毕，应经施工负责人全面检查验收后方可使用，使用中应经常检查、维护。

六、开挖建筑物基坑和刷坡

开挖建筑物基坑和刷坡是线路维护中经常遇到的作业。由于开挖基坑扰动了原有土体结构的稳定性，基坑周边土体承受压力增大，如果基坑坡度过陡、周边堆放重物过多等，都可能导致基坑坍塌，掩埋作业人员。

案 例

1974 年 6 月 13 日 15 时 50 分，北京铁路局原良各庄工务段白涧桥梁领工区组织 7 名职工在京原线 K11+300 处加固护坡施工。他们在旧路基下方掏挖砟土，以填补被冲毁的路基，致使旧路基上部土石明显凸出。施工间休时，7 名职工进入旧路基形成的坑内阴凉处躲避烈日，当 5504 次列车通过施工地段时，路基上部凸出部分突然坍塌，塌下的 2 m^3 土石将 3 名职工砸压埋没，造成 1 人脊椎骨压缩性骨折，1 人左肩锁骨骨折，1 人伤势过重经抢救无效死亡。

为控制开挖建筑物基坑和刷坡中的人身安全风险，根据《普速铁路工务安

全规则》，制定预控措施：

1. 开挖基坑时，边坡坡度应符合设计要求，按放好的边线，从上往下开挖，不得任意放陡坡度，严禁掏底挖土。

2. 遇有滑层、裂纹、浸水等情况，基坑壁应用支撑木支撑或改缓边坡。

3. 靠近基坑上方不得堆土及放置料具等重物，挖出的土石方和施工材料堆放位置应距坑边不小于 1 m，高度不超过 1.5 m。

七、处理危石及翻修衬砌

处理危石及翻修衬砌是山区铁路日常维修、施工或事故抢险中经常遇到的作业任务。由于危石体积大、质量大，同时具有不稳定性特点，在处理危石及翻修衬砌时，圬工凿除、掌钎打眼、破石及使用撬棍撬动等，都容易发生危石脱落、碰撞伤人。

案例

2008 年 3 月 21 日 10 时 10 分，中铁五局集团有限公司在南宁铁路局田德线 K19+797 百安隧道进口处爆破作业后，未采取防塌落措施，便进行清危作业。作业过程中，落石砸伤台车上 5 名作业人员，其中 2 人经抢救无效死亡。

为控制处理危石及翻修衬砌中的人身安全风险，根据《普速铁路工务安全规则》，制定预控措施：

1. 撬石作业时，人员站立点应稳固，不准站在活动石块上。多人同撬一石，应统一指挥。

2. 对于可能损坏行车设备、危及行人安全的石块应分解放下，必要时按规定进行防护或封锁施工。

3. 在隧道内处理松动衬砌、危石及翻修衬砌时，应有预防塌落伤人的安全措施。

八、卸长钢轨作业

卸长钢轨作业是通过钢轨固定器和钢丝绳将待卸钢轨与既有钢轨连接固定，利用列车移动卸轨的过程。在此过程中，一旦发生挂钩或固定器损坏、钢丝绳断裂、连接处拉脱，就会造成连接固件崩裂，钢丝绳弹起，伤及作业和周围人员。

案例

2012 年 9 月 19 日 9 时 58 分，朔黄线滴流磴至小觉间，中铁一局在卸长钢轨过程中，钢轨固定卡头折断，钢丝绳飞起，作业人员慌忙躲避，险些造成人身伤害。

为控制卸长钢轨作业中的人身安全风险，根据《普速铁路工务安全规则》，制定预控措施：

1. 卸长钢轨时，钢丝绳与挂钩、固定器等应联结牢固，人员不得站在移动前方和钢丝绳附近。

2. 长轨车运行中，人员必须离开轨端 3 m 以外，并严禁在长轨上走动。

3. 卸轨时，撬棍不得插入长轨移动方向的横梁后面，前一根长轨通过本车后，方可拨动后一根就位，严禁在悬空的长轨下作业，并注意防止长轨尾端落下时摆动伤人。

九、铣磨车作业

铣磨车是一种消除钢轨表面波磨、掉块、鱼鳞伤等病害，延长钢轨使用寿命的机械设备。铣磨车在营业线上铣磨钢轨时，作业人员需跟随铣磨车观察铣磨质量，根据铣磨效果，随时指挥操作人员调整相关参数。作业中，相邻线路不封闭，仍有列车正常通行，如果作业现场不设防护员或作业人员侵入邻线，都极易发生人身伤亡事故。

案 例

2008 年 12 月 16 日 1 时 10 分至 4 时 30 分，上海铁路局上海工务段在沪昆线松江至石湖荡间下行线 K56+500～K61+000 处，首次利用 P95 大修列车更换混凝土枕封锁施工。二工班职工张沪敏带领 4 名劳务工，负责龙门口钢轨切割及电容枕插入作业。3 时 43 分左右，当施工至龙口附近时，张沪敏由南向北钻越大修列车，去两线间取快速夹具时身体侵限，被上行通过的 K528 次列车撞击，当场死亡。

为控制铣磨车作业中的人身安全风险，制定预控措施：

1. 铣磨车作业时，作业主体单位应设驻站联络员和现场防护员。

2. 作业人员严禁侵入邻线限界。

Chapter 15

第十五章

大型养路机械劳动安全

一、清筛机启机

清筛机进入作业地段作业时，启机过程中的安全风险包括：首次启机，因道床内废旧轨枕和过大石块等障碍物、清筛机故障及误操作等特殊情况，造成停机重启；清筛机导槽、传输带、回转皮带是道床石砟的阶梯传送通道；清筛机首次启机时，传送通道上可能会有石砟、工具等遗留物，通过回转皮带抛出，砸伤周边人员；清筛机作业中重新启机时，传送通道上会留有石砟、污土等，如果不从后向前逐级启动，就容易造成后级传送装置堆积物过多，溢出坠落，伤及周围人员。另外，清筛机启动后，挖掘链通过道床底部将石砟、污土传入导槽，造成周边道床石砟塌陷，如果挖掘链周边有人员停留，极易随道床石砟滑落，卷入挖掘链，导致人身伤害事故。

案 例

2012年10月6日9时至12时，成都铁路局成都工务机械段在渝怀线冯家坝至甘家坝间K315+000~K315+700处进行线路清筛作业。9时15分，101203号清筛机在K315+000处开始作业。作业走行中，车上操作人员发现挖掘链驱动油缸压力异常，怀疑挖掘链掘进中遇到障碍物，随后联控车下负责左侧操作布砟带的刘金源到挖掘区域查看究竟。刘金源在挖掘链未停止工作的情况下，由左侧进入挖掘区查看，因石砟塌陷不慎滑倒，右脚绞进挖掘区域，造成右脚粉碎性骨折。

为控制清筛机启动中的人身安全风险，根据《大型养路机械使用管理规则》，制定预控措施：

1. 清筛机启动前，应确认挖掘区域和传送通道下方无人员停留。

2. 清筛机作业中，应严格遵守各道工序启动与停机的顺序。

3. 非正常停机后需重新启动时，应先清除污土带上堆积的污土与道砟（电气化区段需停电）。

4. 严禁非机组人员扳动大型养路机械的各种操作手柄、紧急按钮等装置。

二、全断面道砟清筛机连接水平导槽和挖掘链作业

全断面道砟清筛机导槽由水平、上升和下降三部分组成，作业时车下人员操纵导槽升降手柄，先将水平导槽放至导槽坑，然后指挥车上人员分别控制上升和下降导槽与水平导槽对位连接，对位时需车下人员配合微调水平导槽。作业中，如果车上与车下人员沟通有误，就容易造成车下配合人员挤伤手脚，如果导槽下方有人员停留，还容易造成其他人身伤害。另外，清筛机挖掘链由耙板、耙齿、中间链节、联销及其他附件组成。待水平导槽连接到位后，需人工将收车时拆下的部分挖掘链拖入水平导槽，并与上升、下降导槽内挖掘链连接，形成闭环。由于挖掘链笨重，需多人协力配合，方能拖移至连接区域。如果拖移和对位连接人员配合有误，就容易造成人员轧伤、剐伤。另外，挖掘链连接完毕，张紧挖掘链，开始试运行时，如果车下人员未及时撤离挖掘区域，就极易发生绞伤、剐蹭等人身伤害事故。

案 例

2008 年 12 月 4 日 10 时 30 分至 14 时 30 分，兰州铁路局兰西工务段清筛施工车组在兰新线坡底下至西固城间上行 K24+000～K26+000 进行线路清筛施工作业，021411 号清筛机在 K24+000 处开始作业。10 时 40 分，清筛机进行水平导槽连接作业，车上操作人员赵宏亮控制下降导槽下降时，外委配合人员翟希乐抢先进入水平导槽端准备对位，因下降导槽被遮挡，赵宏亮未发现导槽下方钻有人员，致使翟希乐腿部挤压在导槽与石砟间，造成左腿膝盖以下截肢。

为控制全断面道砟清筛机连接水平导槽和挖掘链作业中的人身安全风险，根据《大型养路机械使用管理规则》，制定预控措施：

1. 收、放工作装置应选择线路比较平直的地段，在多线地段应与防护员联系，确认邻线无列车通过时方可作业。

2. 收、放工作装置及进行连接作业时，应按岗位分工各负其责，做好车上与

车下人员的协调，统一指挥，防止伤人。收放左右导槽时，严禁下方钻入人员。

3. 挖掘链连接后，车上操作人员与车下人员确认挖掘区域无人员、机具后，方可操作挖掘链张紧油缸控制手柄，张紧挖掘链。

4. 拖移挖掘链时，应由5人及以上人员协同配合。调整挖掘链位置时，宜用撬棍拨移，禁止用手操作。

5. 连接水平导槽和挖掘链人员应戴安全帽、穿防砸鞋。

三、配砟整形车作业

配砟整形车进入作业地段，解除安全链和机械锁销，将左右侧犁和中犁放至作业状态后，左右侧犁距线路中心最大距离可达3.3 m。作业时，左右侧犁、中犁将道床石砟回拢，重新布砟，完成道床配砟和整形作业。下放侧犁时，如果周边有人员停留，容易造成挤压、剐蹭事件。配砟整形车走行中，如果操作不当，就可能使侧犁侵入邻线，或剐倒接触网支柱、信号机等行车设备，伤及周边人员。另外，配砟整形车改变走行方向时，还容易造成车后人员被撞轧事故。

案 例

2010年9月30日9时40分至13时40分，太原铁路局太原工务机械段在大秦线阳原至化稍营间重车线K106+300～K110+000进行大机清筛捣固施工。10时08分，作业至K107+850处，SPZ-2000-03#配砟整形车左侧犁后底板将重车线侧590#接触网支柱根部撞断，向线路两线间倾倒，车下工作人员张树森躲避不及，被支柱压倒，经抢救无效死亡。

为控制配砟整形车作业中的人身安全风险，根据《大型养路机械使用管理规则》《普速铁路工务安全规则》，制定预控措施：

1. 配砟整形作业时，根据线路情况控制作业速度，一般作业速度为2～5 km/h。

2. 配砟整形车作业中，应安排专人防护，防止工作装置剐碰接触网立柱、信号机等设备。

3. 双线区段邻线未封锁，且线间距不足4.2 m时，配砟整形车靠邻线一侧犁板严禁作业。

4. 收、放工作装置应选择线路比较平直的地段，在多线地段应与防护员联系，确认邻线无列车通过时方可作业。

5. 收、放工作装置及进行连接作业时，应按岗位分工各负其责，做好车上与车下人员的协调，统一指挥，防止伤人。

四、清筛机组流水作业

铁路线路机械清筛机组包括轨道车、洒水车、平板车、物料车、清筛机、捣固车、配砟整形车、稳定车等车型。作业前，机组连挂运行至封锁区间，各车按规定排列顺序解体、自轮运行至作业区域，开始接替式流水作业。作业中，现场除机组作业人员外，还有工务、电务、供电及相关承包商等人员，由于对机组作业流程带来的安全风险知之甚少，往往只关注本职工作，盲目在机械车组作业区域穿行，易发生车辆与人员相撞等事故。

案 例

2012 年 10 月 19 日 10 时 26 分，上海铁路局上海大型养路机械运用检修段机械化清筛二队，在京沪线上行南京东上行场至南京东到达场间 K1163 地段进行集中维修施工，1 名作业人员在道心行走检查线路时，被后部跟进的配砟整形车撞轧，当场死亡。

为控制清筛机组流水作业中的人身安全风险，根据《大型养路机械使用管理规则》《铁路技术管理规程》，制定预控措施：

1. 大型养路机械在封锁区间独自运行时，续行间隔不得少于 300 m，续行速度不得超过 40 km/h，并做好随时停车准备。

2. 各机械车动车前，必须鸣笛一长声，退行时必须鸣笛两长声。司机发现前方有障碍物时，必须鸣笛连续短声，并紧急停车。

3. 各车运行司机应保持前后车联络通畅，途中停车时，应立即通知后续车辆，提醒注意并通报停车地点。

4. 清筛作业各车应注意相互间联系，保持各车作业间隔不得小于 10 m。邻线来车时应加强防护，不得进行可能侵入邻线限界的作业。

5. 动力稳定车作业速度应控制在 0.8~1.8 km/h，配砟整形车作业速度应控制在 2~5 km/h。

6. 各机械车现场防护员应严格履行职责，禁止无关人员穿行作业区域，并及时提醒车下人员避让后续跟进的车辆。

五、连续式捣固车收放作业装置

连续式捣固车主要用于捣固钢轨两侧枕底道砟，提高枕底道砟密实度，与起拨道装置相配合消除轨道水平偏差，提高轨道的稳定性。作业装置是连续式捣固车的重要组成部分，包括捣固装置、夯实装置、起拨道装置和排砟犁。捣固车到达作业区域，车下作业人员解除作业装置安全链后，车上作业人员控制随动小车纵向移动并下放作业装置，方能开始作业。由于车上作业人员视野受限，不能观察到车下所有工作区域，一旦遇盲区内有停留人员，极易发生挤伤、轧伤等人身伤害事故。

案例

2009年6月9日17时10分至20时10分，兰州铁路局兰州工务机械段在兰新线马家坪至永登站间上行K88+252~K102+858进行线路捣固作业。17时25分，211203号捣固车在K88+250处下放工作装置时，车下作业人员章德堡解除左侧起拨道装置安全链后，未及时撤离。车上操作人员刘天鸿未发现车下人员章德堡，操作起拨道装置下降按钮时，误将夹钳闭合，造成章德堡右手小拇指被夹断。

为控制连续式捣固车收放作业装置操作不规范带来的人身安全风险，制定预控措施：

1. 控制面板上的“禁动”牌不得摘下，未经车长批准不得擅自操作。
2. 未经车长批准，不得解除作业装置安全链。
3. 人员未撤离工作区域，不得收放作业装置。
4. 经车长确认随动小车、捣固装置、夯拍器锁闭到位，方可拴挂安全链。

六、捣固装置作业区域设备故障处理

捣固装置是安装在随动小车上的主要工作装置。捣固装置工作时，从一定高度迅速下降，使捣固镐头插入道床设定深度，待捣固镐头振动夹持动作结束后，再将捣固装置快速提升至原有高度，准备下一步骤作业。因捣固装置下方装有抄平小车、C点小车正矢传感器、抄平探测杆等部件，作业中一旦发生故障，需车下人员检修处理。如果车下人员盲目进入捣固装置作业区域，或车上与车下人员配合有误，都可能因捣固装置和随动小车移动，砸伤、碰撞作业人员。

案例

2009年8月9日2时40分至5时40分，兰州铁路局武威工务机械段在兰新线截河坝至青山堡站间下行K297+358~K324+364处进行大机维修施工。5时05分，08113号捣固车作业至K318+430处收车顺坡，右侧抄平小车卡住无法正常提升。作业人员钱小兵钻进右侧捣固装置下方检查抄平小车。车上操作人员王斌欲将抄平小车下降后再重新提升锁闭，操作过程中将右侧捣固装置下降开关误认为是抄平小车下降开关，导致右侧捣固装置突然下降，钱小兵躲闪不及时，当场被挤压致死。

为控制捣固装置作业区域设备故障处理中的人身安全风险，制定预控措施：

1. 捣固装置作业区域设备故障时，应将捣固装置提起、随动小车收回，并锁闭到位。待车长检查确认后，方可处理故障。

2. 作业装置控制面板的启机按钮上，应悬挂红色“禁动”牌，未经车长批准，不得擅自操纵。

3. 故障处理完毕，人员撤至安全区域，方可进行试验。

七、清筛机组连挂

清筛作业结束，封锁线路开通前，轨道车、物料车、清筛机、捣固车、配砟整形车、稳定车等车辆需连挂成清筛机组，返回站内。通常靠近返回车站的机械车为被挂车辆，其他车辆依次返回连挂。由于作业时，各车作业速度不同、间距不等，最远可达数公里，若连挂车辆返回途中遇有雨雪雾霾等恶劣天气，会导致瞭望不良；遇有小半径曲线、隧道及周边山体，还会导致联控设备语音通话间断失真，造成连挂车辆不能准确掌握被挂车辆停留位置。如果连挂车辆运行速度过快，极易发生相撞事故。

案 例

2009 年 4 月 27 日 2 时 20 分至 6 时 40 分，乌鲁木齐工务机械段 9 台捣固车、3 台稳定车共计 12 台机组，在兰新线火焰山至七泉湖煤窑沟上行 K1649+000~K1687+000 进行大型养路机械联合集中维修作业。作业完毕，WD04 与 DG08 连挂、DG05 与 DG09 连挂，分两组向七泉湖站返回。途中 DG05 与 DG09 运行至 K1671+000 曲线处，因前方 K1671+150 桥梁上作业照明灯刺眼炫目，本务机 DG09 司机将戴着头灯在路肩上整理工具的作业人员，误认为是在线路上作业，立即采取紧急制动，于6 时 30 分停于 K1671+230 处。停车后，呼叫后续运行的 DG08 本务机，司机在未听到应答的情况下，也未采取任何防护措施。6 时 35 分 DG08 车组运行至前方 K1671+150 处，发现前方停留车辆，慌忙采取紧急制动，制动过程中与 DG05 追尾相撞，造成 DG08 前驾驶室严重变形，DG05 材料小车脱线，经救援于 12 时 30 分开通线路，事故造成司乘人员 1 人死亡、3 人轻伤。

为控制清筛机组连挂作业中的人身安全风险，根据《大型养路机械使用管理规则》《铁路技术管理规程》，制定预控措施：

1. 连挂作业时，动车必须在距被挂车 10 m 前、2 m 处两度停车，检查钩销及风管，确认良好后方准连挂。连挂后必须先试拉才能连接风管，并打开所有折角塞门。

2. 不宜重车挂轻车、多车挂少车及向下坡方向挂车，禁止两个车同时挂 1 个车。

3. 摘挂作业中，车辆走行时严禁摘挂人员进入钩档和道心。

4. 挂车时，必须连挂妥当后方可撤除防溜设施。摘车时，必须停稳并设好防溜措施后方可摘开车钩。

5. 遇瞭望不良或联系不畅时，被挂车辆宜在来车方向 800 m 处设置远端防护。连挂车辆应以不超过 20 km/h 能随时停车的速度运行。

八、电气化区段清筛机组停留

清筛机组中的清筛机、物料车、配砟整形车等车辆，结构复杂、外形怪异、便于攀爬，往往吸引外来人员特别是年轻人关注，容易产生好奇触摸、攀爬查看、一探究竟的冲动行为。清筛机组在电气化区段停留时，一旦有人员攀爬车辆或维护人员违章登顶检修保养，极易侵入接触网 2 m 安全距离，造成电击伤亡事故。

案 例

2013 年 10 月 26 日下午，准格尔工务机械段清筛机组在薛家湾站 3 道停留。鄂尔多斯市 17 岁的初三学生熊小强和另外 6 名同伴进入薛家湾站玩耍，看到清筛机颇为“高大险峻”，很是好奇，便想爬上去合影留念。当熊小强爬上清筛机 4 m 多高的回转污土带时，27. 5 kV 的接触网高压电瞬间将其击落，坠至地面，后经医院抢救无效死亡。

为控制电气化区段清筛机组停留管理不规范带来的人身安全风险，根据《大型养路机械使用管理规则》，制定预控措施：

1. 电气化区段作业或检修设备需接触网停电时，应提前向供电部门提出停电申请，经供电部门同意后，方可作业。

2. 严禁在接触网未停电并接地的情况下到车顶上进行任何作业，所携带物件和工具的最顶端距离接触网带电部分不得小于 2 m。

3. 电气化区段大型养路机械及附属车辆，应加设“电气化区段、禁止攀登”的明显警告标志。

4. 电气化区段清筛机组停留时，应派人巡守，禁止无关人员靠近机组。

第十六章 信号劳动安全

一、电务驻站联络员

铁路信号设备，是指挥列车运行、保证行车安全、提高运输效率、改善行车组织方式的基础行车设施。信号设备主要分布在信号机械室、行车室（调度所）、室外线路等处所。电务驻站联络员与其他专业驻站联络员的主要区别是在行车室（调度所）担任驻站联络员职责时，允许在不离开行车室（调度所）的情况下，配合电务室内外作业人员在控制台操纵道岔、查看显示或与室内人员联系查看电气参数、继电器状态等工作。在人身安全方面，电务驻站联络员一方面，履行驻站联络员职责向现场防护员预报车列运行情况，向作业人员通报设备使用情况，防止室外人员发生挤压、相撞等伤害；另一方面，向机械室内作业人员通知控制台使用状态和室外作业情况，防止室内人员发生电击伤害或行车故障。如果电务驻站联络员擅离岗位、疏于防护、做与本职工作无关的事项，就容易造成漏报、误报、错报列车运行情况，甚至造成现场作业人员被电击、挤伤或撞轧事故。

案例

2013 年 10 月 20 日，银河电务段在陆河站内上行咽喉区分 5 组进行道岔检修作业。室内值班人员蒋红娟未能准确掌握各组作业地点，在车站信号员排列 6 道接车进路前，未通知 28#道岔现场人员，道岔转换中，将正在紧固 L 铁螺栓的刘国栋左手夹在尖轨与基本轨之间，造成拇指、食指及中指远节指骨粉碎性骨折。

为控制电务驻站联络员管理不规范带来的人身安全风险，根据《铁路电务安全规则》，制定预控措施：

1. 电务驻站联络员应经路局或公司级安全培训、考试合格，并由取得防护员资格和上岗证的信号工或信号专业技术人员担任。

2. 电务驻站联络员应持证上岗，按规定着装、佩戴标志，室内外作业较多时应增设驻站（驻调度所）联络员。

3. 电务驻站联络员应履行职责，及时向现场防护员和作业人员预报列车、调车运行及设备使用情况，并不间断地保持联系。

二、道岔转辙设备静态维护、检查

道岔转辙设备静态维护、检查，是指不影响转辙设备正常使用的维护、检查、清扫及施工准备等工作，作业时，只登记、不做要点。车务人员一旦排列进路或操纵道岔，就会造成室外道岔转换，如果室外作业人员肢体正处在道岔及部件转换部位，就很容易造成挤伤事件。

案 例

2005 年 2 月 4 日 9 时 40 分，成都铁路局西昌南站信号工区对室外设备进行节前巡视检查。信号工肖劲波在 121#ZY4 型电液道岔处，用对讲机联系室内扳动试验，并开盖检查缺口后，告诉室内 121#道岔巡视完毕。当他准备离去时，回头发现动作杆上有油污，使用棉纱上前擦拭，此时 121#道岔突然转换，将其右手挤伤，造成 4 根手指及手掌骨折。

为控制道岔转辙设备静态维护、检查中的人身安全风险，制定预控措施：

1. 严禁手脚置于尖轨、基本轨之间。

2. 严禁手扶、脚踏道岔转辙部位。

3. 严禁手指伸入袖套、空动距离、锁钩等活动部位。

三、道岔转辙设备动态维护、施工

道岔转辙设备动态维护、施工包括道岔安装、调试、联锁试验和日常维护等作业项目。作业中，现场作业人员的安全风险来源主要有两种：一种是现场作业人员自身违反规定，造成机械伤害；另一种是室内外配合不协调，室外准备不足，室内盲目操纵道岔，造成现场作业人员被挤压受伤。

案例

2010年5月6日10时50分，哈尔滨铁路局齐齐哈尔电务段扎兰屯车间成吉思汗信号工区在高台子站配合工务机械段施工作业。信号工王岩松在4#道岔调试完B机密贴后，上法兰盘开口销时，为保持身体平衡，左手抓扶尖轨。道岔转换过程中，将其手指挤伤。

为控制道岔转辙设备动态维护、施工中的人身安全风险，制定预控措施：

1. 检修电动（电空、电液）转辙机时，应打开遮断器。

2. 严禁用手指探摸挤切销、孔、齿条、油缸等活动部位。

3. 电务驻站联络员操纵道岔或交付车务使用前，应经现场作业人员许可。

四、高柱信号机作业

高柱信号机作业，是指利用梯子或作业平台，在高柱信号机上安装、调试、维护信号设备的作业，属高处作业。高柱信号机作业时，如果相邻线路有车列通过，或违反高处作业相关规定，就很容易造成作业人员人身伤害。

案例

2007年10月8日9时45分，中铁某局电务公司作业二班在王村站调整上行进站高柱信号机机构方向时，信号工刘光磊向信号机上作业人员抛递300 mm扳手，扳手撞击信号机机柱后弹回掉下，将其后背砸伤。

为控制高柱信号机作业中的人身安全风险，根据《铁路电务安全规则》，制定预控措施：

1. 高柱信号机作业应执行高处作业和利用梯子作业相关规定。

2. 离开梯子或站在梯子架外侧作业，应系安全带。

3. 信号机上不得放置工具、材料。

4. 列车通过时，禁止在该股道两侧信号机上停留。

五、机车信号、机车调监设备检修

机车信号、机车调监是安装在机车上的电务设备。机车信号显示器安装在驾驶室内，机车信号接收线圈和调监感应器安装于机车下部前后排障器内侧，所有主机安装在机车内部设备间或设备柜内。机车电务设备检修时，应与机务部门充分沟通，办理相关手续。作业中，如果乘务员操纵机车，或电务作业人员擅自操纵机车、误碰机车其他设备等，都极易酿成相撞、电击等人身伤害事故。

案例

2011年2月17日16时32分，上海铁路局徐州电务段徐州库修二工区在徐州机务段小辅修库前5道对DF11—22与DF11—134两台连挂机车进行车载设备出库检测。当乘务员离开司机室后，电务人员在无机务人员配合情况下，擅自进行列车运行监控装置（LKJ）试验，并超出试验项目扳动机车操纵主手柄，致使两台机车溜逸，向南走行1 042 m，以34 km/h速度撞上土挡，导致DF11—22机车脱线，险些造成人员伤亡。

为控制机车信号、机车调监设备检修中的人身安全风险，根据《铁路电务安全规则》，制定预控措施：

1. 禁止在机车行驶中检修机车外部设备；机车入库或在车站停车检修机车外部电务设备时，应挂红色信号旗或红灯防护，并在操纵台上放置红色“禁止操纵”牌。

2. 内燃机车、轨道车在柴油机启动状态及电力机车在升弓状态时，相关单位配合人员未在场，禁止上车作业。

3. 车底检修、检测车载设备时，应在机车进入库内地沟停稳后，确认在制动状态并设置防护人员后方可进行。

4. 车载设备性能试验时，应由机务人员配合操纵机车。禁止触碰与电务无关的设备、部件。

5. 禁止车上、车下抛掷工具材料。

六、特殊电源设备检修

特殊电源设备主要是指整流、变流及磁饱和等电源设备。这些设备中安装的电容能量储存元件在关闭电源后，电容两极性间仍会保持原有电压，如果不及时进行人工放电，盲目检修，极易造成短路，伤及作业人员。另外，特殊电源设备中安装的电流互感器为升压结构，且一、二次绕组匝数比值很大，二次电压会非常高。使用中，如果二次回路开路，人体接触也会造成电击伤害。

案例

1983年2月8日9时14分，原北京铁路局某电务段，信号工吴国梁在维修电源屏时，手部触及交直流屏内滤波电容，瞬间电容放电，将其右手中指击伤。

为控制特殊电源设备检修中的人身安全风险，根据《铁路电务安全规则》，制定预控措施：

1. 整流、变流及磁饱和等电压高于 220 V 电源设备检修前，应关闭电源，并对电容人工放电。

2. 电流互感器二次线圈不得开路，以免产生高压击穿设备和危及人身安全。

第十七章

通信劳动安全

一、屏蔽地线测试作业

屏蔽地线的主要作用是把电气化铁路通信电缆屏蔽层感应电动势和牵引回流泄入大地，以保证人身和设备安全。如果电缆屏蔽地线断开，就会切断屏蔽层金属护套对地回流，在断开处产生较高电位差，人体接触就会造成电击伤害。

案 例

2006 年 4 月 15 日 10 时 50 分，朔黄铁路公司原平分公司安排非天窗时间进行每年一次的屏蔽地线测试作业。通信工武昌国进入龙宫至北大牛区间，在没有穿绝缘鞋、戴绝缘手套的情况下，使用扳手断开地线，地线断开瞬间遭受电击，摔倒在地，造成手掌皮肤灼伤。

为控制屏蔽地线测试作业中的人身安全风险，制定预控措施：

1. 确认接触网停电后，方准断开屏蔽地线进行测试。

2. 接触网未停电必须测试时，应穿高压绝缘鞋、戴绝缘手套。

二、电缆开剥作业

电缆开剥是电缆接续作业中的一项重要工序，通常使用锋利的电工刀或裁纸刀等刀具，将电缆外护套纵向切开。在开剥作业时，由于电缆外防护套硬度较大，刀具尖部又作用于圆柱形体，如果作业人员用力过猛或电缆固定不良，就容易造成刀具滑脱，导致人身伤害。

案例

2003 年 6 月 21 日 9 时 40 分，神华集团在鄂尔多斯举行通信电缆接续技术比武项目，通信工张东阳左手托住 7×4 对称电缆一端，右手握住电工刀进行电缆开剥，由于用力过猛，刀具滑脱，将其左手划伤。

为控制电缆开剥作业中的人身安全风险，制定预控措施：

1. 电缆开剥应佩戴防护手套。

2. 电缆应顺直摆放，且一端固定良好。

3. 人体应站在电缆侧面，刀尖朝下，双手握紧刀柄，均匀用力，逐段开剥。

三、人工立杆、撤杆作业

架空光电缆、无线微区台以及区间视频监控等设备，一般都安装在铁路附近的电杆上。通常使用的水泥杆质量大、长度长，在进行人工立杆或撤杆作业时，容易出现电杆倾倒砸伤人员，甚至在列车通过时，造成撞轧事故。

案例

2014 年 6 月 16 日，沈阳铁路局锦州供电段大虎山供电车间在大新贯通线利用挖掘机进行立杆作业。为赶进度，在电杆回填土未夯实、未采取有效安全措施的情况下，作业人员违章登杆，撤除挖掘机立杆时使用的钢丝绳，造成电杆倾倒，将作业人员刘斌压在杆下，经抢救无效死亡。

为控制人工立杆、撤杆作业中的人身安全风险，制定预控措施：

1. 根据地形配足人员，并设专人统一指挥。

2. 登杆作业前，应检查电杆的各部位强度和质量，禁止手持工具、零件，携带电线登杆或在角杆内侧利用拉线上下电杆。

3. 竖立过长或过重电杆时，应使用叉杆或绞车等工具。

4. 新立电杆未回土夯实，不得盲目登杆或拆除支撑物、拉绳等。

5. 立杆、撤杆危及行车安全时，应登记要点，并采取防护措施。

四、高频开关电源带电作业

高频开关电源主要由交流配电部分、整流器、直流供电部分组成，由于设备内部空间狭小、原件紧凑，带电作业时，检修工具和身体容易误碰带电部位或短路电源器件正、负极，造成人身伤害和设备损坏。

案例

2008年3月5日，广东省某电信工程公司组织人员在广州季华14#楼安装通信电源设备。作业时，通信工张文华未对呆口扳手做绝缘处理，在进行电源接入操作时，呆口扳手将正、负极汇流条短路，造成右手大面积灼伤。

为控制高频开关电源带电作业中的人身安全风险，制定预控措施：

1. 检修工具金属裸露部位，应进行绝缘处理或使用带绝缘柄的工具。

2. 作业中应穿绝缘鞋，站在绝缘垫上。

五、光缆及光端口检修作业

光缆中的光纤利用激光传输信号，传输波长一般有1 310 nm、1 550 nm和1 650 nm，前者属近红外光，后两者属远红外光。近红外光能透过人眼屈光介质，聚积于视网膜上，使感光细胞出现凝固变性、坏死，造成眼睛永久性失明；远红外光几乎能全被眼角膜吸收，引起角膜炎和结膜炎，导致视力下降。在光纤及光端口检修作业时，如果眼睛正对有光光口或尾纤，就会造成眼部伤害。

案例

2019年8月14日15时26分，衡山北站开通站场列车运行安全监护系统工程中，设备厂家调测人员通知11#光纤收光功率低，通信工张红亮来到ODF架前，将光纤拔出检查端面，作业中不慎将光纤端面直对左眼，造成左眼灼伤，后经医院诊断，左眼视力永久性丧失。

为控制光缆及光端口检修作业中的人身安全风险，制定预控措施：

1. 光缆及光端口检修作业，应佩戴专用防护眼镜。

2. 光纤检修时，禁止眼睛正视光口或光纤端面。

六、电气化区段机车登顶作业

机车登顶作业，是指在机车顶部安装维护通信设备的作业，车顶通信设备主要有机车电台、机车重联天线和馈线系统。电气化铁路接触网电压为27.5 kV，登顶作业时，作业人员会侵入接触网安全距离，如不确认接触网停电，就可能造成高压电击事故。

案例

2012年5月30日8时54分，上海通信段杭州通信车间通信工孙家强在对杭州机务段机16道DF_{4D}—4195机车进行无线列调天线检修时，未办理登顶作业手续，盲目从机车车顶门登顶，被接触网高压击伤，摔落至机车电器间，经抢救无效死亡。

为控制电气化区段机车登顶作业中的人身安全风险，根据《铁路电务安全规章》，制定预控措施：

1. 登顶作业前，应办理接触网停电手续，确认接触网断电且已设好地线，得到机务部门许可后，方可作业。

2. 作业时，应在司机室操纵台上设置红色“禁止操纵”牌。

七、漏泄电缆检修作业

电气化铁路隧道内布放的漏泄电缆，距离接触网较近，漏泄电缆内外导体上会产生一定强度的纵向感应电动势，牵引电流越大、漏泄电缆长度越长，其感应电动势就越高。检修漏泄电缆连接头或直流阻断器时，感应电压极易对人体造成伤害。另外，隧道内漏泄电缆检修时，人体会侵入接触网 2 m 安全距离，加之隧道内粉尘污染严重，27.5 kV 牵引电压很容易击穿空气通过人体放电，造成作业人员被电击事故。

案 例

2015 年 11 月 7 日 10 时 25 分，某通信工区接段调度通知，东岭隧道内无线重联网络有中断现象。通信工赵二东、李海蒙到达现场，进入隧道检查漏泄电缆设备。经查找，初步判断为直流阻断器击穿，2 人在未联系要点、未确认接触网停电的情况下，决定利用列车间隙临时更换阻断器。当李海蒙登上爬梯，用扳手拆卸阻断器连接螺丝时，发生触电，从爬梯上坠落，导致腰部骨折。

为控制漏泄电缆检修作业中的人身安全风险，制定预控措施：

1. 漏泄电缆检修前，应登记要点，并设驻站联络员和现场防护员。

2. 与供电部门确认接触网已停电，并穿好绝缘鞋后，方准作业。

第十八章 接触网劳动安全

第一节　安全等级与作业监护

一、接触网步行巡视

接触网步行巡视是接触网工徒步观察接触网设备的一种常规检查方式，分为正常巡视、故障查找巡视、恶劣天气巡视等形式。巡视中，发现支撑装置瓷瓶破损、线索断股、网上有异物、支柱有鸟巢等设备缺陷，应做好记录，及时上报。如果擅自登高确认或临时处置，就很容易触及或接近带电体，造成人身伤害。

案例

1992 年 8 月 15 日，原郑州铁路局某供电段接触网工区在襄渝线官渡至巴山区间停电作业结束后，作业组人员从官渡站开始步行巡视。接触网工陈东南巡视至 17#吸流变处，发现吸流变引线有烧伤痕迹，为进一步确认烧伤面积和断股情况，9 时 52 分，陈东南登上 17#吸流变支柱，当接近变压器高压瓷套管时，被电弧击伤坠落，送至安康铁路医院抢救，于 2 日后死亡。

为控制接触网步行巡视中的人身安全风险，根据《普速铁路接触网安全工作规则》，制定预控措施：

1. 巡视应不少于两人，其中一人安全等级不低于三级。

2. 巡视人应携带望远镜和通信工具，一般情况下应面向来车方向。

3. 任何情况下巡视，接触网都必须以有电对待，巡视中不得攀登支柱。

4. 必须上道查看设备时，两人必须一人防护，一人上道检查。

二、接触网高空作业人员

接触网工经常需要攀登杆塔、支柱，悬挂在线索、软硬横跨等高处进行高空作业，属铁路行业危险性较大的工种之一。如果作业人员年龄偏大、患有职业禁忌证或作业前身体不适等，高空作业时，容易出现精力不集中、头晕、手脚麻软等情况，极易造成作业人员坠落伤害。

案 例

1993 年 8 月 6 日，原郑州铁路局宝鸡供电段接触网工区在凤格岭车站进行接触网钢柱涂漆作业。接触网工张有生感冒发高烧，未告诉工作领导人，在烈日下攀登 51#钢柱至 10 m 左右，突然坠落，后背正好落在道岔扳动手柄上，手柄将其胸腔穿透，当场死亡。

为控制接触网高空作业人员的人身安全风险，根据《普速铁路接触网安全工作规则》，制定预控措施：

1. 高空作业人员安全等级不低于二级。

2. 接触网工每两年应进行 1 次身体检查。

3. 高空作业人员如遇身体不适，应提前向工作领导人提出，工作领导人根据实际情况及时调整。

三、接触网作业监护设置

高空、间接带电、接挂地线及邻近带电线路或设备等作业，是接触网所有作业中最危险的工作方式，是最容易导致人员高空坠落、触电伤害的作业。在这些作业过程中，操作人员往往只专注于自己眼前工作，容易忽视周边环境或现场情况变化带来的安全风险。如果在这些作业中不设监护人或不按规定设监护人，就失去了对作业人员的安全保障作用。

案 例

1996 年 4 月 8 日 8 时 07 分，原郑州铁路局某供电段接触网工区在小宋车站站内进行清扫绝缘子作业。工作领导人不熟悉设备状况，没有注意到 38#支柱软横跨与带电的 4#馈线同杆架设，未在临近带电线路的 38#支柱设置专人监护。

当接触网工张孝忠清扫完软横跨绝缘子后，错误地去清扫4#馈线瓷瓶，在接近4#馈线瞬间，被电击坠落，烧伤面积达50%，构成重伤。

为控制接触网作业监护设置不规范带来的人身安全风险，根据《普速铁路接触网安全工作规则》，制定预控措施：

1. 高空、间接带电、接挂地线及邻近带电线路或设备等作业时，应设监护人。

2. 接触网停电作业，每个监护人监护范围不超过2个跨距、4条股道；不同行别时，应分别设置监护人，其安全等级不低于三级。

3. 间接带电作业时，每个作业地点均应设专人监护，其安全等级不低于四级。

四、接触网作业监护职责

接触网作业监护是防止作业人员违反作业程序、违规使用防护用品，以及作业中错误侵入有电气线路或设备安全限界等造成人身伤害的关键岗位。如果监护人员职责不清、间断监护，就有可能在作业人员发生坠落、触电等人身伤害前，失去对作业人员提醒和制止违规行为的安全防护作用。

案 例

1994年8月10日，成都铁路局某供电段阳平接触网工区在阳平车站上行进行接触网V形天窗作业，接触网工黄四海在软横跨上整理吊线。10时20分，临近作业结束，监护人童新格忙于收拾工具材料，中断了作业监护，黄四海下软横跨时，沿固定绳错误地走向了带电的下行侧，造成触电坠落死亡。

为控制接触网作业监护职责不清带来的人身安全风险，制定风险预控措施：

1. 监护作业人员行为、安全防护用品及安全程序执行情况。

2. 随时提醒作业人员及所携带工具、材料不侵入有电线路或设备安全限界。

3. 作业中应不间断监护，发现有坠落、触电等危及人身安全隐患时，应果断采取措施或制止继续作业。

第二节　作业准备

一、接触网作业命令、指令传达

在接触网作业现场，经常采用对讲机传达作业命令、指令，但往往现场机车车辆和作业人员较多、环境噪声较大、受地形和距离影响电台接收信号不稳定等，这些不利因素很容易造成作业命令、指令传达不全，甚至导致受令者误听、误判、误执行，后果十分危险。

案 例

2003 年 8 月 26 日，郑州铁路局新乡供电段管内，京广线塔岗至卫辉区间接触网发生弓网故障。机车停在48#支柱处，后弓损坏，114#、108#支柱接触网损坏。故障抢修时，第一组配合机车司机处理受电弓，第二组向卫辉在站内方向查找，接触网工罗二佑留在114#处待命。23 时 07 分，工长通知第一组："机车停车位置两端地线已接好，可以上车顶作业。"距离机车近 2 km 的罗二佑，在对讲机里断断续续误听为："两端地线已接好，可以上去"。罗二佑未与工长复诵确认，在无人监护的情况下，擅自攀登已停电但未采取安全措施的 114#支柱，被感应电击伤后吊挂在支柱上，经多方抢救，终因伤势过重，于次日死亡。

为控制接触网作业命令、指令传达不规范带来的人身安全风险，制定预控措施：

借助通信工具传达作业命令、指令时，应复诵确认无误后，方可执行。

二、接撤地线

接撤地线是接触网停电作业的一项基本工作。在接撤地线过程中，如果地线连接不牢，接撤地线时不验电接地线，或先连导体端后连接地端、先撤接地端后撤导体端，以及接撤地线过程中地线与人体接触，都可能导致接撤地线人员触电伤害。

案 例

1989 年 9 月 13 日，郑州铁路局某供电段接触网工区在站场道岔区进行综合检修，为避免造成轨道电路红光带，接地端没有与钢轨连接，而采用钢钎作为接地体直接插入大地，带电侧用短杆地线挂在斜腕臂上。作业完毕，接触网工钟爱国在无人监护的情况下，登杆撤除地线。由于地线杆距离支柱较远，手抓不到绝缘杆，钟爱国便用脚去勾地线，往返几次后，导致钢钎从地面拔出，当手抓到地线时，被感应电流击伤。

为控制接撤地线中的人身安全风险，根据《普速铁路接触网安全工作规则》，制定预控措施：

1. 在装设接地线时，应先将接地线一端接地，再将另一端与被停电的导体相连；撤除时，顺序相反。接地线应连接牢固，接触良好。

2. 装设接地线时，人体不得触及接地线，接好后地线不得侵入建筑限界。

3. 连接或拆除接地线时，操作人应借助绝缘杆进行。

4. 验电和装设、拆除接地线，必须由两人进行，一人操作，一人监护。

三、接触网作业地线设置

接触网停电作业时，在停电区段两端和可能来电的停电设备上设置接地线，是防止停电区域感应电、误送电、电力机车闯分段将电带入停电区等情况，使接触网意外带电伤及作业人员的重要措施。如果接触网作业区段不可靠接地，就可能导致作业人员意外触电伤害。

案 例

2018 年 10 月 29 日，北京铁路局京沪线中铁电气化局第一工程有限公司在北京南站到北京站上行 K10+925～K4+80 处利用天窗进行接触网综合大修作业。在作业中，京沪上行出现“红光带”故障，电气化局组织排查故障时撤除 60#、94#地线，造成未及时从车梯上下来的刘卫东被感应电击伤，经抢救无效死亡。

为控制接触网作业地线设置不规范带来的人身安全风险，根据《普速铁路接触网安全工作规则》，制定预控措施：

1. 验明接触网停电后，应立即在作业地点两端和与作业地点相连、可能来电的停电设备上装设接地线。

2. 停电作业的接触网附近有平行带电的电线路或接触网时，应增设接地线。

3. 关节式分相检修时，应在中性区导线上加挂一组地线，并将两断口短接封连。

第三节　接触网作业

一、V 形天窗作业

双线电气化铁路 V 形天窗是指一条线路接触网停电检修，邻线接触网正常供电，并可能会有列车运行的作业方式。V 形天窗作业时，在停电的接触网上会出现感应电压，感应电压的大小与未停电的接触网平行线路长度、间距和环境湿度等有关，平行线路长度越长、间距越小、湿度越大，停电的接触网上感应电压会越高。所以，V 形天窗作业时，很容易发生感应电压伤人。另外，附加导线和同杆架设的供电线路，以及中性区和开关断开后可能成为中性区的设备，也同样会出现感应电压，给作业人员带来安全风险。

案 例

1992 年 9 月 7 日，原西安铁路局某水电段接触网工区在陇海线常兴车站进行接触网上下行停电作业。下行作业结束后，恢复下行供电，因下雨，工长取消了上行作业。此时，上行接触网虽已停电，但未采取接地防护措施。要令人马鞍山私自同意线路工程段在上行 6 道宿营车顶安装烟筒，安装过程中，职工冯先瑞触及接触网导线，被感应电电击死亡。

为控制 V 形天窗作业中的人身安全风险，根据《普速铁路接触网安全工作规则》规定，V 形天窗作业除执行接触网地线设置一般规定外，还应按下列规定执行：

1. 两接地线间距大于 1 000 m 时，应增设接地线。

2. 在接触悬挂部分作业，附加导线及同杆架设的供电线路均应停电并接地。但不侵入其安全距离时，可不接地。

3. 在电分段、软横跨等处作业，中性区和开关断开后可能成为中性区的停电设备均应接地，但其长度小于 10 m，与接地设备等电位后可不接地。

4. 遇有雨、雪、雾、霾或 5 级及以上大风恶劣天气，一般不进行 V 形天窗作业；必须作业时，应增设接地线，并加强监护。

二、两个及以上作业组作业

接触网两个及以上作业组作业，是指两个及以上作业组在同一时间、同一供电臂进行的作业。作业时，如果简化程序，出现两个作业组共用要令人、防护人或共用接地线的情况，就可能导致错给、错销停电命令，错传、错接行车防护信息，错接、错撤地线等，给人身安全埋下重大事故隐患。

案例

1987年9月23日，郑州铁路局某供电段接触网工区在洛阳站下行同一供电臂安排隔离开关检修组和悬挂检修组进行检修作业。这期间，隔离开关检修组未按规定单独设置本组东侧地线，违章借用悬挂检修组的西侧地线进行作业。11时20分，悬挂检修组检修完毕，地线撤除。此时，隔离开关检修组处于一端无地线保护状态，长时间在软横跨支柱8.3 m处开关底座上作业的孙永富，摘开安全带调整身位时，左肩触及开位的开关触头，被感应电流击伤，高空坠落，背部落在隔离开关操作托架上，内脏受伤，经抢救无效死亡。

为控制两个及以上作业组作业中的人身安全风险，根据《普速铁路接触网安全工作规则》，制定预控措施：

1. 应分别向供电调度申请停电命令。

2. 应分别设置防护人、要令人。

3. 应各自设置本组两端地线，不得共用或借用地线。

三、接触网附加线索支柱作业

接触网附加线索支柱上通常悬挂有正馈线、供电线、回流线、架空地线，个别支柱上还悬挂有不同供电臂的供电线。V形天窗作业时，上行或下行供电臂仍然有电。由于悬挂多种线索，线索间距离较近，作业空间受限。作业人员稍有不慎、判断失误，人体或工具就很可能接近带电线索，导致触电伤亡。

案例

2001年4月13日，郑州铁路局某供电段在陇海线荥阳车站更换214供电线。其中，供5#支柱同杆合架有213、214供电线。在214停电、213还未停电的情况下，工作领导人为抢进度，要求提前攀登供1#~8#支柱待命。接触网工杨浦生登上供5#支柱后，受该支柱站立位置限制，移动身体时，手臂侵入213供电线安全限界，手臂、面部、颈部被电弧严重烧伤。

为控制接触网附加线索支柱作业中的人身安全风险，根据《普速铁路接触网安全工作规则》，制定预控措施：

附加线索支柱上作业时，接触悬挂、附加导线及同杆架设的其他供电线路均应停电并接地。

四、接触网悬挂作业

接触网悬挂，是指接触网与机车受电弓接触的悬挂部分，它由承力索、接触导线、吊弦、弹性吊索等组成。接触网悬挂作业时，作业人员需站在接触网悬挂上，安全带系在导线或承力索上，进行安装或调整零部件及其结构参数。作业中，如果不注意零部件承载状态和线索受力方向，贸然拆卸零部件或剪切线索，就可能导致悬挂塌架或线索剧烈抖动、抽脱，造成作业人员高空坠落、物体打击、撞击等人身伤害。

案例

2000 年 3 月 5 日 10 时 20 分，郑州铁路局某供电段，在陇海线铁门站处理接触网悬挂故障。作业人员宋志宏拆卸悬挂弹性吊索时，未注意弹性吊索承载和受力方向，贸然剪断弹性吊索，导致承力索上弹，宋志宏随承力索甩出，弹回时后背撞击到支柱上，造成肩胛骨断裂。

2006 年 2 月 14 日 8 时 28 分，中铁电气化集团在沪杭线电气化改造施工中，利用列车间隔在 K179+100 处进行接触网调线作业。一名作业人员在接触网上移动时，不慎滑脱，倒挂在空中，并引发接触网导线剧烈抖动，导致另一名作业人员失控坠落，也倒挂在空中，两人先后被通过的 N537 次客车上部凸出部位连续碰撞，当场死亡。

为控制接触网悬挂作业中的人身安全风险，根据《普速铁路接触网安全工作规则》，制定预控措施：

1. 营业线接触网悬挂作业时，应封锁线路；非营业线列车通过时，线路上方不得停留人员。

2. 人员不宜位于线索受力方向反侧，并采取防止线索滑脱措施。

3. 曲线区段接触悬挂调整时，应有防止线索滑脱的后备保护措施。

五、利用车梯作业

车梯是接触网检修作业的主要登高工具，车梯结实、稳固、运行平稳直接影响着梯上、梯下作业人员人身安全。车梯作业时，如果四轮不平、推行过快、急剧启停、车梯台面放置工具材料等，容易发生工具材料掉落，砸伤地面辅助人员，车梯倾倒造成梯上作业人员高空坠落。

案例

1988 年 4 月 27 日，成都铁路局某供电段接触网工区利用车梯在站场巡检。

作业前，作业组员提醒工作领导人，车梯有一轮对与钢轨不密贴，但工作领导人认为该车梯一直在用，未能引起重视，只要求使用车梯时用脚踩住轮对支架，保持车梯稳固。当日巡检即将结束时，车梯操作人员发现51号道岔柱定位有偏磨，要求车梯返回检查。在通过道岔时，车轮脱轨，车梯突然倾倒，造成梯上2名操作人员坠落摔伤。

2005年4月5日，成都铁路局某供电段接触网工区在区间利用车梯更换定位管。作业过程中，接触网工叶凡站在车梯框架上拆卸定位管，车梯台面上的沈默接过棘轮扳手后，随手放在工作台上。当叶凡下到车梯台面时，未看到台面上的棘轮扳手，不慎将扳手踢落，砸在推扶车梯人员赵广恒肩部，造成肩胛骨碎裂。

为控制车梯作业中的人身安全风险，根据《普速铁路接触网安全工作规则》，制定预控措施：

1. 车梯应结实、轻便、稳固。

2. 作业时，应指定车梯负责人，车梯作业人员不得超过两名，工作台上不得放置工具、材料。

3. 推扶车梯人员应服从车梯作业人员指挥，并实行呼唤应答。推动速度不得超过5 km/h，推动过程不得急剧启、停。

4. 车梯在道床、路肩上或超出工作台作业时，安全带应系在接触网上，不得系在工作台框架上；车梯在地面上推动时，工作台上不得有人停留。

六、上下接触网作业车平台

接触网作业车为接触网检修作业提供了登高便利，作业车平台升降梯（爬梯）设计为三层重叠拉伸式，主要用于检修人员登高或传递工具材料。如果在平台升降过程中攀爬升降梯，或在攀爬过程中操作升降平台，都可能造成作业人员手脚被挤伤。

案例

2004年12月30日10时20分，朔黄铁路公司肃宁分公司沧州西供电工队在朔黄线杜生站内利用接触网作业车，更换上行接触网供电线与承力索间的电连接。作业结束后，作业人员操作平台下降时，发现平台不能下降复位。随后，轨道车司机要求平台上的4名作业人员先从爬梯下到作业车，然后再处理平台下降故障。随着人员下梯和向爬梯处集中，平台支点平衡被打破，当第二名下梯的杜志强右脚蹬至爬梯第一节时，突然爬梯随平台一起坠落，三层爬梯全部复位，爬梯收缩过程中，将杜志强右脚夹在一、二层之间，造成粉碎性骨折。

为控制上下接触网作业车平台管理不规范带来的人身安全风险，根据《普速铁路接触网安全工作规则》，制定预控措施：

1. 上下作业车平台，应征得平台操作人或监护人同意。

2. 平台升降、转向，应呼唤应答，严禁手、脚放在升降梯任何部位。

3. 作业车移动或平台升降、转向时，严禁人员上下。

4. 人员上下时，严禁移动作业车或平台升降、转向。

七、接触网作业车与检修人员配合

接触网作业中，作业车启动、停车、运行方向及速度要求，受作业平台上的人员指挥。现场作业中，往往会由于时间紧、任务重或休息不充分等各种因素，造成司机或作业人员精力不集中、情绪紧张、配合不密切，导致误判信息、臆测行事等非作业人员意图的车辆移动，给作业人员带来人身伤害。

案 例

2007年6月6日，西安铁路局某供电段兴平接触网工区在马嵬坡车站利用接触网作业车进行线岔检修作业。16时18分，作业车平台旋转至与线路约45°夹角处升起后，站在平台上的接触网工张卫平，开始紧固43#定位立柱螺栓。此时，作业车司机王龙在未得到动车指令的情况下，臆测行事，擅自缓解，使作业车由东向西运行，导致正在平台上紧固螺栓的张卫平，被定位立柱挤出护栏坠落，造成脾脏破裂、下腭裂伤、右脚骨折。

为控制接触网作业车与检修人员配合中的人身安全风险，根据《普速铁路接触网安全工作规则》《接触网作业车管理规则》，制定预控措施：

1. 作业人员与司机之间信息传递，应及时、准确、清楚，呼唤应答。检修作业车移动，应听从作业平台上操作人员指挥。

2. 移动车辆前，司机应注意车辆及作业平台周围环境、设备、人员和机具等情况，并保持规定的安全距离。

3. 车辆移动中，平台作业人员应避开接触网部件，防止剐碰伤人。

八、邻近有电线路或设备作业

邻近有电线路作业，是指在未停电的线路或设备附近作业。如果与有电线路或设备不保持安全距离，或不采取安全保护措施，作业人员和使用的工具、材料就有可能侵入邻近有电线路安全距离或触及带电设备，造成人员触电伤亡。

案例

1982 年 6 月 23 日，兰州电气化工程段一队在天兰线谢家坡至土店子区间 92#支柱进行安装腕臂作业。从现场情况看，该支柱侧后 3 m 处有与腕臂等高的 10 kV 电力线路。安装时，作业人员在腕臂中部捆绑拉绳，地面辅助人员拉住绳索，使腕臂不向有电侧偏转。但在连接水平拉杆底座时，地面人员未掌握好绳索拉力和碗臂受力方向，致使腕臂突然向有电侧偏转，旋转后腕臂顶端搭至 10 kV 电力线上，造成作业人员孔二友触电死亡。

为控制邻近有电线路作业中的人身安全风险，根据《普速铁路接触网安全工作规则》，制定预控措施：

1. 作业人员包括所持机具、材料、零部件等，与周围带电设备安全距离不得小于以下规定：220 kV 为 3 000 mm；110 kV 为 1 500 mm；25 kV 和 35 kV 为 1 000 mm；10 kV 及以下为 700 mm。

2. 必要时，带电线路应停电并接挂地线，或采取安装防护网、安全挡板等措施，并加强监护。

九、间接带电作业

间接带电作业，是借助绝缘工具在带电接触网设备上作业的一种作业方式。间接带电作业时，如果绝缘工具性能不良、安全距离不足、空气潮湿等，都会给间接带电作业人员带来安全风险。

案例

1998 年 4 月 15 日，原郑州铁路局某供电段接触网工区工作人员刘建军在行园至大米溪区间步行巡视。巡视中，刘建军发现 20#支柱平腕臂底座处有鸟巢，便从附近作业车上取来表面脏污的绝缘杆，未与工作领导人联系，未戴防护用品，擅自清除鸟巢。清理时，绝缘杆不慎与平腕臂接触，致使绝缘杆放电，造成触电死亡。

为控制接触网间接带电作业中的人身安全风险，根据《普速铁路接触网安全工作规则》，制定预控措施：

1. 作业人员接触工具绝缘部分时，应戴干净手套，不得赤手接触。

2. 间接带电作业时，人员和非绝缘工具、材料，与带电体之间距离不得小

于 1 000 mm，受限制时不得小于 600 mm。

3. 遇有雨、雪、雾、霾，气温低于零下 15 ℃、高于 37 ℃，风力 5 级及以上等恶劣天气，或相对湿度大于 85%时，不得进行间接带电作业。

十、隧道内作业

隧道内作业，由于光线不足，作业人员大多以手电或头灯照明，视线和视角受到限制。高空作业时，操作人员很容易与隧道内定位管、腕臂、立柱等部件发生碰撞；地面作业人员遇有隧道内排水沟盖板缺损，或标志桩、临时轨枕等障碍物，都容易发生摔伤、碰伤。

案 例

2009 年 12 月 1 日，某供电段接触网工区在云山 2#隧道内利用车梯进行接触网检修作业。操作人董建生探身低头，观察接触线是否有硬弯。回身扭头时，导致额头侧面蹭到定位管端部，顿时血流满面。

2011 年 1 月 8 日，朔黄铁路公司原平分公司接触网打冰组，在龙宫隧道内打冰作业。作业中，接到防护人员上行有车通知后，费金生手持绝缘杆，跑向避车洞，由于光线不足，未发现水沟盖板缺失，右脚不慎踩空，掉进排水沟内，造成小腿骨折。

为控制隧道内作业中的人身安全风险，制定预控措施：

1. 隧道内作业，应穿戴具有反光标志的工作服。

2. 单独网上作业时，应一对一监护，遇有监护困难、监护人不到位时，应停止作业。

3. 作业人员在隧道内行走，应注意排水沟、挡渣板、标志桩、坠砣限界架等障碍物，防止摔伤、碰伤。

十一、带电水冲洗作业

带电水冲洗作业，是指使用铁路专用车辆高压水源，在走行中清洗接触网绝缘子的作业，接触网带电水冲洗构成了移动式间接带电作业；接触网不带电时，由于作业区域两端不加挂地线，接触网上会有感应电压或出现异常情况使接触网带电。如果水冲洗作业不执行间接带电安全规定，或水源水质不达标，就会给作业人员带来触电伤害。

为控制带电水冲洗作业中的人身安全风险，根据《电力设备带电水冲洗导则》，制定预控措施：

1. 水冲洗作业，应执行间接带电安全规定。

2. 冲洗用水电阻率应达到水质化验标准，每次冲洗前应测量电阻率。

3. 水炮出水压力不得小于 1 MPa。

第四节　作业结束

一、接触网结束作业

接触网结束作业主要内容包括验收作业质量，确认作业人员离开作业区域撤至安全地带，清点人数、工具、材料，撤除安全措施，消除作业命令，是接触网检修作业的收尾环节。在收尾环节，作业人员容易放松警惕、疏忽大意，盲目认为还未送电，再次进入作业现场，侵入限界、触及或接近接触网设备，从而导致相撞事故或受电击伤害。

案 例

2006 年 8 月 23 日，武汉铁路局武昌供电段接触网工区在汉西至汉阳区间进行更换正馈线作业。任务完成后，工作领导人谢峰峦未确认作业区人员全部撤至安全地带，便盲目通知撤除地线。此时，接触网工黄中汉在下网过程中，发现挂滑轮的钢丝套子遗留在馈线肩架上，便返回摘除套子，瞬间被感应电击伤，送医院经抢救无效死亡。

为控制接触网结束作业中的人身安全风险，根据《普速铁路接触网安全工作规则》，制定预控措施：

1. 工作票中规定的任务完成后，经工作领导人确认具备送电和行车条件，且作业人员、机具、材料已撤至安全地带，方可拆除接地线，宣布作业结束。

2. 停电命令和行车封锁命令消除后，人员、机具不得再次上网和侵入建筑限界。

二、接触网故障处理

接触网一个供电臂直供方式一般在 15 ~ 20 km，AT 供电方式最长可达 40 km。接触网发生故障后，故障供电臂内所有列车停止运行，相邻线路列车仍正常运行，现场故障查找人员多、分布广、联系困难，如果不设行车防护人员，很容易发生撞轧事故。另外，接触网发生故障后，在电调未发布停电命令前，电调或变电所随时有可能强送电，使故障接触网带电。在故障点确认和处理时，如果仅根据故障现场主观判断接触网有无带电，或不按程序处理故障，就极易造成抢修人员被电击事故。

案 例

1988 年 4 月 3 日，某供电段变电所跳闸，重合失败。接触网故障巡查人员发现 121#隧道第 5 悬挂点隧道壁地线坠落后搭在承力索上，承力索已烧断数股。作业组长张自生盲目地认为接触网已故障断电，便擅自利用车梯上网处理，伸手拉地线瞬间，产生火球，发生被电击事故，在送往医院途中死亡。

为控制接触网故障处理中的人身安全风险，根据《电气化铁路接触网故障抢修规则》，制定预控措施：

1. 故障抢修应执行停电要令、封闭线路，按规定验电接地、设好现场防护后方可进行。

2. 抢修前，指挥人员应向作业人员宣布停电范围，划清设备带电界限。

3. 对可能来电的关键部位和抢修作业地段，应按规定设置可靠足够的接地线。

Chapter 19

第十九章 电力劳动安全

第一节　人员资质

一、新工、实习生、临时劳动人员

新参加电力工作人员、实习人员，以及临时参加劳动的干部、临时工等，对电力设备性能不熟，工作流程不清楚，操作技能水平低，没有工作经验，安全防范意识差。如果单独作业，就容易违反安全工作流程，误动设备，发生人身伤害事故。

案例

2010年1月27日，济南铁路局某供电段电力工区，转岗人员孙权力和翟二全在没有师傅指导的情况下，擅自利用工区院内练兵场练习横担安装。当孙权力登上电杆约4 m时才开始系安全带，慌忙中，安全带挂钩未可靠连接、闭锁，便松开双手，安全带受力瞬间挂钩脱开，孙权力从杆上坠落，造成左胸、腰部、右足等多处受伤。

为控制新工、实习生、临时劳动人员作业中的人身安全风险，根据《铁路电力安全工作规程》，制定预控措施：

1. 新参加电力工作、实习以及临时参加劳动的干部、临时工等人员，应经安全教育，方可参加指定工作，但不得单独工作。

2. 外单位支援、学习人员参加工作时，应由工作执行人介绍设备情况和有关安全措施。

二、工作票签发人

工作票作为电力检修作业的书面依据，签发人应具备较高的专业水平、丰富的工作经验，而且应熟悉现场设备。如果签发的工作票中，存在漏停电、错停电、安全措施不完备等问题，就会给作业人员带来安全风险。

案 例

1997 年 3 月 12 日，恒嵩水电段电力检修工区对兴龙站 1#站馈线 020#~030#区段进行停电检修。但事实上兴龙站 1#站馈线分为 001#~050#共计 49 档，001#~019#不停电，031#~050#不在作业范围内，虽然已经停电但应视为有电。当日，因工作票签发人对兴龙站馈线及电力设备不熟悉，仅在工作票中填写停电范围为 1#站馈线，未具体明确 1#站馈线哪些区段停电。作业时，担任工作执行人的工长也未认真审核把关，未发现工作票存在的事故隐患。电力工吴江海误认为 1#站馈线各区段全部停电，当他检修完 20#电杆后，发现 19#电杆瓷瓶处有异物，擅自攀登 19#电杆处理瓷瓶异物，触及带电设备，造成被电击重伤。

为控制工作票签发人不规范作业带来的人身安全风险，根据《铁路电力安全工作规程》，制定预控措施：

1. 工作票签发人应由工长、调度员、所主任、技术人员或总工程师指定人员担任。

2. 工作票签发人不得兼任工作执行人。

三、工作领导人

两个及以上工作组同时作业时，应设工作领导人，并对作业质量和安全负责。如果随意指定工作领导人，或工作领导人在作业现场擅自增加、减少工作内容，盲目变更作业地点，修改或简化安全措施，都将给作业人员带来安全风险。

案 例

2000 年 12 月 21 日，原西安铁路局某水电段组织 5 个作业小组在元龙至低台站间进行 10 kV 自闭线改造。开工后，工作领导人张力峰发现新架设的自闭线需跨越一处废弃的农电线路，临时决定拆除废弃农电。实际现场耐张杆上有

3条线路，南侧为废弃农电，北侧和东侧为有电线路。负责拆除的电力工李双友和贾庆误认为北侧、东侧是同一废弃线路，拆除中，李双友触及带电导线，被电击身亡。

为控制工作领导人作业不规范带来的人身安全风险，制定预控措施：

1. 工作领导人由所主任、技术人员或工长担任。

2. 工作领导人负责工作票审核、作业现场指挥、协调和安全措施落实。

3. 工作领导人不得改变工作票内容，工作票内容与现场实际不符时，应取消作业或申请重新签发。

四、工作执行人

工作执行人对单项作业任务、质量、安全负责。工作执行人如果对作业组成员不说明具体停电范围、带电设备位置，臆测或预约停、送电，安排接地封线位置有误，作业监护不到位，就可能铸成大错，造成人员伤亡事故。

案 例

1985年7月13日，原南昌铁路局浙赣线东乡站供电所包修二组摇测道岔标志灯电缆绝缘电阻。工作执行人违章安排学徒工李村山拉开12#杆顶开关箱内刀闸，并提醒低压横担外侧导线有电，但未说明上排电力线有电。随后，工作执行人往道岔标志灯方向走去。李村山在无人监护的情况下开始登杆作业，当他向上排电力线挂脚扣时发生触电，从横担处坠落，经抢救无效死亡。

为控制工作执行人不规范作业带来的人身安全风险，根据《铁路电力安全工作规程》，制定预控措施：

1. 工作执行人应由熟悉设备、工作熟练、责任心强、有一定组织能力的人员担任。

2. 工作前，应正确布置任务，详细交代安全措施和注意事项，并说明停电区段和带电设备具体位置。

3. 工作中，应检查现场安全措施，监护作业人员安全，必要时，根据现场情况可增设专职监护人。

五、工作监护人

工作监护人是保障电力作业安全措施落实的重要岗位。作业中，如果监护人不能时刻在场监护，随时提醒工作组员安全事项，及时纠正或制止简化程序、违章作业、超范围作业等危险行为，就随时可能发生人身安全事故。

案 例

1992 年 3 月 5 日，某水电段电力工区进行变压器检修作业。主要检修任务完成后，人员未全部撤离时，监护人放松监护职责，忙于联系送电事宜。这时，电力工付传杰发现跌落开关脏污，在无人监护的情况下，用棉纱擦拭。擦拭中，触及跌落开关上部，发生触电，从变压器台坠落，造成重伤。

为控制工作监护人不规范作业带来的人身安全风险，根据《铁路电力安全工作规程》，制定预控措施：

1. 工作监护人应由配电值班员或能独立工作、熟悉设备和有一定工作经验的人员担任。

2. 工作监护人在作业中不断监护工作人员行为。发现危及人身安全时，应果断采取措施或制止继续作业。

3. 发生意外情况时，应迅速采取正确抢救措施。

第二节　作业准备

一、工作票填发

工作票是电力设备检修采取安全措施的基本依据，是保证工作人员安全的“生命票”。任何作业包括停电作业、带电作业、倒闸作业等，都必须执行工作票制度。但在现场往往出现部分工作领导人或工作执行人，对个别零星、小型和临时变更的作业，不开工作票，擅自安排作业，或在现场临时更改作业内容、安全措施，这样就可能导致作业组织或停电措施不完善、安全监护不到位等，从而造成人身伤害事故。

案 例

1991 年 4 月 19 日，原济南铁路局某供电所停电检修环西线高低压双电源线路。工作票中只填写了高压停电安全措施，未注明同杆架设的低压线路停电。到达现场，工作执行人发现低压停电措施漏洞后，未要求重新签发工作票，擅自安排拉开变电室低压总开关，但未安排设置低压封线，便开始作业。10 分钟后，通信楼发现电源室停电，来电话要求送电，工作执行人不假思考就同意送电。结果造成已经解开安全带，正在沿横担穿越低压线路的电力工周文强触电，高空坠落。

为控制工作票填发不规范带来的人身安全风险，根据《铁路电力安全工作规程》，制定预控措施：

1. 工作票应用钢笔、圆珠笔填写，字迹清晰，不得涂改，并于作业前一天交给工作执行人或工作领导人。

2. 工作中如需改变工作内容、扩大或变更工作地点，应更换新的工作票。

3. 工作票有效期不得超过3天。工作间断24小时，应重新填发工作票。

二、设备停电作业准备

电力设备停电作业准备，是保障电力停电作业人身安全的重要环节，包括人员材料机具准备、停电、检电、接地封线等主要工序。如果作业人员不清楚作业范围和停电范围，就有可能误停、漏停、误送电。另外，作业前不按规定检电和挂封线，都有可能造成电击伤害事故。

案 例

2001年8月1日，某供电段进行电力自闭线改造施工。当天没有签发工作票，工长也未向作业人员讲明作业范围和停电范围，只是口头安排电力工杨树林和刘淑昌在2#电杆南侧增设1组接地封线。两人到达现场后，认为自闭线已停电，在未穿戴防护用品，未检电的情况下，误将接地封线挂在未停电的10 kV自闭线3#杆上，结果造成刘淑昌被电击死亡。

为控制设备停电作业准备中的人身安全风险，根据《铁路电力安全工作规程》，制定预控措施：

1. 电力设备停电作业，应遵守工作票制度。口头命令，应填入安全工作命令记录簿。

2. 作业前，工作执行人应向作业人员指明作业范围和停电范围。

3. 作业人员应按停电、检电、挂封线的作业程序工作。

三、倒闸作业

倒闸作业是对隔离开关、断路器、跌落开关、熔断器等电气设备实现断开或闭合的操作。如果这些电气设备状态不良，或遇雨天、潮湿、瓷瓶脏污等，在倒闸过程中就会出现拉弧和产生较大泄漏电流。如果不穿戴防护用品，不使用绝缘工具，就可能导致操作人员受电击伤害。

案 例

2000年5月9日，泰安地区小雨天气，某电力工区正在处理5#变压器故障。由于绝缘操作杆已全部送检，现场电力工王玉刚找来一根竹竿，在未戴绝缘手套的情况下，将变压器台杆上的跌落开关拉开。故障处理完毕，竹竿已被雨水全部淋湿，当王玉刚使用竹竿闭合跌落开关时，造成触电事故。

为控制倒闸作业中的人身安全风险，根据《铁路电力安全工作规程》《铁路电力安全工作规程补充规定》，制定预控措施：

1. 倒闸操作应根据值班调度员或运行值班负责人的指令，受令人复诵无误后执行。

2. 发令人和受令人应先互报单位和姓名，发布指令应准确、清晰，使用规范的调度术语和设备双重名称，即设备名称和编号。

3. 操作人员（包括监护人）应了解操作目的和操作顺序。对指令有疑问时应向发令人询问清楚无误后执行。

4. 操作机械传动的隔离开关，应戴绝缘手套。

5. 操作非机械传动的隔离开关、跌落式熔断器和摘挂跌落式熔断器保险管时，应戴绝缘手套、穿绝缘靴、使用绝缘拉杆。雨天禁止带电操作。

6. 倒闸作业必须一人操作、一人监护。

四、停、送电操作

停、送电操作是电力停电作业程序中的关键环节，作业人员常常认为操作简单，容易忽视作业安全。作业时，如果未确认开关编号误合开关，会造成停电检修的作业区段带电，导致作业人员电击伤害。如果停、送电时，不使用绝缘工具，或过分接近带电体，还有可能造成自身受电击伤害。

案 例

1999 年 4 月 7 日，济南铁路局某水电段明水电力工区在景家坡进行 6#杆及变压器检修，并更换二次侧配电箱。作业结束后，工长命令组员撤离现场，由姜一凡负责送电，在无人监护的情况下，闭合跌落开关。送电完成后，姜一凡翻越变台护栏时，身体重心偏移，致使右臂侵入变压器高压端子安全距离，造成电击坠落，被紧急送往章丘区医院，经抢救无效死亡。

为控制停、送电操作中的人身安全风险，根据《铁路电力安全工作规程》，制定预控措施：

1. 停电、检电、接地封线工作必须由两人进行，一人操作、一人监护；操作人员应戴绝缘手套、穿绝缘靴、戴护目镜、用绝缘杆。

2. 低压停电作业应从各方面断开电源，并将配电箱加锁，没有配电箱时应

取下熔断器。

3. 在多回路设备上进行部分停电作业时，应核对停电回路与检修设备，防止误停电或停电不彻底。

4. 人体与 10 kV 及以下带电体最小安全距离，有安全遮拦时为 350 mm，无安全遮拦时为 700 mm。

五、停电线路与带电线路交叉跨越挂接地线

在停电线路与带电线路交叉跨越处作业时，两条线路容易上下摆动，造成交叉处线路安全距离不足，人员、工具、材料侵入带电线路，产生放电。另外，停电线路在带电线路上方，松动导线时，容易造成线索抽脱，与下方带电线路搭接。如果不按规定挂设地线，作业人员稍有不慎，极易造成触电事故。

案 例

2001 年 7 月 4 日，某供电段在车站办公楼进行电气线路改造（现场一般简称“站办线改造施工”）。因 6 支 1~2#杆间 10 kV 自闭线上跨 9~10#杆间站办线，两线最短距离仅为 450 mm。在撤除低压站办线终端茶台回线时，地面辅助人员高力伟用大绳拉紧线索，电力工姜力新用手钳剪断回线瞬间，引起线索上下跳动，致使交叉处安全距离不足，导致 10 kV 自闭线对站办线放电，造成姜力新触电，左手、右臂、双大腿均被灼伤。

为控制停电线路与带电线路交叉跨越挂接地线作业中的人身安全风险，根据《铁路电力安全工作规程》，制定预控措施：

1. 停电线路在带电线路上方交叉，不松动导线时，应在停电线路交叉档处加挂一组地线。

2. 停电线路在带电线路上方交叉，松动导线时，应在停电线路交叉档内两侧，各加挂一组地线。

3. 停电线路在带电线路下方交叉，松动导线时，应在停电线路交叉档处加挂一组地线。

4. 因停电线路撤换电杆或松动导线而停电的其他线路也应挂接地线。

第三节 电力作业

一、变压器检修

变压器检修，是指对变压器套管、外壳、连接母线、电缆线、通风和除湿装置等进行外观检查、维护或更换零部件及附属装置的作业。如果停电不彻底，作业中断路器、隔离开关误动作、误操作，或停电线路中的变压器、电压互感器反送电，都容易导致作业人员触电事故。

案 例

2004年2月28日，原郑州铁路局某水电段大修队在故县至高柏区间进行自闭线施工。122#杆装有5 kVA的变压器，一路供故县电力工区，另一路供故县公安警务区，该警务区还接有地方低压电源。施工前，作业组只断开了变压器高压侧电源，未断开低压侧电源，便开始在变压器上更换部件。9时30分，警务区投入地方低压电源，当电力工侯三喜站在变压器上调整身位时，右手接触横担触电。在地面监护的工长王朝生，立即将低压4根引线全部剪断施救，但侯三喜终因伤势过重，经抢救无效死亡。

为控制变压器检修中的人身安全风险，根据《铁路电力安全工作规程》，制定预控措施：

1. 停电检修时，应将所有电源完全断开，运用中的星形接线设备中性线，应视为带电设备。

2. 断路器、隔离开关应断开操作电源，并将操作机构加锁。

3. 拉开隔离开关，使各方面至少有一个明显断开点。禁止在只经断路器断开电源的设备上工作。

4. 与停电设备有关的变压器、电压互感器，还应从低压侧断开，防止向停电设备反送电。

二、低压电流和电压测量

低压电流和电压测量，是指在对地电压250 V及以下运行线路或设备上测量电流、电压的作业。低压线路和设备测量时，作业人员往往认为电压等级低，安全警惕性容易放松，殊不知危险处处存在。

案 例

2016年7月4日，某列检所反映电压高，电力调度通知工区派人检测电压。由于电力工崔丙石携带的电压表线太长，两条黑色表线拧成一团，且无触头棒。崔丙石在测量电压时，没有理好表线，误将一条表线两头接到仪表上，用另一条表线两头去测量电压，瞬间造成短路，电火花将其右手3根手指灼伤。

为控制低压电流和电压测量中的人身安全风险，根据《铁路电力安全工作规程》，制定预控措施：

1. 低压线路测量前，应选好仪表功能和量程，确认表线完好，防止短路和触电。

2. 测量直流电路时，应事先确认被测电路正负极性。

3. 测量低压线路和变压器低压侧的电压、电流时，应保持安全距离，并防止相间短路。

三、接地电阻测量

接地电阻测量，是指利用接地电阻测试仪测量高压电气设备或电力杆塔接地装置接地电阻的作业。测量接地电阻时，需断开设备侧或电力杆塔连接装置，然后对接地侧进行测量。而电力杆塔、变压器和避雷器等地线在正常使用时，接地线中会有泄漏电流流经大地。在拆装接地线过程中，如果不戴绝缘手套，或地线断开后触及设备侧地线，都可能被泄漏电流电击。

案 例

2011年4月5日，河北省石家庄某变电站处理南冀线58#钢筋混凝土杆接地电阻超标。开挖后，发现接地极连板与接地引下线螺栓连接处锈蚀严重，只剩少量锈块连接。在接地装置更换准备过程中，辅助人员误将螺栓连接处碰断。当他腿部触及原接地引下线瞬间，被泄漏电流击伤。

为控制接地电阻测量中的人身安全风险，根据《铁路电力安全工作规程》，制定预控措施：

1. 为测量杆塔、变压器、避雷器接地电阻，拆装接地线时，应戴绝缘手套。

2. 接地线与接地极断开后，禁止触及设备侧接地线。

四、绝缘电阻测量

绝缘电阻测量是检测电力线路之间或线路对地绝缘状态的一种测试手段，

常用于电缆、电力线路绝缘测试和故障处理。测量时，如果不断开电源，就会造成触电伤亡。即使断开电源，被测设备或电力线路上仍会存有电荷，人体触及后也会通过人体放电。另外，利用 500 V 及以上仪表测量绝缘电阻时，线路或设备上会有测试电压，人体触及也十分危险。

案 例

2006 年 4 月 2 日，某 10 kV 电力线路故障，工作执行人沈阳宏一边打开开关准备查找故障，一边安排电力工刘军强去断开上一级电源。当刘军强离开后还未停电时，沈阳宏便盲目摇测相间绝缘，在表线触及 A、B 相线路瞬间，引起三相弧光，将沈阳宏面部及左手灼伤。

为控制绝缘电阻测量中的人身安全风险，根据《铁路电力安全工作规程》，制定预控措施：

1. 测量高压设备绝缘应由两人进行，并从各方面断开电源，检验无电和确认设备上无人后，方可进行。

2. 同杆架设的双回线或其他平行、交叉等有感应电压的线路上，测量绝缘时，必须将另一回线或平行、交叉的其他线路同时停电。

3. 测量绝缘前后必须将被测设备、电缆对地放电；测量中禁止任何人触及被测设备。

4. 雷、雨天气禁止测量线路绝缘电阻。

五、检修工地转移

电力检修作业往往人员多、工作分散。工作地点转移后，作业人员需重新分工、接地封线需重新设置。特别是新工作面展开后，工作执行人忙于确认监护人和作业人员是否到位，接地封线是否设置完毕；作业人员往往急于完成任务，安全措施容易放松。如果工作执行人和监护人疏忽对作业成员提醒，就有可能导致作业人员面临危险时不能及时被制止，造成触电伤害。

案 例

2004 年 6 月 28 日，某供电段某电力工区在宝中线娘娘庙至千阳间对 10 kV 电力贯通线进行电缆预防性试验。125～126#杆间电缆试验完毕后，作业组转移到第二个作业地点，作业组员正从汽车上卸工具，工作领导人还未交代新工地安全注意事项，电力工倪二黑在无人监护的情况下，擅自登上 99#杆装设接地封线。登至杆顶时，他左臂触及已停电的电缆弓子线，被感应电击伤，高空坠落后滚下护坡，经抢救无效死亡。

为控制检修工地转移带来的人身安全风险，根据《铁路电力安全工作规程》，制定预控措施：

1. 工作人员在规定时间内只可在指定地点工作，无工作执行人命令，不得自行转移工地。

2. 转移到新工地时，应履行工作许可手续，并在工作票上注明新工作地点和装设接地线杆号。

3. 转移至新工地后，工作执行人应向工作组员交代安全措施和注意事项，并履行监护职责。

第四节　作业结束

一、停电作业结束后送电

停电作业结束后送电是电力作业最容易出现疏漏的关键环节之一。停电作业任务结束至送电前，作业人员在撤离作业场所，清理现场工器具、材料时，容易放松安全警惕，总认为还未送电，很可能出现擅自返回作业现场取撤遗留工具、材料。此时，工作执行人如果不认真清点作业人员，盲目下达送电命令，就极有可能造成没有撤至安全地带的人员触电。

案例

1976年6月2日，济南铁路局某水电段供电所在应山站全站停电检修电路并更换灯泡，分两个作业组进行。9时10分，第一组南货杆检修完毕，送电更换灯泡。由于南货杆电源是从运转室配电箱通过北货杆1#、2#、3#杆下排供电，送电后，导致第二组北货杆1#、2#、3#杆下排带电。电力工董建华在北货杆3#杆上排清扫瓷瓶结束后，9时40分从下排线取脚扣时触电，高空坠落，造成重伤。

为控制停电作业结束后送电中的人身安全风险，根据《铁路电力安全工作规程》，制定预控措施：

停电作业结束后，工作执行人应清理工具材料，检查工作质量，确认人员撤至安全地带后，方准按规定程序合闸送电。

二、砍伐危树

电力线路附近树木在生长过程中，树梢过分接近带电线路，遇有雨、雪、雾、霾恶劣天气，电力线路会击穿空气，通过树木对地放电，当树梢直接或受风摆动后接触导线，还会造成对地短路，甚至发生故障。为保障电力线路可靠供电，砍伐威胁供电线路安全的树木，通常称作砍伐危树。砍伐危树时，如果作业人员接触带电树枝、攀抓脆细或枯死树枝、对树木伐倒或树枝掉落方向判断不准、躲闪不及等，都可能导致作业人员电击、坠落或砸伤。

案 例

1984 年 5 月 31 日 10 时 30 分，兰州铁路局某水电段外线车间，在 10 kV 线路 18#杆旁的杨树上进行砍伐危树作业。电力工史大来将安全带系在枯树枝上，便开始作业。砍伐后的树枝搭在有电线索上，导致史大来触电，身体脱离树干悬空，受力后的枯树枝折断，并随之从 7 m 的高空坠落，腰部摔成重伤。

2014 年 12 月 23 日 14 时 50 分，国家电网福建检修公司对 500 kV 东大Ⅱ路 208~209#杆线路边坡超高树木进行砍伐。送变电运检巡视人员吴闵生、林金恒到达现场后，目测该树高约 12 m，树顶略低于 C 相导线，树与导线水平间距约为 8 m，自认为安全距离足够，便在距地面 1 m 处开始锯伐。为防止树梢向线路侧倾倒，吴闵生用手推住树干，因受阵风影响，树木重心偏移，倒向线路侧，倒落过程中与 C 相导线安全距离不足，发生放电，造成吴闵生触电，经抢救无效死亡。

为控制砍伐危树中的人身安全风险，根据《铁路电力安全工作规程》，制定预控措施：

1. 在线路带电情况下，砍伐靠近导线树木时，工作执行人应向作业人员说明线路有电。作业人员不得使树木和绳索接触导线。

2. 上树砍剪树枝时，不得攀抓脆弱和枯死树枝，应站在坚固树干上，系好安全带，并面对线路方向，距 10 kV 以下线路不应小于 1 m，距 10~35 kV 线路不小于 2. 5 m。

3. 为防止树木倒落在导线上，应用绳索将被砍剪树枝拉向与导线相反方向。伐落树枝接触带电导线时，严禁用手直接去取。

4. 树木与高压带电导线不满足安全距离时，人体不得直接接触树木，砍伐时应停电。

5. 砍剪树枝应设专人防护，防止打伤行人。采用长杆器械砍、剪树枝时，下方严禁站人。

第二十章 变配电所劳动安全

第一节 日常作业

一、设备巡视

变配电所设备巡视是为掌握变配电所设备运行状态，及时发现和处理设备缺陷，对电气设备进行的一种常规性巡视检查。设备巡视过程中，如果接近或触及带电体，就会导致人身触电伤害。

案例

2011年7月19日17时11分，成都铁路局成都供电段宜宾供电车间进行内六线铜鼓溪变配电所10 kV高压室巡视作业。助理工程师张建林使用紧急解锁钥匙打开322断路器高压柜门进行检查，抄取高压柜设备铭牌后，发现柜门锁闭不严。在查找原因过程中，头部触及322断路器上端头，被电击伤，晕倒后身体斜靠下端头，再次被电击伤。经医院抢救无效，于当日18时57分死亡。

为控制设备巡视中的人身安全风险，根据《牵引变电所安全工作规程》《铁路电力安全工作规程补充规定》，制定预控措施：

1. 值班员巡视应通知供电调度或助理值班员，其他人员巡视应经值班员同意。巡视时不得进行其他工作。

2. 单人巡视时，禁止移开、越过高压设备防护栅或进入高压分间。

3. 巡视人员移开、越过高压设备防护栅或进入高压分间时，应与带电部分保持足够安全距离，并有安全等级不低于三级的人员在场监护。

4. 雷、雨天气必须巡视室外高压设备时，应穿绝缘靴、戴安全帽，不得靠近避雷针和避雷器。

5. 火灾、地震、台风、冰雪、洪水、泥石流、沙尘暴等灾害发生时，如需对设备巡视，应制定必要的安全措施，得到设备运行单位分管领导批准，并至少两人一组，巡视人员应与派出部门之间保持通信联络。

6. 高压设备发生接地时，室内不准接近故障点 4 m 以内，室外不准接近故障点 8 m 以内。进入上述范围人员应穿绝缘靴，接触设备外壳和构架时，应戴绝缘手套。

二、倒闸作业

倒闸作业是通过操作隔离开关、断路器以及分、合接地刀闸改变电气设备运行状态的一种操作方式。手动倒闸时，如果隔离开关带负荷操作、操作程序错误等，就有可能导致操作人员被电击伤害。另外，倒闸时，如遇天气潮湿、瓷瓶脏污等，还会出现拉弧和产生泄漏电流，危及操作人员安全。

案 例

1998 年 8 月 26 日，某变电所接到供电调度通知，1 回 1#变倒为 2 回 1#变运行。倒闸命令明确规定操作顺序为：1#主变停运、1 回进线开关断开、2 回进线开关闭合、母联开关闭合、1#主变投运。但值班人员在倒闸操作过程中，没有按命令要求先断开 1 回进线开关，就去闭合 2 回进线和母联隔离开关，在闭合 1001 母联隔离开关时，导致两路进线 110 kV 电源短路，助理值班员刘磊被电弧灼伤。

为控制倒闸作业中的人身安全风险，根据《牵引变电所安全工作规程》《铁路电力安全工作规程补充规定》，制定预控措施：

1. 倒闸操作应根据值班调度员或运行值班负责人的指令，受令人复诵无误，并在模拟盘上进行模拟操作，确认无误后方可执行。

2. 发令人和受令人应先互报单位和姓名，发布指令应准确、清晰，使用规范的调度术语和设备双重名称，即设备名称和编号。

3. 倒闸作业必须由助理值班员操作，值班员监护，并按操作卡片或倒闸命令执行。

4. 手动倒闸作业时，操作人和监护人必须穿绝缘靴、戴安全帽，操作人还

应戴绝缘手套。

5. 隔离开关操作应迅速准确，中途不得停留和发生冲击。

6. 接地闸刀闭合时，禁止强行闭合主闸刀；禁止带负荷进行隔离开关倒闸作业。

第二节　安全距离

一、高压设备安全距离

高压设备安全距离，是指供电专业人员在未穿戴防护用品的情况下，接近运行中的高压设备带电部分的最近距离。在牵引变电所停电作业、设备巡视等作业时，作业人员如果过分接近高压设备带电部分，就有可能导致高压带电设备通过人体对地放电，造成人身伤害。

案 例

1986 年 7 月 10 日，北京铁路局石家庄供电段岩会牵引变电所为迎接上级检查，新上任的代理所长刘银锁，在 27.5 kV 电容器室巡视过程中，发现电容器支架上有尘土，自认为电容器与支架间安装有支持瓷瓶，电容器支架上不会有电。便在无人监护的情况下，私自打开电容器网栅门，使用笤帚进行清扫。清扫中侵入 27.5 kV 高压安全距离，导致电容对其放电，经抢救无效死亡。

为控制高压设备安全距离不规范带来的人身安全风险，根据《牵引变电所安全工作规程》，制定预控措施：

1. 作业人员应与带电体保持足够安全距离，不满足安全距离时，应办理停电作业手续。

2. 作业人员距离高压设备带电部分，应保持以下安全距离。

（1）10 kV 及以下，无防护栅不小于 700 mm，有防护栅不小于 350 mm。

（2）27.5 kV 或 35 kV，无防护栅不小于 1 000 mm，有防护栅不小于 600 mm。

（3）55 ~ 110 kV，无防护栅不小于 1 500 mm，有防护栅不小于 1 000 mm。

二、远离带电部分作业

远离带电部分作业，是指作业人员与高压设备带电部分之间满足安全距离要求，在不停电的高压设备上清扫外观、更换整修附件、补油、取油样等简单作业。作业中，如果不设专职监护人员，就不能在作业人员侵入高压设备安全距离之前，采取措施及时纠正，造成作业人员电击伤害。

案 例

2015年1月7日9时34分，安徽省亳州市供电局凤山220 kV变电站设备台账负责人姚红红为完善变电站设备台账，在未告知值班员，也未办理停电手续的情况下，擅自前往运行中的35 kV设备区抄录避雷器上部铭牌信息，并指派实习人员陈露霞到现场扶梯。抄录时，侵入35 kV带电设备安全距离，导致姚红红被电击死亡。

为控制远离带电部分作业中的人身安全风险，根据《牵引变电所安全工作规程》，制定预控措施：

1. 作业人员在任何情况下与带电部分之间必须保持规定的安全距离。

2. 作业人员和监护人员的安全等级不得低于二级。

3. 高压设备外壳上作业前，必须先确认设备接地良好。

三、高压设备间接带电作业安全距离

高压设备间接带电作业安全距离，是指满足间接带电作业环境，间接带电作业人员在穿戴好防护用品的情况下，接近变电所运行中的高压设备带电部分，并能保证人身安全的最近距离，它是电气化铁路供电专业人员接近无防护栅高压设备带电部分规定安全距离中最小的一种。间接带电作业时，作业人员如果越过此最小安全距离，即便满足间接带电作业环境，穿戴好防护用品，也有可能导致高压设备对人体放电，造成作业人员电击伤害。

案 例

2019年5月17日8时15分，恒山南变电所进行馈线断路器检修作业。倒闸作业时，助理值班员刘素丽穿好绝缘靴、戴好绝缘手套后，进入211断路器网栅。在将断路器小车拉至试验位时，发现小车无法拉出，下意识侧身观察小车滑道有无卡滞，弯腰瞬间，头部与断路器电源侧触头安全距离不足，导致电击死亡。

为控制高压设备间接带电作业安全距离不规范带来的人身安全风险，根据《牵引变电所安全工作规程》，制定预控措施：

1. 间接带电作业人员应与带电体保持规定的安全距离，不满足安全距离

时，应停电作业。

2. 间接带电作业人员与高压设备带电部分，应保持以下安全距离。

（1）6～10 kV，不得小于 400 mm。

（2）27.5 kV 或 35 kV，不得小于 600 mm。

（3）55 kV 不得小于 700 mm。

（4）110 kV 不得小于 1 000 mm。

第三节　作业准备

一、高压设备停电

铁路变电所引入两路地方电源，经两台互为备用的主变压器，输出 27.5 kV 牵引电源。从连接方式上看，两个主变压器Ⅰ次通过跨条连接，Ⅱ次通过母排连接，相邻变电所还可对接触网越区供电。另外，变电所内两路 10 kV 电源与牵引电源变配电二次接线方式类似，同样可以实现跨所供电。这种复杂的连接方式，导致了仅从引入端断开高压设备电源，不能实现高压设备完全可靠断电。所以，在变电所停电作业时，如果不从各方面断开电源，就有可能通过另一供电引入或反送电回路使停电设备带电，造成作业人员电击伤害。

案例

1993 年 1 月 1 日 8 时 25 分，湖南省岳阳市长江动力机械厂 10 kV 总配电站，主供线路引至Ⅰ段母线，待建备用线路引至Ⅱ段母线，经跨条连接后，采用两台 20 kVA 变压器并列运行方式给厂内路灯供电。动力车间调度室主任贾贵湘同另一名职工范海兵，利用元旦放假期间，检修Ⅱ段电压互感器高压侧隔离开关。检修前只断开跨条母联开关，未断开Ⅱ段变压器一次隔离开关，结果导致Ⅰ段 10 kV 电源经变压器到 380 V 低压侧母排，再经另一台变压器，将电反送至准备检修的隔离开关。当贾贵湘爬上梯子，用右手擦拭隔离开关电源侧盘顶母线瓷瓶时，突然触电，从 2.6 m 高的梯子上摔下，经抢救无效死亡。该事故所在总配电站的局部电路和出事地点如图 20-1 所示。

为控制高压设备停电带来的人身安全风险，根据《牵引变电所安全工作规程》，制定预控措施：

1. 停电作业设备，必须从可能来电的各方向切断电源，并有明显断开点。运用中的星形接线设备中性点，应视为带电部分。

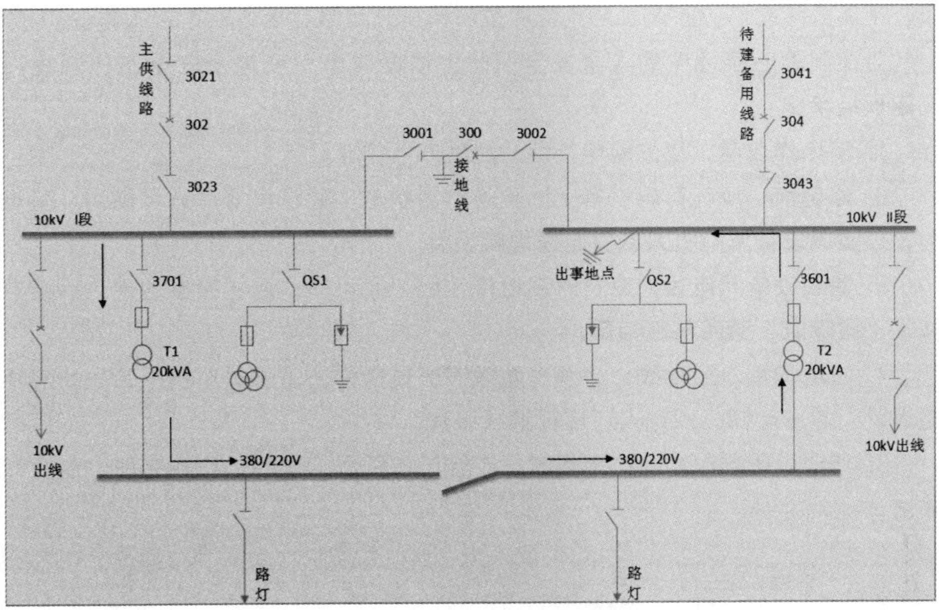

图 20-1　总配电站局部电路

2. 断路器和隔离开关断开后，应及时断开其操作电源。

3. 二次回路上作业时，引起一次设备中断供电或影响安全运行的有关设备应停电。

二、验电接地

验电接地是变配电所进行停电作业的重要步骤，通过验电可以确定设备是否停电，通过接地可以保证作业人员的人身安全。如果不加挂地线或地线连接不牢，停电设备感应电或作业中停电设备意外带电，就有可能造成作业人员人身伤害。另外，不验电直接挂地线或装设地线时，先连导体端后连接地端；撤除地线时，先拆接地端后拆导体端等，都可能造成设备端通过人体连接大地，构成放电回路，给接撤地线人员带来人身伤害。

案 例

2012 年 4 月 8 日，广东省某供电分公司番禺变电站施工更换 110 kV 番城乙线门形架绝缘子。在工作前，工作人员发现门形架上的阻波器瓷瓶太脏，决定增加清扫任务，并在阻波器电源侧加挂接地线。监护人何光锐、操作人李启颖，在没有核对设备，也未验电的情况下，误将接地线加挂到有电的 110 kV 番南线上，造成短路跳闸，导致在地线附近监护的何光锐被接地线放电电弧灼伤。

为控制验电接地中的人身安全风险，根据《牵引变电所安全工作规程》，制定预控措施：

1. 停电作业前，应先验电接地，然后方可作业。

2. 验电前，应在有电设备上试验验电器状态，确认良好后方可使用。验电时，被验电设备所有引入、引出线均须检验。

3. 验明设备无电后，应及时装设接地线。装设时，应先接接地端，后接导体端；撤除时，顺序与之相反。

4. 验电和接、撤地线，必须由助理值班员操作，值班员监护，二人均应穿绝缘靴、戴安全帽，操作人还应戴绝缘手套。

5. 作业中需临时撤除接地线时，应经工作领导人同意，作业完毕，应立即恢复。

三、设置安全标示牌

设置安全标示牌是保障作业人员人身安全的重要措施之一。安全标示牌在作业中，起到提示、警示和区分有电区域与作业区域的作用。常用的安全标示牌有“止步，高压危险！”“禁止攀登，高压危险！”“有人工作！”“禁止合闸！”“禁止分闸！”等。作业时，如果出现误挂、漏挂、擅自移动或拆除安全标示牌，就容易造成作业人员误登设备、误入网栅、误操作，发生人身触电伤害。

案 例

1988年6月8日，某供电段变电所进行断路器和隔离开关清扫作业。作业前，值班员在办理验电接地、悬挂安全标示牌等安全措施时，由于疏忽，未在相邻带电运行的282断路器处悬挂“止步，高压危险！”标示牌。开工后，作业人员张国庆在不确认设备状态的情况下，错误爬上282断路器，当即触电身亡。

为控制设置安全标示牌不规范带来的人身安全风险，根据《牵引变电所安全工作规程》，制定预控措施：

1. 工作票中要求断开的所有断路器和隔离开关操作手柄上，均应悬挂“有人工作、禁止合闸！”标示牌。

2. 室内作业时，作业地点相邻分间栅栏上，应悬挂“止步，高压危险！”标示牌，并在检修设备上或作业地点悬挂“有人工作！”标示牌。

3. 室外作业时，应将带电设备与作业设备用明显标志隔开。

4. 标志、标示设置完成，工作领导人应复查确认。结束作业前，任何人不得拆除或移动防护栅及标示牌。

第四节　变配电所作业

一、作业监护

为防止作业人员违反作业程序、违规使用防护用品，以及错误侵入有电设备，在变电所作业中设置了监护人岗位，其主要职责是全程监护作业过程，随时提醒安全注意事项，及时纠正或制止作业人员的不安全行为。如果作业中不设监护人或间断监护，就有可能在作业人员发生触电、坠落等人身伤害前，失去对作业人员的安全防护作用。

案例

1992 年 8 月 7 日，山东省济宁电业局西郊变电站的 35 kV 设备刷漆项目由阜桥油漆厂承包。当日工作任务为 253 旁路开关、刀闸和电流互感器刷漆。5 时 40 分，工作领导人李东海向已到现场的 5 名油漆工交代了安全注意事项和带电部分，便擅自脱离监护岗位，带领 2 名油漆工前往南阳湖线 257 和南郊线 258 刀闸处刷漆。迟到的高济生赶到现场后，工作领导人李东海安排他去刷 253—4 刀闸，但没有交代注意事项和带电部位。6 时 17 分，高济生在刷完 253—4 刀闸相色漆后，在无人监护的情况下，错误地登上了母线侧带电的 253—1 刀闸，造成触电死亡。

为控制作业监护不规范带来的人身安全风险，根据《牵引变电所安全工作规程》，制定预控措施：

1. 电气设备作业时，工作领导人应时刻在场监护作业人员安全，不得参加具体作业。

2. 作业人员较多或作业范围较广时，应增设监护人。

3. 工作领导人短时间离开作业地点，应指定临时代理人，否则停止作业，并将人员及机具撤至安全地带。

二、高压试验

这里所说的高压试验特指变配电所内高压设备电气特性及绝缘性能测试、试验作业，试验项目有耐压试验、泄漏试验、介损试验、局部放电试验等。高压试验时，被试设备试验电压高达 10～110 kV。如果加压时，人员未撤至安全地带，或每次试验结束后，不对设备充分放电，试验电压都会伤及作业及周围人员。

案 例

2000 年 3 月 19 日，北京铁路局某供电段高压试验班组对变电所 110 kV 电流互感器及隔离开关进行预防性试验。在做 C 相介损试验时，操作人胡进先发现试验结果有误，怀疑二次短接线接触不良，便爬上电流互感器处理接线，随后开始二次试验。此时，检修完 B 相隔离开关的秦朝生，误认为 C 相高压试验已经结束，解开安全带向 C 相移动。在触及 C 相线夹瞬间，受电击坠落，造成手腕粉碎性骨折。

为控制高压试验中的人身安全风险，根据《牵引变电所安全工作规程》，制定预控措施：

1. 一个电气连接部分内，同时只允许一个作业组在一项设备上进行高压试验。

2. 同一电气连接部分内，检修和试验同时进行时，作业之间应有明显断开点，并在检修侧装设接地线，试验侧悬挂“止步，高压危险！”标示牌。

3. 试验前，操作人和监护人应确认被试验的设备周围人员均在安全地带，经工作领导人许可方准加压试验。

4. 每次试验结束后，应将设备对地多次放电，并短路接地。放电时操作人应使用放电棒、穿绝缘靴、戴绝缘手套。

三、高压分间内作业

铁路变电所在实现地方 110 kV 及以上电源，到出所 27.5 kV 的接触网供电的变配电过程中，有两种高压设备安装位置较低，地面作业人员很容易接触或侵入安全限界：一种是高压室内断路器、隔离开关、电压互感器等；另一种是补偿电容，二者电压等级均在 27.5 kV。为防止作业及周围人员受触电伤害，对前者安装了高压分间，后者安装了防护栅栏。另外，铁路变配电所 10 kV 供电回路上的补偿电容，安装位置也较低。作业时，如果不停电、不办理安全措施，作业人员及手持的工具、材料侵入安全限界，极易导致人身触电伤亡事故。

案 例

2002 年 12 月 5 日，江西省九江供电公司金桥变电所作业人员在高压室 693

隔离分间安装 10 kV 真空开关。本应履行监护职责的工作负责人闵朝直接参与工作，去做开关至刀闸连线，为与既有设备的连线长度保持一致，他擅自移开运行中的九江Ⅱ线 695 隔离分间防护栅。测量中，闵朝触及 10 kV 开关连线，导致人身触电，造成重伤。

为控制高压分间内作业中的人身安全风险，根据《牵引变电所安全工作规程》，制定预控措施：

1. 停电或事故停电的电气设备，在断开有关电源断路器和隔离开关并按规定做好安全措施前，任何人不得进入高压分间或防护栅内，且不得触及该设备。

2. 带电高压分间或防护栅内，禁止任何人单独停留或作业。

3. 进入电容器组围栅或在电容器上工作时，应将电容器逐个放电并接地后，方准作业。

四、电流互感器二次回路作业

电流互感器是一种特殊形式的升压变压器，它通过串接在高压设备回路中的一次线圈，经电磁转换，在二次线圈形成低电压电源，主要用于继电保护、自动控制、电流测量等。由于电流互感器一次绕组匝数少，二次绕组匝数多，而且比值很大，使用中，如果二次回路开路，二次侧绕组及开路两点间会产生很高的尖峰波电压，直接威胁人身和设备安全。另外，磁路过饱和后，铁心损耗增加，发热严重，还有发生爆炸的可能。

案 例

1992 年 7 月 3 日，甘肃供电局永靖变电站更换计量盘进线一电度表作业。作业人员赵长生在控制室计量盘上断开电压互感器端子时，错误地断开了 3#电流互感器 C 相的二次端子，造成室外 3#互感器 C 相二次开路。运行 10 分钟后，3#互感器 C 相突然爆炸，爆炸脱出的膨胀器将正在 1#电流互感器端子箱短接二次回路作业的刘永军砸伤。

为控制电流互感器二次回路作业中的人身安全风险，根据《牵引变电所安全工作规程》《铁路电力安全工作规程》，制定预控措施：

1. 严禁电流互感器二次侧开路。

2. 电流互感器二次绕组短路时，必须使用短路片或短路线，禁止使用导线缠绕。

3. 作业时，必须设专人监护，使用绝缘工具，站在绝缘垫上，并不得将回

路中的永久接地点断开。

4. 禁止在电流互感器与短路端子之间的回路和导线上进行任何作业。

五、电压互感器二次回路作业

电压互感器是一种特殊形式的降压变压器，它通过并接在高压设备母线上的一次线圈，经电磁转换，在二次线圈形成低电压电源，主要用于继电保护、自动控制、电压测量等。由于电压互感器一次绕组匝数多，二次绕组匝数少，而且比值很大，使用中，如果二次回路短路，二次回路电流会非常大，从而烧坏设备，甚至造成互感器爆炸，就会危及人身安全。

案 例

1990 年 1 月 16 日，佳木斯供电局桦川 35 kV 变电所Ⅰ回进线电压互感器端子箱内，保险座电源侧挡板因质量问题脆断损坏，导致电压互感器二次短路，互感器树脂绝缘全部融化、损坏。

为控制电压互感器二次回路作业中的人身安全风险，根据《牵引变电所安全工作规程》《铁路电力安全工作规程》，制定预控措施：

1. 电压互感器二次回路不得短路或接地。

2. 作业时，必须设专人监护，使用绝缘工具，站在绝缘垫上，并不得将回路中的永久接地点断开，必要时在作业前应撤除有关继电保护装置。

3. 连接临时负荷时，在互感器与负荷之间必须装设专用刀闸和熔断器。

六、二次设备作业

二次设备，是指变配电所直接对输、配电能一次高压电气设备，进行监视、测量、控制、保护、调节以及为运行、维护人员提供运行工况或产生指挥信号所需要的电气设备。常见的二次设备有交流盘、直流盘、蓄电池盘、控制盘、保护盘等，其工作电压一般不超过 400 V。人们往往觉得二次设备电压低，不会有电击危险，即便触电也不会造成严重后果。事实上，人体触及二次设备导致电击伤害的事故屡见不鲜。

案 例

1999 年 11 月 5 日，贵州省遵义变电站作业人员高富云在清扫 2#交流盘 11#备用空气开关时，毛刷金属部分触及开关电源线端子，造成相间短路，电火花将其手臂灼伤。

为控制二次设备作业中的人身安全风险，制定预控措施：

1. 作业前，值班员、工作领导人或安全员应对作业工具绝缘状态进行检查。

2. 作业人员不得佩戴任何金属饰物。

七、高压设备间接带电作业

高压设备间接带电作业，是指作业人员穿戴好防护用品，并借助绝缘工具在运行中的高压设备上作业的一种带电作业方式。间接带电作业对温度、湿度等环境要求较高，如果在不满足间接带电作业环境下强行进行间接带电作业，或间接带电作业时，不正确使用防护用品和绝缘工具，就可能使作业人员受到电击伤害。

案 例

2019 年 8 月 21 日 8 时 53 分，黄山北变电所小雨天气，经电调批准对 2#主变进行停电检修。办理安全措施时，助理值班员王丽红在 220 kV 进线隔离开关电源侧试验验电器状态，因使用的绝缘工具表面潮湿，在验电器接触隔离开关 A 相瞬间，发生放电，导致王丽红触电死亡。

为控制高压设备间接带电作业中的人身安全风险，根据《普速铁路接触网安全工作规则》，制定预控措施：

1. 间接带电作业人员必须穿绝缘靴、戴绝缘手套，使用绝缘工具。

2. 间接带电作业人员和非绝缘工具、材料，与带电体之间应满足间接带电安全距离。

3. 间接带电作业必须设专职监护人，其安全等级不得低于四级。

4. 遇有雨、雪、雾、霾，气温低于零下 15 ℃或高于 37 ℃，风力 5 级及以上等恶劣天气，或相对湿度大于 85%时，不得进行间接带电作业。

第五节　作业间断与结束

一、作业间断

作业间断，是指因吃饭、休息或其他原因停止作业，离开现场的临时性中断作业环节。作业间断中，作业人员擅自进入作业场地，或作业重新开始时，不再次确认设备状态和安全措施，盲目继续作业，都有可能发生作业人员误登带电设备、误入有电设备网栅等风险，造成作业人员触电伤害。

案例

1998年10月20日，原郑州铁路局某供电段检修中心对黄原变电所1#主变压器进行停电检修。临近中午，工作领导人安排作业人员停止作业吃午饭。作业组成员张童吃完午饭，突然想起主变低压套管未安装紧固，提前回到变电所，在无人监护的情况下，错误地登上了带电运行的2#主变压器，当场触电死亡。

为控制作业间断中的人身安全风险，根据《牵引变电所安全工作规程》，制定预控措施：

1. 作业间断时，工作领导人应将人员撤至安全地带，材料、机具放置牢靠，与带电部分保持规定安全距离，并办理工作票中断手续。

2. 作业间断期间，未经工作领导人同意，作业组成员不得擅自进入作业地点。

3. 继续作业时，工作领导人应征得值班员同意，办理继续作业手续，重新检查安全措施，符合工作票要求后，方可开工。

二、作业结束

作业结束，是指作业任务全部完成，但设备还未恢复正常供电的作业过程，它是停电作业最容易出现人身安全事故的关键环节之一。作业人员往往因任务已经完成，疏忽大意、放松警惕，盲目认为还未送电。此时，如果再次进入作业现场，触及或接近检修设备，就可能因感应电或设备已经送电，造成电击事故。

案例

2011年3月7日11时20分，某供电段变电所清扫馈线断路器。作业结束后，工作领导人向变电所值班员汇报作业任务全部完成。值班员拆除接地线后，作业人员卢华突然想起211断路器上遗留了抹布，便擅自爬上211断路器取抹布，结果被感应电击伤坠落，造成左臂、左腿骨折。

为控制作业结束过程中的人身安全风险，根据《牵引变电所安全工作规程》，制定预控措施：

1. 作业全部完成时，作业组负责清理作业地点，工作领导人会同值班员确认人员、机具、材料撤至安全地带。

2. 值班人员拆除所有接地线，清点数目、核对编号，并恢复常设防护栅和标志。具备送电条件后，方可申请消除作业命令。

3. 接地线撤除后，人员、机具、材料不得再次接近作业设备。

第二十一章

车辆运用劳动安全

一、列检作业场作业准备

列检作业场通常设置在编组站、区段站、路矿（厂）交接站、国境站以及有运输特殊需要的地点，这些站场到达解体、编组始发和中转列车数量大，站场股道多，接发列车和调车作业频繁。列检作业人员接到列车到达或编组始发相关信息后，需快速到达作业线，准备技术检查作业，作业完毕，需转线准备下一列车作业或返回待检室。其间作业人员需横越铁路线路，遇有停留车辆需从两车钩连接处上方通过，如果不确认车辆停留状态而盲目横越，一旦车辆突然移动，就容易导致坠落、撞轧等人身伤害；如果横越停留车辆时，思想不集中，精力不充沛，还容易发生踩空、滑落、衣物被车辆钩挂，导致身体失衡，造成坠落、摔伤事件。

案 例

2014 年 2 月 5 日 9 时 43 分，南宁铁路局柳州南站到达场运转一车间丁班货检员曾宜源，在到达场北端接取完三趟到达货物列车货票后返回办公室。途中横越停留在 X_{VI} 道的 86922 次货物列车时，自第 14、15 位车辆连接处车钩下部钻越通过，被启动的列车撞轧致死。

为控制列检作业场作业准备中的人身安全风险，根据《铁路车辆安全管理规则》，制定预控措施：

1. 制定有关岗位班前酒精含量测试标准，未经酒精检测或酒精检测不合格

者严禁上岗。

2. 严格执行整队出发，列队归所制度，严禁单独行动。

二、列车技术作业防护

列车技术作业时，列检人员需进入车辆连接处检查车钩，钻入车辆底部转向架俯身检查摇枕和侧架，钻入车底中部检查制动装置和车体底架等。作业前，如果不在待检列车（车列）两端来车方向设置脱轨器或设置停车信号防护，一旦遇有车辆溜逸、列车放飏或车站值班人员误排进路，造成其他机车、车辆进入作业线，就可能发生冲突事故，使检修列车（车列）瞬间移动，导致列检人员撞轧事故。

案例

1999年11月27日凌晨3时50分，北京铁路局天津车辆段南仓运用车间二列检甲班丙组检车员王二松，对停留在3道的2322次列车技检作业时，发现机后第18位车辆的第3位制动梁端轴折断，便通知工长李银全到现场鉴定更换制动梁。李银全单人扛来制动梁，未联控确认停留列车防护状态，将已经开放信号准备发车的2道D662次列车，误认为是3道2322次列车，当钻入第18位车辆底部鉴定制动梁时，列车突然启动，躲避不及，将其左腿轧断。

为控制列车技术作业防护不规范带来的人身安全风险，根据《铁路车辆安全管理规则》《铁路货车运用维修规程》，制定预控措施：

1. 运用作业应按照标准配备和设置安全防护装置，并指定专人保管交接，保持良好状态。

2. 站内线路上检查、修理、整备车辆时，应在列车（车列）两端来车方向左侧钢轨上，设置带有脱轨器的固定或移动信号进行防护，前后两端防护距离应不少于20 m；不足20 m时，车站应将道岔锁闭在不能通往该线的位置，并在列车首尾车辆端部设置停车信号（昼间红旗、夜间频闪红灯）进行安全防护。

3. 作业开始和结束前，严格执行插、撤防护信号联锁传递办法，按规定防护距离设安全防护信号。

4. 严禁在无防护信号的情况下进行检修作业；严禁在列车运行中处理故障；严禁在未设防护装置的列车（车列）中接摘延长软管或车辆软管。

三、接发列车作业

站内股道线间距通常为5 m，机车车辆1.25 m以上限界为1.7 m，相邻股道有车辆停留时，两线间通道为1.6 m。一般情况下，作业人员身着防护服(特别是冬季)肩膀宽度可达0.6 m以上，在两线间距离相邻车辆不足0.5 m。接发列车时，车辆在股道内运行会横向摆动，考虑标准轨间距和车辆轮对间距叠加误差，以及线路水平误差造成的机车车辆倾斜，安全距离将会更小。列检人员在接发列车时，环境噪声较大、注意力集中，如果不蹲在两线中间位置，相邻线路有列车（车列）通过时，就极易发生拖挂、撞轧事故；如果不注意观察车辆状态，进出站列车上的坠落物、篷布绳索都可能伤及作业人员。

案 例

2009年11月30日凌晨2时35分，北京铁路局丰台车辆段丰台西运用二车间五场四班检车员王超，在4道北头27013次列车（56辆）简略试验完毕，在机后西侧送车时侵入邻线，被3道由北向南顶送车列（13辆），机前第13位车辆前端撞倒，轧断左小腿、右足腕。

2010年9月4日15时07分，北京铁路局丰台车辆段丰台西运用二车间二场四班1组检车员赵永刚，在接12道36052次到达列车（编组49辆）进入检查，列车进站即将停稳。赵永刚因半蹲时间较长，腿脚发麻，提前站起时不慎摔倒，左脚侵入机后第48位车辆前台右侧第3位车轮踏面与钢轨间，将其左脚趾尖挤伤，被武警总医院第二医院诊断为足趾远节骨折。

为控制接发列车作业中的人身安全风险，根据《铁路车辆安全管理规则》，制定预控措施：

1. 接发列车时应提前到达接发车地点，蹲在两线中间安全地点，目迎目送。

2. 线间距小于规定标准的线路，邻线上、下行同时到发列车时，应在两线外侧接发列车。

四、车辆故障处理

列检人员检查发现或接到车辆故障通知后，现场鉴定、确定方案、及时施修是列检人员的重要职责，遇有较大故障现场难以处置时，需将故障车辆分解，送至临时整修专用线、站修作业场等具备处理故障条件的地点施修。车辆故障处理时，因车辆制动装置内有较大气压，如果不关闭截断塞门，彻底排除副风缸风压，就可能因制动装置突然动作，造成作业人员手指挤伤；制动软管连接器瞬间摆动或制动缸缓解弹簧突然弹出前盖，击伤作业人员。另外，因车辆配件多为钢铁或合成材质，强度高、质量重、组合间隙小、作业空间有限。如果施修人员不足、准备不充分，盲目拆装大型配件，就可能导致拆解时连接部件脱落，砸伤、碰伤作业人员；组装时人员乏力、协同有误，导致工具配件弹出伤及他人，甚至操作失误、配合不当，造成大部件坠落、车辆倾倒，导致砸压伤亡等意外事故。

案例

1999年6月27日14时30分，北京铁路局石家庄南车辆段衡西列检所在衡水西站11道，对4105次列车进行始发作业。检车员张卫东在第27、28位车辆风管未连接的情况下，盲目开启折角塞门，导致风管弹起，将其脸部打伤。

2007年3月14日，北京铁路局丰台车辆段运用车间石南作业场首钢翻车机白庙班组一班检车员夏志强和刘福山到首钢白庙修车5道修复存留车辆。使用油镐（千斤顶）更换车号为C62B4604572第1位台车的第2位枕簧时，发现油镐未能将摇枕顶起，夏志强认为是该车人力制动机紧固所致，于是登上制动机踏板松导轮。在用撬棍撬挚子时，夏志强身体失去平衡，不慎从踏板台上坠落，造成右足跟骨骨折。

为控制车辆故障处理中的人身安全风险，根据《铁路车辆安全管理规则》，制定预控措施：

1. 分解组装车辆或机械上的配件时，应密切注意其连接情况，在未采取有效安全防护措施的情况下，严禁拆卸。

2. 处理制动故障时，应先关闭截断塞门，排净副风缸余风后方可进行，作业结束后恢复开通位置。

3. 调整活塞行程时，严禁用手指探摸圆销孔；拆卸制动缸盖螺母时，头部应闪开。

4. 更换折角塞门时，应关闭本车另一端及邻车折角塞门。

5. 更换闸瓦时，严禁将手伸入闸瓦与轮对踏面间。

6. 更换大型配件时，班组长应亲自组织指挥和负责安全工作。

第二十二章

事故救援劳动安全

一、救援列车整备作业

为保障救援列车随时处于良好状态，对救援车辆、车载设备、工器具等进行的日常维护保养和试验工作，通常被称为救援列车整备作业。整备作业期间，作业人员需在救援列车周围及前后线路间往返行走，但救援列车基地设有检查坑，基地外停留线附近很可能有井道、沟坑等障碍物，直接影响作业人员通行，给整备作业人员埋下事故隐患，特别是夜间通过时，极易发生人员坠落、摔伤事件。

案 例

2001 年 10 月 10 日 20 时 30 分，郑州铁路局新乡机务段在段内整备线 3 道进 DF4—0759 号机车整备作业。司机谭宇国检查到机车Ⅱ端车钩处，发现地沟无渡板，便强行跨越，结果脚尖落在地沟边沿上，后脚跟悬空，身体倾倒坠入地沟，造成左臂关节摔伤、左侧脸部擦伤。

为控制救援列车整备作业中的人身安全风险，制定预控措施：

救援列车停留线附近有沟、坑、井等障碍物，应铺设渡板、回填或绕行，严禁跨越通过。

二、救援列车运行

救援列车编组的臂架平车为低护栏车辆，运行中，如果作业人员在臂架平车上停留，就容易造成摔伤或坠落。如果站在枕木垛上，就容易侵入接触网安全距离，造成触电事故。

案 例

1982年11月3日22时11分，原郑州铁路局西安客运段担当的西安至成都237次旅客列车运行至宝成线K149+300处，餐车工作人员徐志平饮酒后回宿营车休息时，从未加装防护栏的宿营车尾部端门处坠车，被后续货物列车撞轧死亡。

为控制救援列车运行中的人身安全风险，制定预控措施：

1. 开车前，救援列车前后端门应锁闭。

2. 运行中，轨道起重机驾驶室及其臂架平车，禁止人员登乘。

三、救援列车电源贯通线拆接作业

救援列车由轨道起重机、工具车和指挥车组成。救援列车到达事故现场前方站后，根据需要重新编组时，救援人员需进入钩档拆接救援列车380V电源贯通线。进入钩档后，如果救援列车盲目动车或与其他机车连挂，就很容易造成钩档作业人员撞轧伤害。如果带电操作，还容易发生作业人员受电击伤害。

案 例

2001年7月5日，北京铁路局原大同分局大同救援列车在北同蒲线宋家庄编组站进行吊车换位时，作业人员张胜利在发电机组供电的情况下，盲目带负荷拔电缆插销，引起电弧，将其手部灼伤。

为控制救援列车电源贯通线拆接作业中的人身安全风险，制定预控措施：

拆接电源贯通线作业，应在停电状态下执行“一人作业、一人防护”制度。

四、事故现场勘察

事故现场一般存在机车车辆脱线、颠覆、部件散落、车辆叠加、车体架空、接触网杆折断和接触网线缠绕等复杂情况。救援人员在勘察事故现场中，如果擅自登上事故车辆顶部、钻进事故车辆内部勘察，或盲目进入危险区域，就可能破坏事故现场既有平衡状态，造成车辆或装载货物翻转、滑落、位移，甚至事故车辆部件坠落、接触网线索崩断等次生事件，导致勘察人员人身伤害。

案 例

2003年2月8日，原北京铁路局大同分局云冈矿山专用线事故现场，救援队勘察作业人员顾平川踩登在前轮悬空的事故车辆转向架上，导致转向架突然滑动，顾平川从 2 m 高处摔下，造成右腿骨折。

为控制事故现场勘察中的人身安全风险，根据《铁路救援列车管理办法》，制定预控措施：

1. 事故现场勘察应由救援列车负责人或具备起复经验的人员担任。

2. 严禁站在事故机车车辆顶部或钻入底部勘察现场。

五、轨道起重机支腿基础定位

轨道起重机支腿基础稳固情况决定着吊重过程的稳定性和安全性，它是防止轨道起重机倾倒的重要措施，为扩大起重机支腿承载面积，支腿基础一般由枕木搭建而成。在事故现场，往往受路肩狭窄、两侧排水沟坑等限制，给支腿基础搭建增加了难度。如果位置选择不当、基础搭建不牢，吊重作业中，就容易发生支腿滑动、枕木垛散架，导致轨道起重机脱线、侧翻，造成人身伤害事故。

案例

2007 年 7 月 23 日 23 时 19 分，兰州铁路局兰新线马莲井至大青阳口区间发生 N857 次旅客列车与 85209 次货物列车冲突事故。24 日 18 时左右，救援列车在上行线准备起复下行线机车，救援列车负责人违章指挥，起重机在空载状态下吊臂回转时，重心失衡，向北侧翻，吊臂与起重机分离甩出后，将正在上行线 K424+850 处配合铲车，清理电缆径路上两个报废油罐车的兰州西电务段办公室主任梁维平、金昌车间副主任杨生明、机车信号车间安全员赵宏被当场砸死，另有 4 名职工受伤。

为控制轨道起重机支腿基础定位中的人身安全风险，制定预控措施：

1. 在铺垫支腿基础时，应垫平、垫实，反复垫压支腿确认。

2. 吊重过程中，每个支腿基础应设专人监护。

3. 吊重过程中，严禁关闭安全监控系统。

六、轨道起重机支腿搭建

事故现场往往有脱线车辆、散落部件或货物，甚至接触网支柱杆塔倾斜、线索缠绕、水漫线路、路基冲空、护坡坍塌变形等异常情况。在搬运枕木搭建起重机支腿基础时，如果不规划好安全搬运路线，或搬运中不注意脚下障碍物，就容易绊倒、滑倒、坠落、被砸；搭建时，如果不注意相互配合，同起同落，还容易砸伤手脚。

案 例

2015 年 8 月 19 日 23 时 15 分，泰华线上行 K150+212 处发生货物列车颠覆事故。泰华机务段救援列车到达事故现场后，救援列车负责人未对现场进行认真勘察，便盲目组织人员开始救援。在起重机支腿搭建过程中，救援人员胡兰成肩扛枕木经过落石区时，脚下落石突然滑动，导致胡兰成摔倒，被枕木砸伤右脚，造成右脚跖骨骨折。

为控制轨道起重机支腿搭建中的人身安全风险，制定预控措施：

1. 救援列车负责人应根据事故现场勘察情况，指定支腿基础枕木搬运路线。

2. 搬运枕木通过排水沟或塌陷区域时，应铺设渡板或绕行。

3. 搭建支腿基础或压支腿时，应两人确认，呼唤应答。

七、救援起复准备

事故现场变形、散架、悬空、叠加和散落的机车车辆部件往往具有不稳定性，受到外力很容易打破既有的平衡状态，发生移位、旋转、坍塌等次生事件。如果救援人员对现场勘查不细，盲目登踩车辆悬空部件或进入架空体捆绑索具，就很容易导致机车车辆部件移动、滑落，造成作业人员被挤、压、砸、摔等伤亡事故。另外，现场所有人员未撤离至安全地带，盲目发出起复命令，还容易导致人身安全次生事故。

案 例

1998 年 8 月 12 日 9 时 50 分，原北京铁路局土贤庄站发生货物列车脱轨事故。石家庄站调车机到达后，担任正常车辆与事故车辆分解牵出任务。现场救援指挥人员经过勘察，分析认为牵出正常车辆时，相邻连挂的一辆脱线棚车可能会向左侧倾倒。在通知左侧人员撤离现场后，发出牵出指令，牵出过程中，脱线棚车突然向右侧倾倒，将右侧 1 名未疏散的观察起复人员当场砸死。

2002 年 9 月 8 日，秦皇岛站煤码头四号翻车机房发生列车放飏事故。原北京铁路局大同分局救援列车在起复救援过程中，救援人员未发现被吊车辆上部遗留的台车垫板，吊臂横移时，车辆顶部垫板突然滑落，砸中监护支腿的索具工王军左肩，造成其锁骨骨折。

为控制救援起复准备中的人身安全风险，制定预控措施：

1. 捆绑索具前，应确认捆绑物件稳定状态；挂钩时，严禁登踩可能位移、坠落、倒塌的机车车辆或设备部件。

2. 切割、拆解部件时，应选择适当位置，并撤离可能坠落、倒塌范围内的所有人员。

3. 架空体下作业时，应清除顶部易坠落物，并采取支护措施。

4. 下达起复救援命令前，应确认现场所有人员撤至安全地带。

八、轨道起重机电气化区段作业

电气化铁路接触网导线、承力索、软硬横跨及支柱等设备，限制了轨道起重机吊臂起升、伸缩、回转空间。轨道起重机在电气化区段作业时，如果不提前拆除或拨移事故现场接触网设备，就很可能发生吊臂或起吊物挂断网线、撞倒支柱，造成接触网塌网断线次生事故，给现场作业人员带来安全风险。

案 例

2010 年 6 月 15 日 8 时左右，上海铁路局杭州工务段使用重型轨道吊车，在沪昆线江山站内回收旧钢轨。吊臂横移过程中，碰到接触网支柱，导致接触网钢柱弯曲变形，横跨梁倾斜侵限，倒在轨道车尾部，险些造成作业人员伤亡事故。

为控制轨道起重机电气化区段作业中的人身安全风险，根据《铁路救援列车管理办法》，制定预控措施：

轨道起重机在电气化区段作业时，应确认作业范围内接触网已拆除或拨移，且吊臂起升、伸缩、回转方向无障碍物。

九、拉复作业

拉复作业是借助机车牵引，利用复轨器迫使脱线机车车辆轮对复轨的救援方法。拉复时，牵引机车与脱线机车车辆车钩，均需用套钩连接或索扣捆绑，利用钢丝绳牵引。在此过程中，一旦出现套钩或索扣崩脱，钢丝绳断裂，穿销甩出，就极易造成周围人员伤害。

案 例

1990 年 10 月 14 日，北京铁路局原大同分局大同二场发生一起调车脱线事故。大同救援队在拉复作业救援时，钢丝绳从锁钩处断裂后甩出，将 1 名作业人员右臂击伤。

为控制拉复作业中的人身安全风险，制定预控措施：

1. 套钩、索扣使用后应及时探伤，闲置超过 1 年应进行探伤。

2. 拉复过程中，钢丝绳可能崩脱回弹范围内不得停留人员。

十、顶复作业

顶复作业是用特制液压起复机具，从脱轨机车车辆下部的一端中部或一端两侧将其顶起，使与车体捆绑的转向架轮对轮缘高于轨面，并水平移动脱轨车至线路上方正确位置后落下的复轨作业。顶复作业中，如果横移梁下方未铺平垫实，或起升油缸未对准车辆底部端梁中心，起升横移时，就可能发生脱轨机车车辆倾斜，油缸滑脱倾倒，给作业人员带来伤害。

案 例

2003 年 10 月 10 日，原北京铁路局大同分局大西电力机务段救援抢险队在段内检修线进行顶复演练。演练准备时，横移梁下方未用枕木支撑，升镐后造成横移梁中部下沉，当小车水平移动，越过弧形底部，在爬坡过程中，脱轨车辆未随液压油缸同步横移，造成油缸顶面与端梁底部一侧翘起，导致油缸倾倒滑脱，将 1 名作业人员腿部砸伤。

为控制顶复作业中的人身安全风险，制定预控措施：

1. 顶复作业时，横移梁底部应垫实，起升油缸应对准车辆车钩或端梁中心。

2. 起升和水平横移时，所有人员应远离复轨车辆。

Chapter 23

第二十三章

房建、给排水、暖通劳动安全

第一节　房建工程

一、交叉作业

交叉作业是指两个及以上工种在同一时间、同一区域内的作业。不同层次空间贯通状态下进行的高处作业，也属于交叉作业。交叉作业时，容易发生材料工具滑落、碰、撞、砸等伤害，如果不采取防护措施、不掌握其他工种作业情况，就容易伤及他人或被他人伤害。

案 例

2004年6月9日16时，北京市京民大厦西配楼装修工程中，北京锐标装潢公司将施工人员分为两组，一组对游泳馆地面做防水处理，另一组在游泳馆上方二层平台焊接不锈钢扶手。焊接中，溅落的焊花引燃一层地面聚氨酯防水材料，并迅速蔓延。火灾发生后，北京市消防部门立即调动8个消防中队和1个特勤大队、36部消防车前往扑救，事故最终造成施工人员和大厦员工10人遇难、38人受伤。

2011年9月14日，东方工程公司在某车站楼外墙装修工程中，工人李劲军蹲在脚手架上贴瓷砖，起身移动位置时，脚手架晃动，瓷砖滑落，砸在下方搬运灰浆的王春来头部，构成轻伤。

为控制交叉作业中的人身安全风险，根据《建筑施工高处作业安全技术规范》，制定预控措施：

1. 支模、粉刷、砌墙等各工种上下立体交叉作业时，不得在上层可能坠落范围半径内作业，必须作业时，应设安全防护层。

2. 钢模板、脚手架等拆除时，下方不得有人。

3. 交叉作业时，应相互配合、呼应，保持合适间距，必要时设置挡板隔离。

二、材料机具存放

建筑工地通常工种繁杂、作业面多、场地有限，如果材料机具堆码过高、过乱，容易发生倒塌；易碎、易扎伤物品存放位置不当，容易伤及行人；水泥、砂石等靠墙堆放过高，容易造成墙体坍塌，给施工人员带来安全风险。

案 例

2009年12月28日16时20分，上海迅发装潢工程有限公司对上海市黄浦区虹桥交通枢纽工程东郊广场进行装修时，违规将新进来的大门玻璃侧立在中央大圆柱旁，并未设置危险警示标志。当天，二层施工的上海永凝实业有限公司职工罗沪良经过大厅时，不慎碰到侧立的玻璃，导致玻璃倒塌，砸伤罗沪良，造成其左股骨和左踝骨骨折，构成十级伤残。

为控制材料机具存放不规范带来的人身安全风险，制定预控措施：

1. 施工现场材料机具，应按性质、类别合理存放，码放整齐、稳固。

2. 水泥、砂、土、石料等严禁靠墙堆放。

3. 易碎、易扎伤物品存放，应避开行人和机械走行通道。

第二节 给排水、暖通

一、承压设备水压试验

锅炉和管道等水暖设备进行水压试验时，试验压力一般为设备运行压力的1.2倍至2倍以上。如果试验设备耐压不足或存在缺陷，盲目进行水压试验，就有可能发生崩漏和爆炸伤人危险。

案 例

1987年5月21日，徐州铁路枢纽新建给水管道分段水压试验时，中铁四局水道工刘静江发现管道末端排气控制阀门处漏水，擅自拧动，由于系统试验压力较大，阀门突然脱扣、飞出，将其左眼击伤。

为控制承压设备水压试验中的人身安全风险，制定预控措施：

1. 水压试验时应设置警戒防护区域，严禁无关人员进入现场。

2. 升压时应分阶段、缓慢升至试验压力。

3. 系统承压时严禁进行敲打、维修。

二、生活饮用水

生活饮用水是指供人生活的饮水和生活用水，其水质达标是保障人们正常生活和健康的基本条件。如果水质污染或达不到生活饮用水卫生标准，就很容易引发疾病传播，严重影响人们的身体健康。

案 例

2012 年 11 月 26 日，河北省冀州市阿卡利亚湾小区供水系统二次加压水池上方铺设的 8#楼排水管道检修口破损，导致生活污水直接进入二次加压水池，污染了该小区供水系统，造成许多居民腹泻、呕吐、皮肤红点，并引发严重群体性事件。

为控制生活饮用水不符合标准带来的人身安全风险，根据《生活饮用水集中式供水单位卫生规范》，制定预控措施：

1. 生活饮用水应净化消毒，给水站应定期化验水质，并达到国家标准《生活饮用水卫生标准》。

2. 直接从事供、管水人员，应每年进行 1 次健康检查，并取得预防性健康体检合格证。

3. 水处理设备、设施、管网投产前及修复后，应严格冲洗、消毒，经水质检验合格后方可正式通水；各类贮水设备应定期清洗消毒，并有防投毒措施。

4. 水源卫生防护带内，任何单位和个人不得排放工业废水、生活污水、医院污水；施用持久剧毒农药和设立毒品库；堆放垃圾、废渣和铺设污水管道；修建渗水厕所和污水坑、粪坑等；从事养殖业或修建有碍卫生的生产、生活设施。

三、水塔、水池清洗检修

水塔、水池中，有进水管、出水管、消毒液注入管、水位控制装置和电气线路等，检修人员进入池内作业时，如果不关闭相关进水阀门、池内电源、消毒药液注入管，或者关闭后其他人员误操作，都有可能造成作业人员溺水、触电、中毒伤害。

案 例

1989 年 5 月 11 日上午，上海某乡镇水厂维修班李海等 6 人在未关闭消毒药液控制阀门的情况下，进入地下水池进行清洗作业。作业中池内水量逐渐减少，导致池内消毒药液浓度增大，有毒气体不断挥发，其中 3 人中毒晕倒，多人手部被腐蚀。

为控制水塔、水池清洗检修中的人身安全风险，根据《铁路给水管理规程》，制定预控措施：

1. 水塔、水池清洗检修时，应切断池内相关设备电源，水池内不得有大量积水。水池相关进水阀门应关闭，并设专人看护。水池内有消毒液投加管时，应事先关闭。

2. 水塔铁梯应有坚固防护栏杆，禁止 2 人同时上下铁梯。

3. 水池内部作业时，应至少两人，一人作业、一人监护。

四、污水处理

为使污水达到排入某一水体或再次使用的水质要求对其进行净化的过程，称为污水处理。常用的二级生化处理过程，极易产生甲烷、硫化氢等有毒有害气体，如果污水处理间通风不良，很容易造成作业人员身体不适、中毒等伤害。

案 例

2011 年 7 月 5 日，重庆地区连日高温、持续低气压。位于江津区的重庆 3533 印染服装总厂污水处理站污泥池内污泥富集，产生大量硫化氢气体。22 时 20 分，污水处理车间当班职工李春兰和另一名女工硫化氢中毒昏迷，工友见状前去救援，也纷纷中毒摔倒在地。事故最终造成 8 人中毒，其中 5 人死亡。

为控制污水处理中的人身安全风险，制定预控措施：

1. 污水处理间应有通风设施，保持空气流通，值班室应与污水处理间隔开。

2. 进入有毒、有害或有异味气体的空间，应按规定佩戴适合的防护面具。

第二十四章 道路交通劳动安全

第一节　起步与停车

一、出车准备

出车前，驾驶员精神状态十分关键，如果不充分休息或酒后驾车，行驶中就容易造成交通事故。特别是酒后驾车，驾车人容易出现大脑兴奋、思维混乱、视觉恍惚、反应迟缓，自控能力降低，不能正常判断车距、车速，不能准确识别交通信号和行驶路况，不能正常驾驶或处置紧急情况，所以酒后驾车极易酿成交通事故。

案 例

2009 年 1 月 24 日 18 时 30 分，河南省滑县高平镇东留香寨村路段上，魏法照醉酒后驾驶的“豫 J90153”小型面包车，撞死两行人后，继续高速疯狂逃逸，接连撞倒 9 人，共造成 8 人死亡、3 人受伤。魏法照被抓获后血醇检验结果为 207 mg/100 mL。2009 年 8 月 21 日，河南省安阳市中级人民法院判决：魏法照犯交通肇事罪和以危险方法危害公共安全罪，数罪并罚，判处死刑。魏法照于 2012 年 11 月 28 日被执行死刑。

为控制出车准备中的人身安全风险，根据《中华人民共和国道路交通安全法》，制定预控措施：

1. 驾驶人应按驾驶证载明的准驾车型驾驶机动车。

2. 饮酒、服用国家管制精神药品或麻醉药品，或患有妨碍安全驾驶机动车疾病，或过度疲劳影响安全驾驶的，不得驾驶机动车。

3. 专职驾驶员酒后 6 小时内，不得驾驶机动车，6 小时后按《中华人民共和国道路交通安全法》执行。

二、安全带

安全带是汽车在发生碰撞过程中，保护驾乘人员的基本防护装置，起着约束位移和缓冲作用。汽车碰撞时，驾乘者身体会随惯性向前保持碰撞前初速度位移，此时，安全带会瞬间约束驾乘者身体，化解惯性力，防止发生二次碰撞，避免或减轻人员伤害；汽车翻滚时，安全带能防止车内人员碰撞、坠落，克服车体撞击和人体惯性叠加伤害。行驶中，如果不按规定使用安全带，遇交通事故，驾驶员就有可能胸部被方向盘挤压，乘客在车内二次碰撞，甚至被甩出车外，导致人身伤害，甚至死亡。

案例

2012 年 8 月 31 日 8 时 50 分，河南省灵宝市宝通汽车客运公司驾驶员郭世平驾驶“豫 M15260”金龙牌大型客车，沿连霍高速进入河南三门峡境内，遇降大雨。车辆自西向东行至 784 km+458 m 下坡转弯处，因车速过快，车辆失控，撞向道路左侧桥面中央护墙，后又撞向道路前方 24 m 处右侧护栏，并冲破护栏翻入 20 m 深沟，未系安全带的许多乘客被甩出车外，后又被翻滚的车体砸压。事故共造成 8 人当场死亡、3 人经抢救无效死亡、14 人受伤。

2016 年 6 月 18 日 4 时 17 分，湖北省武汉市 30 岁的孙彧驾驶“鄂 AA9S01”别克商务车接送乘客，随车搭乘在副驾位 54 岁的刘锋副教授系好了安全带，第二排 77 岁的外交学院原院长吴建民和 52 岁的朱晓驰教授未系安全带。途中，沿武昌区梨园地下通道由北向南行驶至南出口处，车头撞击路中隔离花坛，第二排未系安全带的吴建民和朱晓驰在惯性作用下，头部撞击前排座椅，导致二人颈椎骨折，经医院抢救无效，均于当日死亡；系好安全带的其他人员只是受伤。

为控制安全带使用不规范带来的人身安全风险，根据《中华人民共和国道路交通安全法》，制定预控措施：

机动车行驶时，驾驶人、乘坐人员应按规定使用安全带。

三、车辆起步

车辆起步前，一般应检查油、水、灯光和仪表盘状态等。但从安全角度来说，轮胎检查尤为重要，因为车辆在行驶过程中，轮胎与地面之间的滚动摩擦，会使轮胎橡胶发热、膨胀、变软。遇有弯道、紧急刹车或碾轧障碍物等特殊情况，气压过高、过低或胎面伤损较重的轮胎，就很容易发生爆胎，使车辆瞬间失控，造成人员伤亡。另外，如果起步前，不对车辆周围人员或障碍物进行检查，盲目起步，还容易造成碾轧或撞击事故。

案例

2012年2月5日16时左右，福建省泉州市惠安县净峰镇王国喜一家6人在泉州关帝庙进香结束后，驾驶“粤S656A9”日产逍客轿车返回，行至南惠高速涂寨至斗尾路段时，左前轮爆胎，车辆撞向中间护栏，车身被护栏切成两段，造成5人当场死亡，其中包括2名儿童。

2013年5月13日17时15分，山东省淄博市张店区驾驶员徐志驾驶载货汽车在商店门前卸车完毕，起步前未发现蹲在车前玩耍的3岁女童，将其撞倒后碾轧，经抢救无效死亡。

为控制车辆起步中的人身安全风险，制定预控措施：

1. 上车前，应检查轮胎气压正常，胎面无伤损，车辆底盘无漏油、漏液，四轮无松动。

2. 确认四周无人或障碍物后，方可鸣笛起步。

3. 起步时应慢行，发现异常或听到异音立即停车处置。

四、普通公路停车

普通公路机动车与非机动车混合使用，道路两侧和路口随时都有车辆和行人通行，车辆停车时，应提前减速，并通过后视镜观察其他车辆和行人，在确认安全的情况下，打开转向灯，靠边停车。普通公路停车后，如果不确认两侧车辆和行人通行情况，随意打开车门，极易发生与其他车辆和行人剐碰事故；如果停车后不开启危险报警闪光灯，或在来车方向设置警告标志警示后方车辆，极易发生追尾事故。

案例

2014年4月11日凌晨，广东省从化市骆阿东和朋友开车到从化老城区一家大排档吃夜宵，因道路狭窄，停车位紧张，骆阿东将车直接停在路边。正吃夜宵时，李志强驾驶摩托车路过此处，由于夜间视线不良，未发现路边停留轿车，躲闪不及，与其相撞，导致李志强重型开放性颅脑损伤，颅底骨折。事后，从化市交警大队认定：骆阿东违章停车承担事故次要责任。从化法院判决：骆阿东保险公司赔偿42万元，骆阿东本人赔偿约6.6万元。

为控制普通公路停车中的人身安全风险，根据《中华人民共和国道路交通安全法》《道路交通安全法实施条例》，制定预控措施：

1. 在道路上临时停车，不得妨碍其他车辆和行人通行。

2. 禁止在未施划停车泊位的人行道上停放机动车。

3. 不得在人行横道、网状线区域内停车等候。

4. 机动车因故障等原因停车时，应立即开启危险报警闪光灯，并移至不妨碍交通的地方停放。

5. 难以移动时，应持续开启危险报警闪光灯，并在来车方向50~100 m处设置警告标志等措施扩大示警距离，必要时迅速报警。

五、高速公路停车

高速公路采用封闭式管理，车辆行驶速度快，驾驶员在目视、测距和操作上完全区别于普通公路，长时间行驶容易视觉疲劳，放松警惕，难以判断前方车辆行驶速度，遇有前方车辆突然减速或停车，慌忙躲避极易造成侧翻或追尾事故。所以，在高速公路上临时停车，如果不停靠在紧急停车道内，或停车后不在车辆后方更远地方设置停车警告标志，警示后方来车注意避让，就很容易导致后方车辆追尾。

案 例

2009年4月19日1时40分，王林驾驶小轿车行至四川省成南高速金堂竹段，与一辆货车剐擦，停于应急车道等待交警处理，王林和4名乘客未下车，也未在车辆后方设置警告标志。随后，被一辆在应急车道违章超车的货车追尾，造成车上2人遇难、2人重伤。

2011年7月4日3时40分，湖北省武汉市海龙旅游公司雇用临时驾驶人梁伟，驾驶“鄂AE3892”大型客车（核载55人，实载54人）由广东省广州市驶往湖北省天门市。当行至湖北省仙桃市境内随岳高速公路229 km+400 m处时，违法骑压慢速车道和紧急停车带分道线停车下客，被后方驶来的“鄂F1N210”重型半挂车追尾，导致两车冲出高速公路护栏，翻入边沟并起火燃烧，事故造成 26 人死亡、29 人受伤。

为控制高速公路停车中的人身安全风险，根据《中华人民共和国道路交通安全法》《道路交通安全法实施条例》，制定预控措施：

1. 高速公路上因故障等原因停车时，应将车辆停靠在紧急停车道内，开启危险报警闪光灯，并在来车方向 150 m 外设置警告标志。

2. 驾乘人员从左侧下车时，应仔细观察左后方车辆通行情况，确认安全后，迅速转移至右侧路肩或应急车道内。

3. 高速公路车道内不得停车。

六、车辆倒车

倒车视线通常受到限制，不易看清后方道路和障碍物。另外，倒车时，后轮变为前导，前轮变为后轮，主观感觉和操控习惯差异很大，没有前进时顺手、方便、灵活和准确。倒车前，最好能下车确认后方障碍物距离和位置，做到心中有数，不能完全依赖倒车雷达。如果倒车前不仔细观察车后和两侧情况，不随时注意两侧和后方车辆、行人动态，就可能造成人身伤害和财产损失。

案 例

2010 年 9 月 7 日 11 时 03 分，江苏省新沂市良辰花苑小区 10#楼 3 单元宝马 X6 司机伍彩华在倒车前，未仔细观察车后情况，倒车中，将车后玩耍的该小区三岁半男童撞倒，并反复碾轧 4 次，导致男童当场死亡。

为控制车辆倒车中的人身安全风险，根据《道路交通安全法实施条例》，制定预控措施：

1. 机动车倒车时，应察明车后情况，确认安全后倒车。

2. 不得在高速公路、铁路道口、交叉路口、单行路、桥梁、急弯、陡坡及隧道内倒车。

第二节　道路行驶

一、行驶速度

机动车行驶速度越快，惯性越大，轮胎与地面附着力越小，甚至使车辆发“飘”，直接延长机动车刹车距离。一旦遇有路面不良，其他车辆和行人抢道、轮胎爆胎以及车辆故障等，很难及时调整方向、降低车速或停车，极易造成车辆追尾、侧滑、侧翻或与行人相撞等事故。

案 例

2011 年 10 月 7 日 15 时 46 分，河北省唐山市交通运输集团公司云伟驾驶“冀B99998”大型客车（核载 53 人，实载 55 人）沿滨保高速公路，以 115.9 km/h 速度由保定驶往唐山。当行至天津市武清区境内 60 km+700 m 处时，发现前方“鲁 AA356W”小型轿车左右调整方向，便立即减速，但终因车速过快，与其剐撞，车辆失控后向右侧翻，并被路侧波形梁钢护栏切割，造成 35 人死亡、19 人受伤。

为控制行驶速度不合法带来的人身安全风险，根据《中华人民共和国道路交通安全法》《道路交通安全法实施条例》，制定预控措施：

1. 机动车上道路行驶，不得超过限速标志标明的最高时速。在没有限速标志的路段，应保持安全车速。

2. 高速公路上行驶速度超过 100 km/h 时，应与同车道前车保持 100 m 以上距离，低于 100 km/h 时，至少保持 50 m 以上。

3. 遇有下列情形之一，行驶速度不得超过 30 km/h：

（1）进出非机动车道，通过铁路道口、急弯路、窄路、窄桥时。

（2）掉头、转弯、下陡坡时。

（3）遇雾霾、雨、雪、沙尘、冰雹，能见度不足 50 m 时。

（4）在冰雪、泥泞道路上行驶时。

（5）牵引故障机动车时。

二、普通公路超车

普通公路路面窄、路况复杂，超车时往往侵入或占用迎面车道，在遇有丁字路口、交叉路口、瞭望不良路段及车辆行人密集道路，情况更为复杂。在普通公路超车时，如果不认真观察迎面车道行驶车辆，准确判断迎面车辆行驶车速和被超车辆行驶速度，就有可能在超车瞬间与迎面车辆发生相撞事故。另外，被超车辆遇前方障碍物或突发状况，会突然改变行驶路线。如果超车时，不时刻注意被超车辆动态，或不顾及被超的车辆产生烦躁情绪而强行超车，都有可能发生剐蹭，甚至剐蹭后占用迎面车道，造成次生相撞事故。

案 例

2004 年 5 月 12 日 10 时 20 分，原郑州铁路局武汉供电段综合工区员工 45

岁蔡佑军，驾驶“鄂AD6850”小轿车自318国道返回单位。途中越过双黄线占用对向车道超车，与迎面驶来的大货车相撞，失控变向后，又与被超大客车左侧尾部剐蹭，车辆严重变形，事故造成蔡佑军当场死亡，副驾驶位高建国经医院抢救无效于当晚死亡。

为控制普通公路超车中的人身安全风险，根据《中华人民共和国道路交通安全法》，制定预控措施：

1. 机动车超车时，应提前开启左转向灯，变换使用远、近光灯或鸣喇叭。

2. 遇有下列情形之一，不得超车：

（1）前车正在左转弯、掉头、超车。

（2）与对面来车有会车可能。

（3）前车为执行紧急任务的警车、消防车、救护车、工程救险车。

（4）行经铁路道口、交叉路口、窄桥、弯道、陡坡、隧道、人行横道、市区交通流量大的路段等没有超车条件的。

三、高速公路行驶

高速公路上车辆行驶速度快，制动距离长，特别是遇有夏季路面雾气折射、恶劣天气、弯道或其他车辆遮挡等情况，驾驶员很难发现和准确判断前方车辆行驶速度，一旦遇有因错过高速出口、车辆故障等，采取违章倒车、逆行、掉头、停车的车辆，难以躲避或停车，极易导致相撞事故，甚至多车追尾。

案 例

2010年3月15日22时左右，福建省莆田市涵江区某建筑工程集团设计研究院福建分院院长杨女士晚上加班后，驾驶莆田牌奔驰车赶往福州。因夜晚下雨，能见度低，进入涵江收费站后，误入沈海高速A道逆行，杨某发现后，降低车速，继续前行，并设法避免事故发生。22时40分和52分，交警和路巡车先后发现，分别用警笛、喊话器阻止，但未奏效。逆行1小时后，23时30分，迎面驶来的大型半挂车发现其逆行，便紧急刹车，导致后方厢式货车与半挂车追尾，造成1人死亡1人受伤，杨某见状后弃车逃离。福州市中级人民法院按过失以危险方法危害公共安全罪，判处杨某有期徒刑3年、缓刑3年。

为控制高速公路行驶中的人身安全风险，根据《道路交通安全法实施条例》，制定预控措施：

1. 高速公路上严禁倒车、逆行、掉头、停车。

2. 遇有违章车辆，应立即降低车速，准确判明违章车辆意图，紧急避让或

停车。

四、行驶中通话

汽车在行驶中，受气候条件、路面状况、车辆自身质量以及周围其他车辆、人员通行影响，需随时调整速度和方向。在行驶中，如果驾驶员接打手持式电话，势必造成单手操作，一旦遇有紧急情况，很难处置到位。另外，通话中，驾驶员的思维和意识很容易转向通话内容，削弱应变能力，错过最佳处置时机，这都极易酿成交通事故。

案 例

2012 年 11 月 24 日 19 时，湖北省广水客车运输公司毛凡林驾驶大客车，行至京港澳高速公路 1 543 km 处，因低头查看手机未发现前方横穿高速公路的 1 名男子，相撞后造成该男子当场死亡。

2014 年 9 月 5 日 8 时 21 分，江苏省句容市司机高明生驾驶客车行至句容市郭庄镇路段，约 7 分钟时间，4 次掏出手机，低头查看 39 次，甚至几次将手机横过来双手握着，并用手指操作屏幕。在通过十字路口时，与骑自行车的杨某发生碰撞，造成杨某死亡。后经交警调取客车行车记录仪确认，江苏省句容市人民法院公开审理，判决驾驶机动车玩手机引发交通肇事的驾驶人高明生有期徒刑 14 个月、缓刑 18 个月。

为控制行驶中通话带来的人身安全风险，根据《中华人民共和国道路交通安全法》，制定预控措施：

驾驶机动车时，严禁拨打或接听手持电话、观看电视等妨碍安全驾驶的行为。

五、长时间驾驶

长时间连续行车后，容易使驾驶人产生疲劳，并逐渐导致生理和心理机能失调，影响驾驶人的注意力、感觉、知觉、思维、判断、意志、决定和行动等。在表现形式上，会让驾驶人感到困倦瞌睡、间断瞭望、四肢无力、注意力不集中、判断能力下降，甚至出现精神恍惚或瞬间记忆消失，出现频繁调整姿态、反复伸展肢体、动作迟缓、操作停顿等不安全因素，极易发生交通事故。

案 例

2012 年 8 月 26 日 2 时 31 分，内蒙古呼和浩特市运输集团司机陈强驾驶

“蒙 AK1475” 宇通牌卧铺大客车夜间连续行驶时间长达 4 小时 22 分，中途未停车休息，导致精力不集中，反应和判断能力下降。当行至包茂高速 484 km+95 m 处时，突遇河南省焦作市司机闪文全驾驶的 “豫 HD6962” 解放牌重型罐式半挂汽车从匝道违法驶入高速公路，且在高速公路上低速行驶。陈强未及时发现前方险情，未采取有效措施避险，与前车发生追尾，致使半挂车内甲醇泄漏，两车起火，造成大客车内 36 人死亡、3 人受伤。

为控制长时间驾驶带来的人身安全风险，根据《道路交通安全法实施条例》《国务院关于加强道路交通安全工作的意见》，制定预控措施：

1. 日间连续驾驶机动车不超过 4 小时，夜间连续驾驶不超过 2 小时，每次停车休息时间不少于 20 分钟。

2. 客运驾驶人 24 小时累计驾驶时间不得超过 8 小时。

3. 同乘人员发现驾驶员疲劳或长时间驾驶，应及时提醒其停车休息。

第三节　特殊地段行驶

一、交叉路口通行

交叉路口是机动车、非机动车和行人的交汇路段，通行情况较为复杂，过往行人和驾驶员各有所思。车辆、行人密集时，容易造成堵塞，诱发抢道通行；车辆、行人稀少时，容易臆测通行，超速行驶。所以，交叉路口是交通事故的多发地段。如果机动车驾驶员不按信号行驶，或不随时观察车辆和行人通行情况，特别是违章通行车辆和行人，及时准确采取措施，就极易发生交通事故。

案 例

2012 年 1 月 6 日 17 时 25 分，云南省昆明市民严利民驾驶小轿车，由南向北正常通过龙昆路交叉路口时，未发现由西向东闯红灯步行通过路口的梁平，与其相撞，造成梁平被撞身亡。

2012 年 3 月 21 日 14 时，广西壮族自治区南宁市的蒋明驾驶小型轿车，沿五象大道由东往西行至青龙岗墓园门前路口时，不按交通信号灯显示通行，与正常通过五象大道的电动车发生碰撞，造成电动车驾驶人覃军辉重伤。

为控制交叉路口通行中的人身安全风险，根据《中华人民共和国道路交通安全法》，制定预控措施：

1. 机动车通过交叉路口时，应按交通信号灯、交通标志、交通标线或交通

警察指挥通过。

2. 通过没有交通信号灯、交通标志、交通标线或交通警察指挥的交叉路口时，应减速慢行，并让行人和优先通行的车辆先行。

3. 通过交叉路口时，应加强瞭望，及时躲避违章通行的行人和车辆。

二、铁路道口通行

铁路道口是指道路与铁路平面相交处，分为有人看守道口和无人看守道口。在铁路线路上，列车行驶速度快、惯性大、难以停车，铁路道口上一旦发生相撞事故，机动车及车上人员往往伤害更为严重。所以，机动车通过铁路道口时，如果不遵守道口信号指示、不服从看守人员指挥，盲目通行，甚至臆测列车距离，强行横越线路，或闯入封闭栏杆，侵入铁路限界，都有可能被列车撞轧。

案例

2013年1月28日7时35分，黑龙江省五大连池市客运公司驾驶员王伟驾驶“黑N21198”金龙牌客车（核载35人，实载61人）途径黑河地方铁路北黑线襄河站内K80+804无人看守道口处，与列车抢行通过道口，被正常运行的C40296次货物列车撞刷，造成大客车上10人死亡、41人受伤。

为控制铁路道口通行中的人身安全风险，根据《中华人民共和国道路交通安全法》，制定预控措施：

1. 机动车通过铁路道口时，应按交通信号或管理人员指挥通行。

2. 机动车通过无人看守道口时，应减速或停车，确认安全后方可通过。

三、隧道行驶

瞳孔是人体获取外部光线并在大脑形成影像的唯一视觉通道。白天汽车接近隧道过程中，驾驶员瞳孔逐渐变大，并在进入隧道瞬间急剧变大，以适应和准确捕获前方及周围环境信息。此时，如果车速过快，超出瞳孔放大速率，会使驾驶员瞬间产生视觉障碍，形成“黑洞效应”，遇有隧道内路面湿滑、障碍物和停留车辆，极易酿成交通事故。另外，隧道内光线较暗，汽车废气和卷起的尘埃不易消散，驾驶员在隧道外方和隧道内，很难远距离准确观察前方路面和无标志车辆，一旦发现往往手忙脚乱，导致追尾或碰撞隧道路缘石事故。

案例

2014年3月1日14时45分，山西省晋城市福安达物流有限公司驾驶员李建云，驾驶装载29.14吨甲醇的“晋E23504，晋E2932挂”铰接车沿晋济高速前往河南省博爱县。行至距岩后隧道右洞入口约100 m处时，发现右侧车道有运煤车辆排队缓慢通行，但左侧车道至隧道口处没有车辆，遂从右侧车道变更至左侧车道。驶入隧道后，突然发现前方5~6 m处停有车辆，李建云紧急采取制动措施，但仍与前车追尾，导致前车装载的29.66吨甲醇泄漏并起火燃烧。随后，引燃引爆隧道内滞留的另外两辆危险化学品和31辆煤炭运输车等，事故共造成40人死亡、12人受伤和42台车辆被烧毁。

为控制隧道行驶中的人身安全风险，根据《道路交通安全法实施条例》，制定预控措施：

1. 机动车通过隧道时，应提前降低车速，开启车灯，随时观察路面情况。

2. 隧道内不得掉头、停车和倒车。

3. 距离隧道50 m以内路段，不得停车。

四、山路行驶

山道连绵起伏不定、坡陡路窄、急转弯较多，甚至多有连续转弯或连续坡道，遇有视线不良，强行超车时极易发生迎面相撞交通事故。遇有路肩松软、空洞，观察不明，操作不当就会造成车辆颠覆，坠落山崖。山路往往依山而建，遇有山石滚落或山体滑坡，还会造成车辆被砸甚至掩埋。另外，在连续下坡道路段，仅用脚踏板控制车速，容易使制动片和制动盘过热、摩擦系数减小、制动效能降低甚至导致制动失灵，酿成重大事故。

案 例

2009年3月26日23时10分，申家威驾驶一辆桂B牌小型越野车行至三江至桂林321国道689 km青山湾路段时，前方视线不清。申家威急于赶路，强行超车，导致车辆与对向张某驾驶的桂A牌重型自卸货车车头左侧相撞，造成小型越野车上乘车人杨某、方某受伤。

2012年3月13日12时28分，四川省阿坝藏族羌族自治州马尔康县王遇东驾驶川U20777号金龙大客车自成都驶往马尔康县（该车核载35人，实载21人）。行至马尔康县境内317国道，遇连续下坡，司机王遇东连续使用脚刹制动降低车速，导致刹车失灵。当车辆行至295 km+138 m弯道处，终因车速过快，车辆侧翻，坠入垂高65 m深谷，造成15人死亡、6人受伤。

为控制山路行驶中的人身安全风险，根据《中华人民共和国道路交通安全法》，制定预控措施：

1. 迎面无来车时，宜靠近道路中间线行驶。遇弯道时，应提前回至右侧车道。

2. 超车时，应提前开启转向灯、鸣喇叭，夜间交替使用远近光灯示意，弯道不得超车。

3. 遇长大下坡道宜采取用降低档位措施控制车速（自动挡车型应切换至手动模式），不得长时间过度使用脚刹。

4. 合理控制车速，仔细观察前方道路，遇有塌方、落石，应果断避险。

第四节　恶劣天气行驶

一、雨天行车

雨天行车时，汽车前挡风玻璃和后视镜受雨水冲刷，视线受阻；雨天积水还容易掩盖路面原有坑洼、危险点和障碍物；遇有超车或跟车过近，很容易被相邻或前方车辆溅起的水渍遮挡，驾驶员不易准确观察前方路况、车辆和障碍物。如果偶遇山石滚落、护坡塌方、道路塌陷，将很难应急处置。另外，雨天轮胎与路面之间存留的湿水层或泥泞层，容易使车辆轮胎摩擦系数减小，造成车轮打滑、空转、制动距离增大。如果行驶中遇有一侧轮胎涉水，另一侧阻力瞬间增大，还极易导致车辆失控，甚至侧滑、相撞，酿成交通事故。

案 例

2010 年 8 月 4 日 7 时 20 分，内蒙古锡林郭勒盟电力局修试处司机付明，驾驶“蒙 H12330”依维柯客车（核载 14 人，实载 9 人）由多伦县返回锡林浩特途中，行至 308 省道 44 km 处，因雨天路滑，导致客车翻下路基，造成 7 人死亡、2 人受伤。

2012 年 6 月 12 日 11 时，吴林驾驶小轿车途经杭宁高速公路入口约 63 km 处，因下雨路面存有少量积水，轿车经过时，突然失控，撞破中央隔离带，冲入对向车道，与一辆正常行驶的安徽牌照重型半挂车相撞，造成驾驶员吴林当场死亡。

2014 年 6 月 19 日，西安铁路局韩城车务段，4 名干部乘坐本段汽车司机驾驶的一辆现代越野车，到管内沿线车站检查工作返回途中，行至西安至禹门口高速公路距韩城约 20 km 处，因路面积水湿滑，制动时汽车失控，撞上道路中间隔离护栏，造成 2 人死亡、2 人轻伤。

为控制雨天行车中的人身安全风险，根据《中华人民共和国道路交通安全法》，制定预控措施：

1. 雨天行车，特别是遇有积水和轮胎涉水，应降低行驶速度。

2. 雨天跟车、超车、会车时，应保持足够安全距离，遇有行人应主动避让或停车。

3. 遇有大雨视线极低时，应尽可能到安全地带停车避雨。

二、雾霾天行车

雾霾天行车，能见度差，瞭望距离短，不易发现前方车辆和行人，也不易被其他车辆和行人发现。如果车速过快，很容易与前方行驶车辆、停留车辆、违章变道车辆以及障碍物或行人相撞，紧急刹车还容易导致被后方车辆追尾。另外，雾霾天道路标线和交通标志不易辨识，行驶中很容易偏离车道，与相邻车辆或路旁隔离设施发生剐蹭，甚至驶出路面，酿成交通事故。

案 例

2011 年 10 月 7 日 7 时 20 分，安徽省淮北地区浓雾天气，连霍高速路段能见度严重偏低。萧县驾驶员陈达驾驶某品牌轿车行至连霍高速郑州方向 285 km 处，驶入团雾。车辆减速后，突然发现前方因浓雾停车的货车，紧急停车不及，与其追尾相撞。后续车辆也因瞭望不良，车距过近，相继发生 24 辆汽车追尾相撞，当场造成 6 人死亡、19 人受伤。

为控制雾霾天行车中的人身安全风险，根据《道路交通安全法实施条例》，制定预控措施：

1. 雾霾天行车，应开启雾灯和危险报警闪光灯。

2. 合理控制车速，保持足够安全距离。

3. 仔细观察道路标线和交通标志，不得随意变更车道或停车。

三、冰雪天行车

下雪天气，飞舞的雪花会遮挡驾驶员视线，漫天皆白的视觉反射会使驾驶员产生眩晕、雪盲或视力下降。车辆轮胎与路面间的冰雪介质，也会使轮胎附着力减小，造成车轮空转、侧滑，车辆不易控制，制动距离增大，遇弯道或紧急情况，极易使车辆驶离车道或造成追尾相撞事故。另外，冰雪天，路面原有坑洼、障碍物和道路标志线，被大雪覆盖不易发现。路上行人、自行车、电瓶车和其他车辆，随时有可能因失控滑倒或横移侵入行车道。如果驾驶员不仔细观察、提前预判、合理控制车速，就极易发生交通事故，甚至导致连环相撞。

案 例

2004 年 11 月 27 日凌晨 4 时 30 分，四川省巴中运输公司李波驾驶“川 Y69999”宇通牌大客车（核载 51 人，实载 72 人）以 60 km/h 速度行至 108 国道陕西省周至县境内周城段 41 km+300 m 下坡转弯处，司机发现路面部分结冰，向左急打方向并采取制动措施，导致车辆侧滑，驶离路面，坠入道路右侧 7.5 m 深的河床，造成 26 人死亡、46 人受伤。

为控制冰雪天行车中的人身安全风险，制定预控措施：

1. 冰雪天应减速慢行，并与前车、周围车辆和障碍物等保持足够安全距离。

2. 车辆减速时，可提前点踩制动踏板，不可踩住不放。

第五节　夜间行驶

一、夜间行车

夜间是人们生理活动的低谷期，夜间行车视线不良、视觉受限，驾驶员长时间在灯光照射范围内瞭望，一方面容易出现视觉疲劳、身体疲倦，观察、判断、反应能力和操作技能下降；另一方面很难通过观察周边事物或参照物，判断车距、辨别方向、躲避障碍物等。所以夜间行车时，如果驾驶员不提前充分休息，不合理控制车速，就很容易造成交通事故。

案 例

2006 年 7 月 20 日凌晨 3 时 50 分，广东省东莞市南城区，一辆悬挂香港假牌照“粤 Z5535”红色宝马车高速通过鸿福路和东莞大道红绿灯路口时，与“粤 B46104”牵引的“粤 B3467 挂”重型集装箱货柜车相撞。宝马车从左侧钻入货柜车挂车车底，钻出后向前滑行 50 余米停下。事故造成宝马车上 5 名乘客当场死亡。

2009 年 6 月 18 日 20 时，河南省南阳市宛城区个体运输户袁文明驾驶重型货车沿 312 国道正常行驶，由于夜间行车视线不良，驾驶员袁文明在可视范围内，未能提前发现前方横穿公路的行人王某，将其撞倒造成重伤。

为控制夜间驾驶中的人身安全风险，根据《中华人民共和国道路交通安全

法》《国务院关于加强道路交通安全工作的意见》，制定预控措施：

1. 夜间行驶，应降低行驶速度。

2. 同方向行驶的后车与前车近距离行驶时，不得使用远光灯。

二、夜间会车

夜间行驶，驾驶员靠灯光照射路面形成的反射光，获取路面图像信息，路面颜色越深反射光越弱，路面越光滑反射光越弱。比如，路面为平静积水的水平面时，反射光几乎为零，所以前方道路积水往往会呈现黑色，驾驶员很难观察清楚；再如，夜间空气受雾霾、灰尘和汽车尾气等飘浮物影响，在光束照射区会形成光线遮挡层，路面图像信息需穿过遮挡层进入驾驶员眼睛，这又增加了驾驶员观察前方道路的难度；又如，夜间驾驶员为获取路面图像信息，眼睛瞳孔会较白天放大许多。会车时，如果迎面车辆开着远光灯驶来，眼睛受直射光刺激，会调节瞳孔变小，随着两车距离逐渐接近，迎面灯光未发散区会越集中，接收到迎面直射光会越强，瞳孔也会变得越小，在会车瞬间瞳孔最小。会车结束后，驾驶员为获得原有灯光照射路面图像信息，必然会调节瞳孔快速放大。在瞳孔由小到大恢复过程中，眼睛视网膜上不能形成路面图像信息，致使眼睛瞬间出现盲区，面前呈现一片黑暗，随后逐渐看到空气中飘浮物形成的光线遮挡层白色光束，最后看清路面信息。所以，夜间会车时，如果不提前改用近光灯，就会给迎面车辆带来事故隐患，而且迎面车速越快，盲区行驶距离越远，危险性也会越大。

案 例

2015 年 12 月 1 日傍晚，江苏省泰州市姜堰城区钱正奇驾车行至人民南路附近时，迎面开着远光驶来的多辆轿车强光源和前方光线不足路面形成的巨大反差，使他眼前一片惨白，瞬间失去了对原有道路的观察能力。会车结束后，他突然发现前方斑马线上有人骑车抢越，紧急停车过程中，将其撞飞，经抢救无效死亡。

为控制夜间会车中的人身安全风险，根据《道路交通安全法实施条例》，制定预控措施：

1. 夜间会车应在距相对方向来车 150 m 以外改用近光灯。

2. 在窄路、窄桥与非机动车会车时应使用近光灯。

第六节　临时处理与事故处置

一、车灯使用

汽车车灯一般分为示宽灯、近光灯、远光灯、转向灯、倒车灯、雾灯和危险报警闪光灯。在昼间使用车灯，主要用于发出意图信号，提醒其他车辆和行人注意；夜间使用灯光，主要用于道路照明和警示车辆宽度。比如，遇故障或事故在道路上停车，或行驶中遇有雨、雪、雾、霾等能见度不足时，如果不开启危险报警闪光灯，警示后方车辆自身存在，就很容易导致追尾事故。再如，行驶中变道、超车或停车时，不正确使用转向灯，就极易与其他车辆和行人发生剐蹭、相撞或碾轧事故。

案 例

2014 年 6 月 12 日 6 时 06 分，浙江大学副校长吴平驾驶黑色奥迪轿车，行至杭州市绕城高速西线向北 83 km 三墩主线出口处，未提前开启右转向灯警示后方车辆，突然右拐变道，驶入外侧车道，导致后方运载木材的皖牌半挂大货车与其追尾，巨大的惯性和冲击力将轿车推入紧急停车带后撞翻，随后被滚落的木材砸压、变形，吴平当场死亡，大货车撞上隔离墩后侧翻。

为控制车灯使用不规范带来的人身安全风险，根据《中华人民共和国道路交通安全法》《道路交通安全法实施条例》，制定预控措施：

1. 向左转弯、左变更车道、超车、驶离停车地点或掉头时，应提前开启左转向灯。

2. 向右转弯、右变更车道、超车完毕驶回原车道、靠路边停车时，应提前开启右转向灯。

3. 故障或事故等在道路上停车时，应开启危险报警闪光灯，夜间还应开启示廓灯和后位灯。

4. 遇有雾、雨、雪、沙尘、冰雹等能见度不足时，应开启雾灯、近光灯、示廓灯、前后位灯和危险报警闪光灯。

5. 夜间通过急弯、坡路、拱桥、人行横道或没有交通信号灯控制的路口时，应交替使用远近光灯示意。

二、喇叭使用

喇叭是车与车、车与人之间空间交流的主要媒介之一，是机动车道路行驶的重要安全设备之一。机动车驶入急弯、坡道顶端或通过视线不良路口时，如果不提前使用喇叭告知其他车辆或行人有车通过，其他车辆或行人就可能因视线不良、误判无车而占用前方车道，致使车辆避险不及，导致悲剧发生。另外，在禁鸣区鸣喇叭，或在拥堵道路长时间持续使用喇叭，很容易激起他人不满情绪，甚至与他人发生冲突，影响交通秩序，引发交通事故。

案 例

2015 年 3 月 1 日 15 时 32 分，24 岁女司机杨明晰驾驶“粤 BA495Q”奔驰牌小轿车行至广东省深圳市宝安机场限速 50 km/h 的高架桥离港平台转弯处，因后方车辆连续鸣喇叭，致其情绪高度紧张，车辆失控，以 97.8 km/h 速度撞向右侧护栏，并贴着护栏冲入路边人群，事故造成包括女司机在内的 9 人死亡、23 人受伤。

2015 年 8 月 3 日 15 时 20 分，湖南省宁远县舜陵镇唐家山村唐和生驾驶“湘 M84082”重型自卸货车（驾驶室限坐 3 人，实坐 5 人）沿 S216 线以 65 km/h 速度行至大路尾村交叉路口时，突遇唐仁辉驾驶两轮摩托车从路口右转弯驶入 S216 线，自卸货车未鸣喇叭也未减速，与两轮摩托车相撞，连车带人推行 36 m 后，经路过司机呼喊后才停车，事故造成摩托车搭乘人蒋军明死亡，驾车人唐仁辉受伤。

为控制喇叭使用不规范带来的人身安全风险，根据《道路交通安全法实施条例》，制定预控措施：

1. 驶近急弯、坡道顶端等影响安全视距的路段，以及超车或遇有紧急情况时，应鸣喇叭示意。

2. 不得在禁止鸣喇叭区域或路段鸣喇叭。

三、事故处置

机动车在道路上发生交通事故，驾驶员面对突如其来的事故，往往惊慌失措、束手无策，延误伤者救助时机，延长交通堵塞时间，遇有相邻车道正常行驶车辆通过时，还有可能造成次生事故发生。所以，机动车在道路上发生事故后，如果不保护好现场，不根据事故后果快速处置，或心存侥幸在事故后逃逸，都会人为扩大事故后果，甚至面临民事或刑事追责。

案 例

2015 年 11 月 28 日 17 时，夜幕刚刚降临，山东省枣庄市司机王瑞强驾驶货车行驶在 206 国道枣庄段至前小湾村路段时，因故将车停在路边。随后，驾驶两轮摩托车的王新来经过此处，未能及时发现路边停留货车，与其相撞受伤。王瑞强见状驾车驶离现场，王新来后经医院抢救无效死亡。经调查，王瑞强存在驾驶货车交通肇事后逃逸违法行为，承担事故主要责任，被枣庄市市中区人民法院判处有期徒刑 3 年，缓刑 3 年，并被枣庄市交巡警支队做出吊销机动车驾驶证，且终生不得重新取得的行政处罚。

为控制事故处置中的人身安全风险，根据《中华人民共和国道路交通安全法》《道路交通安全法实施条例》，制定预控措施：

1. 机动车在道路上发生交通事故，应立即停车，保护现场。

2. 造成人身伤亡时，应立即抢救受伤人员，并迅速报警。因抢救伤者变动现场的，应标明位置。

3. 未造成人身伤亡时，当事人对事实及成因无争议，可即行撤离现场，自行协商处理；不撤离现场的，应迅速报警。

4. 仅造成轻微财产损失，且基本事实清楚的，应先撤离现场再进行协商处理。

5. 造成道路、供电、通信等设施损毁时，应报警等候处理，不得驶离。机动车可以移动的，应将机动车移至不妨碍交通的地点。

第二十五章 食堂劳动安全

第一节 食品卫生

一、原料采购

食品原料采购是食堂食品安全风险控制的第一道防线。食品安全法要求食品、原料和辅料生产经营单位应具有《食品生产许可证》和《食品流通许可证》。食品原料采购时，如果不按规定采购、查验，或采购不符合食品安全法和卫生标准要求的食品，就可能引起就餐者身体不适，造成食源性疾病，甚至食物中毒。

案 例

2003 年 4 月 18 日 10 时，湖北省武汉市水果湖第一小学课间餐食品采购渠道把关不严，六年级部分班级学生食用袋装“王牌熟食”豆干和豆奶 1 小时后，130 余名学生先后出现发热、头晕、皮肤痒、腹痛等症状。

为控制原料采购不规范带来的人身安全风险，根据《中华人民共和国食品安全法》，制定预控措施：

1. 食品原料应定点采购，并建立追溯体系。

2. 食品原料采购时，应查验产品合格证。无合格证的食品原料，按食品安全系列国家标准进行检验。

二、预防投毒

投毒，是指故意投放毒物危害公共安全的犯罪行为。食物、水源是最有可能被投放毒物，也是铁路企业安全防范的重点。如果食堂员工法律意识不强，或原料储存、加工、服务及环境等防投毒措施不健全，就有可能使投毒者有机可乘。

案 例

江苏省南京市江宁区汤山镇“菊红”面食店负责人陈正平，见附近“正武”面食店生意兴隆，遂怀恨在心。2002 年 9 月 13 日 23 时许，陈正平潜入“正武”面食店，将剧毒鼠药“毒鼠强”投入食品原料。次日早上，附近中学学生和工地民工共 395 人，食用了该店油条、烧饼、麻团等早餐后，先后出现中毒症状，经全力抢救，仍有 42 人遇难。投毒人员陈正平构成犯罪，已于当年 10 月被执行死刑。

2007 年 12 月 8 日，广州市天河区新天河宾馆，食堂员工陈光进因对工作和收入不满，在紫菜蛋花汤中投入砒霜。导致员工晚餐后，陆续有 47 人出现呕吐、头晕、腹泻等中毒症状。

为控制投毒带来的人身安全风险，根据《中华人民共和国食品安全法》，制定预控措施：

1. 食品安全应实行预防为主、风险管理、全程控制。

2. 加强沟通，化解矛盾，做好员工法制安全教育。

3. 每日首次进入食堂，作业人员应对所涉及的操作间、库房门窗进行全面检查；当日作业完毕，应关闭所有门窗并加锁，并填写预防投毒检查记录。

4. 严禁闲杂人员进入食堂操作间和库房。

第二节　预防食物中毒

食物中毒是指摄入含有生物性、化学性有毒有害物质的食品，或把有毒有害物质当作食品摄入后，出现的非传染性（不同于传染病）的急性、亚急性疾病。食物中毒主要分为细菌性食物中毒、真菌毒素和霉变食品中毒、动物性食物中毒、植物性食物中毒、亚硝酸盐中毒等。

一、预防细菌性食物中毒

细菌性食物中毒，是指食用被细菌或细菌毒素污染的食物而引起的急性中毒性疾病。如果食物在加工、制作、存放过程中，生熟接触或被环境因素污染，或长时间储存的食物在食用前未彻底加热，以及操作者携带传染性病菌，都有可能造成食物被细菌或细菌毒素污染，引发食物中毒。

案例

2013 年 4 月 19 日 12 时 30 分，上海现代建筑设计集团有限公司员工食堂，50 余名员工食用了变质的酱猪蹄后，不同程度出现恶心、呕吐、腹痛、腹泻等症状，造成 45 名员工入院治疗。

为控制细菌性食物中毒带来的人身安全风险，制定预控措施：

1. 食堂从业人员应办理健康证，并且每年至少进行两次身体检查。发现患有传染性疾病者，应立即调岗。

2. 食品采购、运输、储存过程中，应避免各种致病菌污染；食品加工制作时，应做好清洗消毒；刀具、器具、容器等应定期消毒。

3. 食品制作存放所用刀具、容器、砧板等应生熟分开。遇有剩菜、剩饭，常温储存不得超过 2 小时，二次加热中心温度应达到 70 ℃以上。

4. 操作间和库房门、窗及排风扇口等，应有防鼠、防虫措施，如纱帘、纱网、防鼠板、防蝇灯、风幕等。

二、预防真菌毒素和霉变食物中毒

真菌毒素和霉变食物中毒，是指食用真菌污染霉变食物而引起的食物中毒。如果采购过期或霉变原材料，潮湿环境下储存谷物粮食，食品加工前不认真检查等，就很容易发生真菌毒素和霉变食物中毒。

案例

2006 年 3 月 10 日，杭州市景方社区的退休职工王新湖为图省钱，购买了霉变的甘蔗。食用后，出现剧烈呕吐、头晕、四肢僵硬、视力模糊等中毒症状，经抢救后脱离危险。

为控制真菌毒素和霉变食物中毒带来的人身安全风险，制定预控措施：

1. 食品原料采购时，应从外观、色泽、口味等方面进行辨别，禁止购买霉变、过期食品。

2. 食品原料储存，应通风干燥，谷物类原料还应隔墙离地。

3. 食品原料加工前，应认真检查，发现霉变迹象，禁止加工、食用。

三、预防动物性食物中毒

动物性食物中毒，是指食入动物性食品引起的食物中毒。动物性中毒食品主要有两种：一是将天然含有有毒成分的动物或动物的某一部分当作食品；二是在一定条件下产生大量有毒成分的可食动物性食品。近年来，我国发生的动物性食物中毒主要有河豚中毒、鱼胆中毒等。其中河豚体内含有的河豚毒素，对热相当稳定，即使经过蒸煮、盐腌、日晒处理，也不能破坏其毒素。

案例

2016 年 5 月 22 日 18 时，深圳市宝安区西乡街市民冯志福从西乡宝源市场购买了 3 斤河豚后，委托附近酒店加工成菜肴。食用后冯志福感觉呼吸困难，手、足、舌等全身麻痹、无力，打车前往宝安人民医院途中，逐渐停止自主呼吸。虽经院方全力抢救，但终因中毒过深，于两日后死亡。

为控制动物性食物中毒带来的人身安全风险，制定预控措施：

1. 采购食物原料人员应具备各种食物安全辨识能力。禁止采购河豚、含高组胺鱼类、鲐鱼，及未经检验检疫的家禽、家畜类动物性食物。

2. 禁止有毒、有害及未经检疫的食品原料入库。

四、预防植物性食物中毒

植物性食物中毒，是指食用天然含有有毒成分的植物及制品，和加工过程中未能破坏或除去有毒成分的植物而出现的中毒现象。常见的植物性有毒食物有：毒蘑菇、发芽的马铃薯、鲜黄花菜及未加工熟透的豆角、豆浆等。如果食用这些食品，就会出现呕吐、腹泻、头晕、心慌、呼吸增快、昏迷等中毒症状，严重者会造成中毒死亡。

案例

2002 年 8 月 15 日，湖南省长沙市中南大学教授黄赛超用高压锅烧煮自采的野蘑菇，一家 4 口食用后，黄赛超父子 2 人中毒死亡。2015 年 6 月 28 日，江苏省无锡市，余泽用自采的野蘑菇与青椒、大蒜炒制，一家 7 口食用后，导致 1 人中毒死亡。2015 年 7 月 2 日，浙江省温州市永嘉县，潘国越用自采的野蘑菇做汤，一家 6 口食用后，造成 6 人全部遇难。

2004年7月16日，陕西省西安市，某建设公司项目部职工食堂，22人食用了鲜黄花菜炒肉后，18人出现恶心、腹痛、腹泻、呕吐、头晕等症状，造成集体中毒事件。

为控制植物性食物中毒带来的人身安全风险，制定预控措施：

1. 禁止采购野蘑菇、桐油等有毒性食物。

2. 豆类食品应充分加热或煮沸；鲜黄花菜应充分煮沸，并清水浸泡。

3. 马铃薯应低温存储，防止发芽。

五、预防化学性食物中毒

化学性食物中毒是指健康人经口摄入了正常数量、感官无异常，但含有较大量化学性有害物的食物后，身体出现急性中毒现象。化学性有害物包括有毒金属、农药，以及化学性物质等。这些物质在体内溶解度高，易被口腔黏膜或胃肠道吸收。中毒后发病快、潜伏期短、死亡率高。最典型的化学性食物中毒就是亚硝酸盐中毒，其外观和口感与食盐相似，正常人一次性摄入0.3~0.5 g，即可引起中毒，甚至死亡。

案 例

2009年5月6日20时，湖南省常德市石门县雁池坪村村民黄欣开办酱板鸭烧烤店之前，邀请亲友聚餐品尝。厨师在烧烤板鸭时，误将亚硝酸盐当作食盐使用，导致16位品尝者先后发生中毒反应，其中1名一岁多女孩，在送往医院途中不幸死亡。

为控制化学性食物中毒带来的人身安全风险，根据原卫生部、原国家食品药品监督管理局2012年第10号公告，制定预控措施：

1. 禁止餐饮服务单位采购、贮存和使用食品添加剂亚硝酸盐（含亚硝酸钠、亚硝酸钾）。

2. 蔬菜、果类等食品原料，应充分浸泡、清洗，消除残留药液。

第三节　食堂操作

一、餐（饮）具使用

餐（饮）具是指直接接触食物的非可食性工具，用于辅助食物、饮品分发或摄取食物的器皿和用具。这里所说的餐（饮）具特指食堂提供给就餐者重复或一次性使用的餐具、饮具，包括餐盘、碗、碟、筷、勺、杯等。如果食堂购置、使用集中消毒企业供应的不合格餐（饮）具，就会直接危害就餐者身体健康，重复使用不洁净餐（饮）具，还会引发食源性疾病和传染病传播。

案例

2001 年 6 月 10 日晚，广西壮族自治区桂林市铁路小区“小鸭子”酒店承办了 23 桌宴席。次日凌晨，不少就餐者出现不同程度头痛、上吐下泻症状，共 140 人到铁路医院就诊，其中 60 名症状严重者住院治疗，经医院诊断均为食物中毒。桂林铁路食品卫生监督所接到报警后，立即对该酒店当晚宴席饭菜进行抽样检验，结果证实该酒店在食物加工烹饪过程中使用了未消毒的餐具，且生熟未分、混放混用，造成食物间交叉污染，使变形杆菌在食物、餐具中大量繁殖，从而导致此次中毒事件。

2006 年 12 月 4 日，美国新泽西州“塔可钟”快餐连锁店，疑餐具不洁，导致该州 22 人感染，其中 2 人出现严重溶血性尿毒综合征。另外，纽约州长岛也有 14 人感染大肠杆菌。

为控制餐（饮）具使用不规范带来的人身安全风险，根据《中华人民共和国食品安全法》《食品安全国家标准消毒餐（饮）具》《餐饮服务食品安全监督管理办法》，制定预控措施：

1. 餐（饮）具应表面光洁，不得有附着物，不得有油渍、泡沫、异味。

2. 餐具、饮具和盛放直接入口食品容器，每餐使用前应清洗、消毒，并在专用保洁设施内备用，不得使用未经清洗和消毒的餐（饮）具。

3. 购置、使用集中消毒企业供应的餐（饮）具，应查验其经营资质，索取消毒合格凭证。

4. 禁止重复使用一次性使用的餐（饮）具。

二、操作间行走

由于炒菜、煮汤、蒸饭等工作任务，食堂操作间往往有水蒸气、油蒸气和洒落汤类食品在地面聚集，造成瓷砖或水磨石等硬质地面湿滑。操作间作业和行走时，如果地面不采取防滑措施，或不穿防滑鞋，就很容易发生摔伤事件。

案例

2014 年 12 月 9 日 11 时左右，朔黄铁路公司肃宁分公司新曲站员工食堂炊事员黄文平端着刚接好的热水在去往灶台途中，不慎滑倒，造成身体多处烫伤。

为控制操作间行走中的人身安全风险，制定预控措施：

1. 食堂操作间应铺设防滑垫，操作人员应穿防滑鞋。

2. 及时清除地面水渍、油污，并保持干燥。

三、灶台作业

灶台作业是利用炉灶加热、烹饪、制作食品的操作过程。在此过程中，容易造成排油烟通道和设备油蒸气存留形成油垢，遇有明火极易引发火灾。另外，燃气炉灶阀门关闭不严或使用炉灶前未打开排风扇，就容易造成可燃气体泄漏聚集，点火时在空中燃烧，伤及操作人员。

案 例

2015 年 4 月 7 日 11 时 15 分，河北省石家庄市河北师范大学汇华学院南校区清真第一餐厅液化气罐软管漏气，未被及时发现并处理。餐厅老板贾金香点火瞬间，引发大火，造成双手、脸部多处烧伤，隔壁食堂岳新合在救火过程中，左侧脸部也被烧伤。

为控制灶台作业中的人身安全风险，制定预控措施：

1. 炉灶操作前，应确认各阀门无漏气，打开抽油烟机后，方可点火使用。

2. 炉灶使用完毕，应先关闭所有燃气阀门，后关闭抽油烟机。

3. 灶台、灶具旁墙壁、排烟罩油污，应随时清理。

4. 油烟管道、抽油烟设备等，应每季清洗 1 次。

四、燃气使用

燃气包括天然气、液化气。燃气用具、管路、阀门等连接部件在长期使用中，可能发生燃气泄漏。如果燃气存放间或通过线路处通风不良，极易造成可燃气体聚集，遇有明火，就会发生火灾爆炸。

案 例

2014 年 3 月 3 日 12 时 10 分，广东省石油公司东莞分公司办公楼四楼食堂液化气储气间发生液化气逸散，在相对封闭的空间内与空气混合达到爆炸极限，遇电器启动电火花造成爆炸。爆炸冲击波导致储气间与餐厅一侧实体墙向外崩塌，餐厅吊顶坍塌、玻璃幕墙爆裂，击伤就餐人员，共造成 5 人死亡、2 人重伤。

为控制燃气使用中的人身安全风险，根据《中华人民共和国消防法》，制定预控措施：

1. 燃气用具安装、使用及其线路、管路的设计、敷设、维护保养、检测，应符合消防技术标准和管理规定。

2. 燃气罐、燃气管线应远离明火和暖气管道、灯具等高温物体。

3. 燃气房、储气间应通风良好，有明显“严禁烟火”标志，严禁堆放易燃、易爆品。

五、高温食品烹制取送

高温食品烹制取送是引发食堂操作人员烫伤的主要作业环节。比如，油炸食品时油料过多、炒制食品时温度过高，容易造成热油飞溅、溢出。再如，采用大容量容器搬运热油、热汤类高温食品时，不戴隔热手套，这些环节都很容易发生烫伤事件。

案 例

2013年11月14日11时40分，朔黄铁路公司肃宁物业中心餐厅，厨师刘智祥正在使用双炒单温灶炸制食品。在热油过程中，擅自离开灶台，导致油锅着火，引发火灾，扑救时险些造成人身伤害。

为控制高温食品烹制取送中的人身安全风险，制定预控措施：

1. 油炸食品时，油料不得超过器具容量三分之二。

2. 炸制过程中，应严格控制油温，并不得离开灶台。

3. 高温、大容量食品容器送餐时，应戴隔热手套，双人合作，采用推车运送。

第四节　电气设备使用

一、电气设备接地

食堂电气设备电源分为220 V和380 V两种。食堂常用的电气设备有和面机、压面机、蒸饭车、刀削面机、绞肉机、电饼铛、电烤箱、电磁灶等。如果电气设备故障、电气线路破损或插座接触不良，就容易发生漏电，导致人身伤害事件。

案 例

2013 年 5 月 7 日 17 时 10 分，云南省昆明理工大学新迎校区食堂冰箱外壳接地不良，电源漏电后未能及时发现。厨师施德平打开冰箱取肉时，被 220 V 电压击伤并倒地昏迷。120 医护人员赶到现场，将其从食堂侧门抬出，在空地展开 20 余分钟紧急救治，心搏恢复后，送往延安医院急诊科，23 时左右，施德平终因伤势过重不幸身亡。

为控制电气设备接地带来的人身安全风险，制定预控措施：

1. 电气设备使用时，应在电源端安装漏电保护装置。

2. 电气设备应接设备保护地线和机体外壳漏电保护地线，其线路、插座应保持完好、干燥，并远离火源和潮湿处所。

3. 电气设备使用前，应对机体、线路、插座等进行检查；使用后，应及时切断电源。

二、和面机

和面机主要由搅拌缸、搅钩、传动装置、电器盒、机座等组成。工作时由传动装置带动螺旋搅钩在缸体内旋转，使面与水充分融合，以代替人工和面任务。和面机在运转过程中，手伸入搅拌缸内操作，就可能造成人身伤害。另外，因设备、线路、电源等故障停止运转时，不切断电源，进入搅拌机内操作，一旦故障自动恢复，就必然导致流血事件发生。

案 例

2007 年 5 月 6 日，朔黄铁路公司肃宁北站区食堂炊事员高珍使用和面机和面。和面机在运转过程中，高珍将手直接伸入搅拌缸内，利用搅钩旋转间隙捡取面中杂物时，被螺旋搅钩绞伤，导致肌肉撕裂、胳膊骨折。

为控制和面机操作中的人身安全风险，制定预控措施：

1. 和面机运转中应有人监护，不得擅离岗位。

2. 投料、取料时，应切断电源，未切断电源禁止将手伸入搅拌缸内。

三、压面（面条）机

压面机是代替传统手工揉面、擀面、制作面食的半自动加工设备。它通过送料斗将和好的面团送入对向旋转的轧辊，把面团从厚到薄压成面片，根据需要制成面条或其他面食原料。压面机工作中，面料发生卡阻、歪斜，如果用手直接处置，就很容易卷入旋转的轧辊，导致人身伤害。

案 例

2014 年 11 月 27 日 10 时 40 分，安徽省安庆市一家面食小吃店厨师陈巧红用压面机压面。为保证面皮在压制过程中不发生歪斜，她用手在轧辊上方推送面皮。操作中，不小心右手被卷入轧辊，导致 4 根手指截肢。

为控制压面（面条）机操作中的人身安全风险，制定预控措施：

1. 面料卡阻、歪斜，应用竹尺或木棍辅助操作。

2. 压面机未断开电源，手部不得接近轧辊。

四、蒸饭车

蒸饭车是利用电或燃气热能蒸制食品的高温炊事设备。蒸饭车在工作或蒸制结束时，内部蒸汽温度高、压力大。开门时，如果操作人员站在门缝开启侧，就容易被喷出的蒸汽灼伤，或被滴落的热水烫伤。另外，取送食物时，如果不戴隔热手套，也容易造成烫伤、灼伤。

案 例

2014 年 10 月 23 日，河北省定州市东北人家饭店厨师张素娟站在蒸饭车正面开门时，蒸汽在箱门上形成的热水滴落在她的脚面，造成脚部烫伤。

为控制蒸饭车操作中的人身安全风险，制定预控措施：

1. 蒸饭车开门时，应先关闭电源，并随门开启方向一侧移动。

2. 取送蒸盘时，应佩戴隔热手套。

五、绞（切）肉机

绞（切）肉机是利用电机带动旋转滚轴或刀片，加工肉类食品的半自动化设备。它采用人工辅助式进料，根据需要，更换不同的刀片，可制作成不同形状，如肉末、肉片、肉条等。使用中，绞肉机投料口粘连堵塞，或因原料过大不能自动进入滚轴，形成空转时，如果用手直接推送原料，就很容易被螺旋推送装置绞轧，造成人身伤害。

案 例

2015 年 1 月 11 日 12 时 20 分，浙江省义乌市农贸城经营肉摊的张秀梅像往常一样，忙着为客人灌香肠。由于放入绞肉机的碎肉太多，机器突然卡阻停转，她顺手用左手伸入送料口推送，不想这一推，把自己的食指、中指、无名指、小指也推进了绞肉机。后经13个小时的紧张手术，医生帮她接回了食指和无名指，但永远失去了中指和小指。

为控制绞（切）肉机操作中的人身安全风险，制定预控措施：

1. 投料口卡阻或原料不能进入滚轴时，应用竹尺或木棍辅助送料，禁止用手直接操作。

2. 绞肉机未断开电源，禁止将手伸进投料口。

六、电烤箱和微波炉

电烤箱通过电热元件辐射热能烤制食物，微波炉采用微波能量加热食品，这两种电气设备在工作时，都会造成食品与器具同步加热。在打开电烤箱或微波炉取送食品时，如果不采取隔热措施，如不使用垫布、隔热手套、器皿夹子等，很容易造成烫伤或灼伤。另外，密封食品加热时，内部食品和气体受热膨胀，会导致密封袋、桶等包装件爆裂，甚至造成操作人员人身伤害。

案 例

湖北省武汉市新洲区30岁的朱伟钊每天都为孩子煮鸡蛋。2015年11月11日7时20分，他为赶时间，将鸡蛋放入盛满水的塑料碗中，用微波炉加热。两分钟后，打开微波炉时，鸡蛋突然炸开，炸裂物飞向朱伟钊面部，眼睛受到重创。后经医院确诊，双眼眼睑和眼球均被炸裂，双目失明。

为控制电烤箱和微波炉操作中的人身安全风险，制定预控措施：

1. 密封食物烤制、加热时，应先破除外壳或拆开包装。

2. 取送食品时，应戴隔热手套或采取其他防烫措施。

七、刀削面机

刀削面机是代替人工削面的一种半自动化面食制作装置，主要分为旋转型和往返动作型，常见的有机械刀削面机、机器人刀削面机。它们的共同特点是自动削面装置暴露于空间，无任何防护，比如分面凸轮、削面刀片。刀削面机工作时，如果刀口固定不牢，刀片就容易被甩出伤人。另外，操作人员接近旋转分面凸轮或侵入刀口行程，也容易造成人身伤害。

案 例

2014年4月6日11时30分，河北省沧州市惠民面馆厨师张文盛使用机器人削面时，发现面上有异物，在未断电的情况下用手清理，造成手指被划伤。

为控制刀削面机操作中的人身安全风险，制定预控措施：

1. 刀削面机使用前，应确认刀片固定良好。

2. 未切断电源，任何人员不得触及分面凸轮或侵入刀口行程范围，禁止将手伸入送料口。

第三篇

应急避险

【导言】

本篇应急避险主要用于了解自然灾害形成规律，掌握突发事件应急避险知识，提高突发事件应急处置能力，指导劳动者在突发事件和自然灾害来临之际，不得已所采取的应急避险方式方法，从而快速、科学和最大限度地躲避正在发生的危险，使本人或他人免受事故伤害或减少伤害。

第二十六章 应急避险知识

第一节 安全色

一、安全色

国家标准《安全色》规定了传递安全信息的颜色，包括红、蓝、黄、绿 4 种颜色，即安全色。安全色含义如下：

1. 红色代表传递禁止、停止、危险或提示消防设备、设施的信息。

安全色的红色用于：各种禁止标志；交通禁令标志；消防设备标志；机械的停止按钮、刹车及停车装置的操纵手柄；机械设备转动部件的裸露部位；仪表刻度盘上极限位置的刻度；各种危险信号旗等。

2. 蓝色代表传递必须遵守规定的指令性信息。

安全色的蓝色用于：各种指令标志；道路交通标志和标线中指示标志等。

3. 黄色代表传递注意、警告的信息。

安全色的黄色用于：各种警告标志；道路交通标志和标线中警告标志；警告信号旗等。

4. 绿色代表传递安全的提示性信息。

安全色的绿色用于：各种提示标志；机器启动按钮；安全信号旗；急救站、疏散通道、避险处、应急避难场所等。

二、对比色

《安全色》规定了使安全色更加醒目的反衬色，包括黑、白两种颜色，即对比色。对比色使用规定如下：

1. 黑色用于安全标志中黄的背景色，安全标志的文字、图形符号和警告标志的几何边框。

2. 白色用于安全标志中红、蓝、绿的背景色，也可用于安全标志的文字和图形符号。

三、安全色和对比色相间条纹

安全色与对比色相间的条纹宽度应相等，即各占 50%，斜度与基准面成 45°角，宽度一般为 100 mm，但可根据设备大小和安全标志位置的不同，采用不同的宽度，在较小的面积上其宽度可适当缩小，且每种颜色不能少于两条。其含义如下：

1. 红色与白色相间条纹表示禁止或提示消防设备、设施位置的安全标记。

2. 黄色与黑色相间条纹表示危险位置的安全标记。

3. 蓝色与白色相间条纹表示指令的安全标记，传递必须遵守规定的信息。

4. 绿色与白色相间条纹表示安全环境的安全标记。

第二节　安全标志

安全标志用以表达特定的安全信息，由图形符号、安全色、几何形状（边框）或文字构成。

一、安全标志含义

安全标志分禁止标志、警告标志、指令标志和提示标志四大类型。其含义如下：

1. 禁止标志。禁止人们不安全行为的图形标志。

2. 警告标志。提醒人们对周围环境引起注意，以避免可能发生危险的图形标志。

3. 指令标志。强制人们必须做出某种动作或采用防范措施的图形标志。

4. 提示标志。向人们提供某种信息（如标明安全设施或场所等）的图形标志。

二、安全标志形式

1. 禁止标志的基本形式是带斜杠的圆边框。

禁止倚靠

禁止推动

2. 警告标志的基本形式是正三角形边框。

注意安全

小心触电

3. 指令标志的基本形式是圆形边框。

必须系安全带

必须戴防毒面具

4. 提示标志的基本形式是正方形边框，提示目标的位置时要加方向辅助标志。

紧急出口

避险处

三、文字辅助标志

1. 文字辅助标志的基本形式是矩形边框。

2. 文字辅助标志有横写和竖写两种形式。

（1）横写时，文字辅助标志写在标志的下方，可以和标志连在一起，也可以分开。

其中，禁止标志、指令标志为白色字；警告标志为黑色字。禁止标志、指令标志衬底色为标志的颜色，警告标志衬底色为白色。

横写文字辅助标志

（2）竖写时，文字辅助标志写在标志杆的上部。

禁止标志、警告标志、指令标志、提示标志均为白色衬底，黑色字。标志杆下部色带的颜色应和标志的颜色相一致。

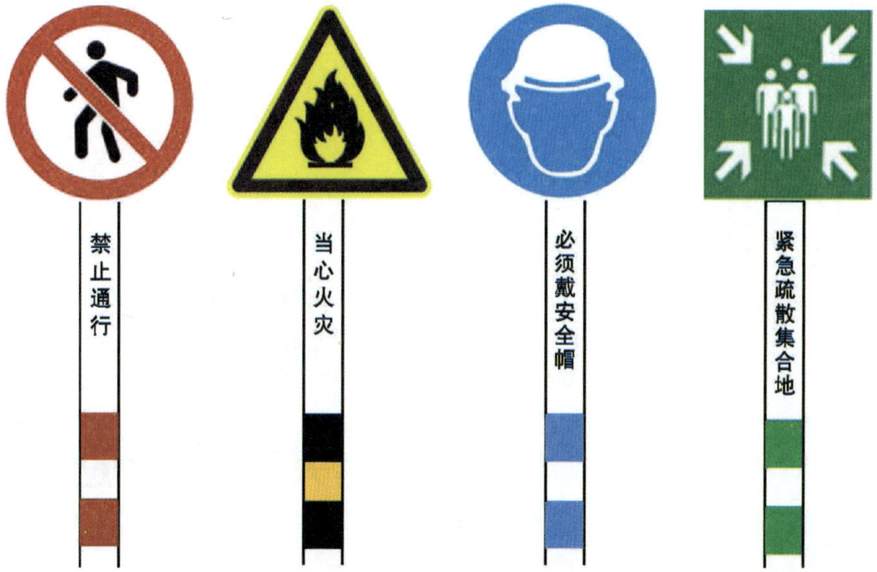

竖写文字辅助标志

第二十七章

灾害应急避险

一、避险原则

灾害，是指因自然变异或人为影响给人类和人类赖以生存的环境造成破坏性影响的事件，灾害具有区域性、突发性和严重性等特点。突发灾害难以避免，然而人类对生命的尊重和珍视是永远不变的追求。因此，如何正确认识和了解突发灾害的特点，熟悉应急避险知识和自救常识，掌握灾害应急避险原则，克服人性本能避险缺陷，增强应对灾害的信心，提高应急避险的能力，对生产经营单位和从业人员都十分重要。

灾害避险原则：

1. 了解规律，熟悉预案。

2. 遇有迹象，迅速避险。

3. 放弃财物，丢掉羞耻。

4. 脱离危险，寻求救助。

二、火灾逃生

对火的利用和控制是人类文明进步的重要标志，但火灾成了今天最经常、最普遍的灾害之一。火灾是指在时间或空间上失去控制的灾害性燃烧现象，其导致死亡的主要原因是吸入一氧化碳等有毒气体，以及缺氧、烧伤和吸入热气导致气管炎症或肺水肿等窒息死亡。

为控制火灾带来的人身安全风险，制定应急避险措施：

1. 室内发生火灾，应果断迅速沿安全通道脱离。不得因穿衣或贪恋财物延误时间，牢记“逃生第一”。

2. 逃生时应用湿毛巾包住口、鼻，衣服用水泼湿，俯身向外冲或低头向外爬。禁止在床下、桌下或壁橱等处盲目躲藏。

3. 通过浓烟时应尽量压低身体，向燃烧物相反方向，沿墙壁摸索向前，禁止向狭窄角落退避。

4. 衣服着火时，应迅速脱掉或就地翻滚扑灭。

5. 逃生时应随手关闭通道门窗，阻断烟雾向逃离通道蔓延。

6. 开门时遇门把手灼烫或门缝有烟袭来时，切勿开门。

7. 楼房着火或楼梯被烟火封闭不能逃离时，应寻找未着火房间，将门窗关闭，用衣服等织物堵塞门缝，并用水不断泼洒，防止烟火侵入。

8. 遇大火已逼近房门，应打开窗户或到阳台上呼救，并利用各类门窗、下水管道、室外突出部位等逃生。也可用床单、被褥等结成绳索，系牢在窗框或坚固物上，沿绳索逃离，切不可慌张跳楼。

9. 不得乘电梯逃生。火灾很容易使电梯断电卡停，电梯井道将变为烟道，轿厢内人员会因烟气涌入而窒息或中毒。

三、地震避险

地震是指地壳在快速释放能量过程中造成震动，其间会产生地震波的一种自然现象。地壳的板块与板块之间相互挤压碰撞，造成板块边沿及板块内部产生错动和破裂，是引起地震的主要原因。地震常能引起火灾、水灾、有毒气体泄漏、细菌及放射性物质扩散，还可能造成海啸、滑坡、崩塌、地裂缝等次生灾害。地震往往面积大、时间短、先知性差，常常造成严重人员伤亡。

为控制地震带来的人身安全风险，根据《人员密集场所地震避险》，制定应急避险措施：

1. 迅速撤离。未达到当地抗震设防要求的建（构）筑物，震时可能整体倒塌。对于单层房屋和楼房的一层、二层且身体条件适合撤离的人员，震时应迅速撤离到室外安全地方。

2. 就近避险。达到当地抗震设防要求的建（构）筑物，震时可能局部破坏，但不会整体倒塌。震时宜就近避险；未达到抗震要求楼房二层以上人员和身体条件不可能撤离的人员，宜就近躲避。

3. 因地制宜。室内就近躲避时，应选择架构结实、能掩护身体、易形成三

角空间或空间小有支撑的地方。户外避险时，应避开山脚、陡崖、高大建筑物、危险高耸物、广告牌、路灯等；不得在天桥、立交桥上面或下方停留；应尽快向空旷地方转移，不得随意返回室内。

4. 择机自救

（1）废墟下压埋较轻时，应尽力自救，尽快脱险。

（2）受伤较重或暂时不能脱险时，应在妨碍呼吸的部位扒开空间，保存体力，等待救援。

（3）发现有人施救时，宜喊话或敲击物体发声，引起救援人员注意。

（4）尽可能开展自检、自救、互救，尽快包扎伤口、止血，等待救援。

（5）听从指挥，有序撤离，避免踩踏或慌乱导致伤亡。

四、洪涝灾害避险

洪涝灾害包括洪水灾害和雨涝灾害两类，均属于水害。“洪”指大雨、暴雨等引起水道急流、山洪暴发、河水泛滥；“涝”指水过多或过于集中导致积水和径流，造成积水成灾。由于洪水灾害和雨涝灾害往往同时或连续发生，难以准确界定，故统称为洪涝灾害。洪涝灾害发生时，如果避险不及时或未选择合适位置避险，极易被洪水冲走或淹溺，遇有电气线路时还容易发生触电伤害。

为控制洪涝灾害带来的人身安全风险，制定应急避险措施：

1. 汛期应关注天气预报，易受洪水淹没的低洼、滞洪地带或海边、河边人员，应随时注意水位变化。

2. 受到洪水威胁，必须及时疏散人员。时间充裕时，应按预定路线，有组织地向山坡、高地等处转移；遇洪水包围时，应尽可能利用船只、木排、门板、木床等从水上转移。

3. 洪水过快来不及转移时，应爬上屋顶、楼顶、大树、高墙等高处暂时避险，联系求救。

4. 遇山区连续大雨，应避免渡河，以防山洪暴发，同时防止山体滑落、滚石、泥石流等灾害。

5. 遇高压线路铁塔倾倒、电线低垂或折断，应远离避险，以防触电。

五、泥石流避险

泥石流，是指暴雨、暴雪或其他自然灾害引发的山体或沟谷地质滑坡，导致大量泥、沙和石块等物质与水混合形成的流动现象。通常泥石流暴发突然、来势凶猛，极易冲毁房屋、铁路，淹没树木、人员和牲畜等。

为控制泥石流带来的人身安全风险，制定应急避险措施：

1. 关注当地电台、电视台及有关部门发布的暴雨和气象灾害预警，遇有大雨或暴雨时应安排人员值班。

2. 时刻注意泥石流发生前的迹象：河流突然断流或水势突然加大，并夹有较多柴草、树枝；深谷或沟内传来类似火车轰鸣或闷雷般的声音；沟谷深处突然昏暗，并有轻微震动感等。

3. 发现泥石流迹象时，应迅速撤至高地或沟谷两侧山坡。

4. 逃生时，应跑向泥石流流向两侧山坡。禁止沿泥石流向上、下游跑；禁止在有滚石和大量堆积物的陡峭山坡下躲避；禁止在低洼处所停留；禁止攀爬到树上躲避。

5. 临时办公、休息和作业处所，应选择建在平整高地，避开河（沟）道转弯处凹岸或狭窄处凸岸。禁止在沟道或沟谷内低处宿营。

六、大风避险

风灾等级分为 3 级：风力 6~8 级为一般级大风；9~11 级为较强级大风；12 级及以上为特强级大风。另外，由热带气旋形成的风灾则称为台风。大风能吹翻船只、拔倒大树、折断电杆、推倒房屋、掀翻车辆，还能引起沿海风暴潮，助长火灾等。大风天气严重威胁人们的生命安全。

为控制大风带来的人身安全风险，制定应急避险措施：

1. 大风来临前要做好以下防范措施。

（1）应关注各种媒体预警，及时记录掌握气象变化情况。

（2）对临时用房、围墙、脚手架、塔吊、龙门吊、架桥机、施工电梯、基坑支护、模板工程等易被风吹动的搭建物的防风措施进行检查、加固。

（3）水上作业的船舶、浮吊等应回港避风、锚定。

（4）台风过境地区，作业人员必须转移至安全地带，并避开易引发洪水、山体滑坡、泥石流等灾害处所和台风经过的危险区域。

2. 大风期间要做好以下防范措施。

（1）停止一切户外作业和室内大型集体活动，切断室外电源。

（2）严禁在河、湖、海的路堤或桥上行走，不得在强风影响区域开车运行。

（3）不得在广告牌、临时搭建物等下方停留避风。

（4）室内应关好门窗，并在窗玻璃上用胶带贴成“米”字图形，远离窗

口，防止玻璃破碎伤人。

七、暴雨避险

我国气象部门规定24小时降水量50 mm及以上的强降雨为“暴雨”。因各地降水和地形特点不同，暴雨、洪涝标准也有所不同。特大暴雨易造成洪涝灾害，导致工程失事、堤防溃决，特别是地势低洼、地形闭塞地区，雨水不能迅速宣泄，会造成更大灾害。暴雨天气雷电、积水、道路井盖等都可能危及人员生命安全。

为控制暴雨带来的人身安全风险，制定应急避险措施：

1. 暴雨前后，必须对建筑物、大型设备、临时塔架等的避雷装置与机电设备进行检查、测试和整修，避免受潮、漏电，接地电阻值应符合有关规定。

2. 户外积水时，应立即切断电源，防止积水带电伤人。

3. 避开积水道路行走。

4. 必须在积水中行走时，应当注意：

（1）避开旋涡或喷泉，防止跌入窨井、地坑等。

（2）重心后置，用脚尖、木棍或长柄雨伞等工具试探前行。

（3）结伴同行，一人在前探路，另一人双手抓紧前者腰部跟随前行。

5. 远离电力设备。禁止靠近供电线路、变压器和接触网等高压设备；禁止在电力线路旁的树木、大型广告牌下停留或避雨。

6. 雨中行车，不得盲目驶入未知深度的积水；已经驶入积水，应先解锁车门并打开车窗；在积水中熄火，应快速撤离，禁止在车内等待救援。

八、沙尘暴避险

沙尘暴是沙暴和尘暴的总称，是指强风将地面大量沙粒和尘埃等细粒物质吹起，并卷入近地表使空气特别混浊，水平能见度不足1 km的天气现象。冬春季干旱地区，地表干燥松散，抗风蚀能力差，易形成沙尘暴天气。沙尘暴的危害主要是能见度低、风力大、漂浮物多。

为控制沙尘暴带来的人身安全风险，制定应急避险措施：

1. 扬沙天气室外作业，应戴口罩，并有防止沙尘侵害眼睛措施。

2. 扬沙天气应停止以下作业。

（1）塔式起重机内爬升作业。

（2）自立式起重架作业，将吊笼降至地面。

(3) 液压滑动模板装置的拆除作业。

(4) 露天悬空与攀登高处作业。

(5) 脚手架搭设与拆除作业。

3. 尘暴天气，不应安排室外作业，禁止机动车外出。

4. 沙尘暴及以上等级风沙，作业现场应及时加固临时搭建物，妥善安置易受沙尘暴影响的室外物品，停止一切施工作业。

九、雾霾避险

雾霾是雾和霾的组合。其中雾是水蒸气凝结成细微水滴悬浮于空中；霾是烟、尘、硫酸、硝酸、有机碳氢化合物等微粒在空中悬浮。霾中含大量对人体有害的化学和有毒物质，其直径一般在 0.01 μm 以下，通过呼吸可直接进入支气管，甚至肺部。所以，雾霾天气诱发和传播疾病的风险很高。

为控制雾霾带来的人身安全风险，制定应急避险措施：

1. 尽量减少室外作业。

2. 必须室外作业时，宜戴医用口罩防护。

3. 进入室内宜及时洗脸、漱口、清理鼻腔和随身附带的污染残留。

十、暴风雪避险

冬天，温度降至-5 ℃以下，云中小水滴冻结，冻结水滴相互碰撞变成雪，雪再与其他水滴或雪相撞会不断变大。大量的雪下降过程中，风速达到 56 km/h，便会形成暴风雪。所以，强烈降温和大风使降水以雪的形式出现时，被称作暴风雪天气，其特点是风力大、气温低、雪中伴有冰凌颗粒。遇暴风雪极其恶劣天气时，大雪伴随狂风布满天空，能见度不足 1 m，会很快产生积雪形成雪堆，阻断道路，甚至掩埋线路和房屋。

为控制暴风雪带来的人身安全风险，制定应急避险措施：

1. 暴风雪来临前应加固临时搭建物，防范在建工程、临时棚架等倒塌。

2. 暴风雪来临前应对塔吊、物料提升机等垂直运输设备的基础稳固及拉结装置进行检查，停止起重作业。

3. 暴风雪天气不得进行室外作业，禁止露天攀登与悬空高处作业。

4. 室外作业遇暴风雪，宜到安全地方躲避。

5. 遭遇暴风雪天气应保持稳定心态，正确判断方位和选择逃生路线，坚持走一段休息一会儿，调整呼吸，休息时手脚应经常活动并按摩脸部。

6. 遇极其恶劣天气不能撤离时，应选择合适地方挖雪洞藏身，保存体力，禁止睡觉。

7. 被困在车上、洞穴或其他受限空间时，应注意观察外部积雪，防止积雪堵塞通风口。

十一、雷电避险

雷电是伴有闪电和雷鸣的大自然放电现象。雷电一般产生于对流发展旺盛的积雨云中，云层中的冰晶、水滴等在强烈的空气对流作用下，导致云中产生电荷。一般云的上部为正电荷，下部为负电荷，上、下云层间电位差达到一定程度，就会发生放电，即闪电。闪电电流可达 3 万~30 万安培，电压达 1 亿~10 亿伏特。闪电会导致放电通道温度骤增，空气急剧膨胀，形成冲击波，导致电闪雷鸣。带电荷雷云对地面突起接近物放电的瞬间，会产生强烈闪光和爆炸般的轰鸣声，这就是人们所说“被雷击中”的现象。云层间闪电易形成降水，所以又称雷雨天气。雷电击中电气线路、建筑物、电气设备等，易导致附近人员触电伤亡，同时也会引起火灾、爆炸等灾害。

为控制雷电带来的人身安全风险，制定应急避险措施：

1. 暴雨前后建筑物、电力线路、电气设备、大型设备、脚手架、支（拱）架、临时棚架等，应按规定装设避雷设备和地线，接地电阻值应符合有关规定。

2. 雷雨天气应远离高大物体。严禁从事露天钢结构、钢脚手架、钢支（拱）架、钢模板等的安装、拆除及焊接作业。

3. 雷雨天气严禁从事液压滑动模板施工作业及其装置的安装与拆卸作业、带电作业、高处作业、桩基及水工机械作业、线路架设及防雷系统安装等作业。

4. 雷雨天气“六不得”。

（1）不得在建筑物和高坡上停留。

（2）不得在大树、施工机械下停留避雨。

（3）不得靠近电线杆、铁塔、架空线路以及避雷装置接地导线。

（4）不得在空旷区域打伞（带有金属尖顶）或扛抬金属制品。

（5）不得在水面和水边停留。

（6）不得接打手机。

5. 雷雨天气在室内时，应关闭门窗、电视机、计算机等电气设备，不得靠近水管、暖气片、煤气管、避雷引下线等建筑物的裸露金属物。

十二、爆炸避险

在极短时间内，释放出大量能量，产生高温，并放出大量气体，在周围介质中造成高压化学反应或状态变化，同时破坏性极强的一种现象被称为爆炸。人们在生产活动中，认识不到物质的危险特性或违反操作规程，易引起爆炸事故。常见的爆炸事故有锅炉、容器、管道爆炸；火药爆炸，可燃粉尘或易燃气（液）体与空气混合物爆炸；燃料或失控化学反应引起容器爆炸等。爆炸抛出的易燃物，还有可能引起火灾。

为控制爆炸带来的人身安全风险，制定应急避险措施：

1. 遇爆炸现场还存有可能爆炸物时，应尽快撤离。

2. 在确认安全的地方，就地取材立即开展自检、自救和互救。

3. 置意识不清者侧卧位，并清除口鼻内异物，保持呼吸道通畅，防止窒息。

4. 遇心搏、呼吸停止者，应立即进行心肺复苏。

5. 遇远处爆炸，应立即卧倒，保护头部，不得在树旁、建筑物旁等躲避。

6. 服从统一指挥，不得进入有警戒线或警戒标志的现场。

7. 不得接触可能被爆炸物污染的食物、饮用水和生活用品。

十三、高原缺氧避险

高原环境特点是低压、缺氧，平原人进入高原一般会因缺少内源氧而发生呼吸系统、循环系统、消化系统、神经系统的应激反应，如呼吸次数增多、心率加快、心慌气短、手指紫绀等，同时出现食欲不振、腹胀、腹泻或便秘、上腹疼痛等。另外，轻度缺氧会导致情绪紧张、易激动等，继而出现头痛、头晕、失眠、健忘等，进入较高海拔则表现嗜睡、神志淡漠、反应迟钝，重者会出现意志丧失，甚至昏迷。

为控制高原缺氧带来的人身安全风险，根据《铁路工程基本作业施工安全技术规程》制定应急避险措施：

1. 高原地区作业应设立医疗机构，执行国家卫生防疫、劳动卫生和医疗保障的有关规定，制定切实可行的医疗卫生保障制度。

2. 结合海拔等级和作业条件编制高原地区专项作业方案、应急预案等，应急预案重点突出医疗保障。

3. 对作业人员应及时进行缺氧反应处置和应急措施培训。

4. 高原地区临时房屋应有防风、保暖、防雷击的功能。

5. 参加高原地区作业所有人员应进行体检，严禁安排不适应高原环境的人员进场作业。进入高原前应将身体调整到最佳状态，避免感冒发烧。

6. 患有明显的心、肺、脑、肝、肾等疾病者和严重贫血、高血压和视网膜疾病者以及孕妇等，不宜进入高海拔地区。

7. 初入高原，应遵循海拔由低到高逐步适应的原则，且进行 1 周以上时间的适应性锻炼、观察、调理、治疗，并应多饮水、静养、缓动慢行，避免吸烟饮酒，严禁暴饮暴食和剧烈运动。

8. 高原地区作业必须建立运用供氧系统，作业现场应建立氧疗室，宿舍应设置富氧舱，作业人员应随身携带供氧器，定时吸氧。

第四篇
现场急救

【导言】

本篇现场急救是指劳动者遇意外事故或急症，在未获得医疗救助之前，为防止病情恶化，非医务人员或劳动者自身应采取的正确急救措施、注意事项。其目的是维持、抢救劳动者生命；改善病情，减轻劳动者痛苦；尽可能防止并发症和后遗症。现场急救是保障“生命链”的重要组成部分。

第二十八章 急救知识

一、现场评估

人们面临突如其来的灾害或事故时，往往恐慌紧张、手足无措，而本能又驱使自己急于施救。此时，如果自己和伤者未脱离危险环境盲目施救，很容易导致次生事故。例如，火灾现场可能还会发生爆炸、周边房屋可能随时倒塌，电击现场电源还未切断等，如果自身不具备救援能力盲目救人，还会导致自身伤害；本身不会游泳或未掌握水中救援方法，盲目跳入水中救援，不仅会耽误营救时间，还可能给自身带来危险。因此，准确评估现场风险，能保护自身和最大限度地抢救其他生命。

现场评估内容包括：

1. 评估现场风险，确认自身脱离危险。

2. 评估自身能力，不具备救援能力不得盲目救人。

3. 评估伤者病情，包括意识、呼吸、肢体骨骼等方面情况。

4. 表明身份，在征得伤者（清醒状态下）同意后方可急救。

5. 保障安全，避免意外情况危及自身和救护人员。

二、急救原则

在正常心理和假想事故环境下开展应急演练，人们按预案会有条不紊地进行现场急救。一旦真正灾害或事故来临，人们正常思维被迫终止，跨越意识，突然面对违背意愿和从未遇见的非正常流血、呼救、一片狼藉和嘈杂的事故现场，往往使人思维混乱、无从下手。如果不熟练掌握急救原则，慌乱中可能会做出错误决定，导致事故升级。

现场急救原则：

1. 先脱险后急救，先重伤后轻伤。

2. 先复苏后固定，先止血后包扎。

3. 先急救后搬运，急救与呼救并重。

三、心肺复苏

人体靠呼吸完成血液中的氧气交换，靠血液将氧气和能量送达全身器官组织。一旦心搏骤停3~5秒，就会出现头晕；停搏5~10秒，会出现意识丧失；停搏10~15秒，会出现全身性抽搐及大小便失禁；停搏20~30秒，会出现呼吸断续或停止，同时伴有面色苍白或紫绀；停搏60秒，会出现瞳孔散大；停搏超过4~5分钟，往往因中枢神经系统缺氧过久而造成严重的不可逆损害。

心肺复苏是在心搏、呼吸骤停后依靠外力恢复，挽救生命的现场急救技术。意识突然丧失和大动脉搏动消失，即可诊断为心搏骤停，此时应立即进行心肺复苏。抢救的时间越早则成功率越高，延误抢救时机超过5分钟，将错过最佳抢救时机，患者存活率极低。

在确认安全的情况下，心肺复苏应按下列步骤进行：

1. 胸外按压

将患者仰卧在硬质平面，暴露患者胸部。对准患者两乳头连线中点位置，双掌根部重叠，双肘伸直，连续垂直用力按压30次。要求按下和抬起时间相等，且掌根不离开胸骨，成人按压深度至少5 cm，频率至少每分钟100次。

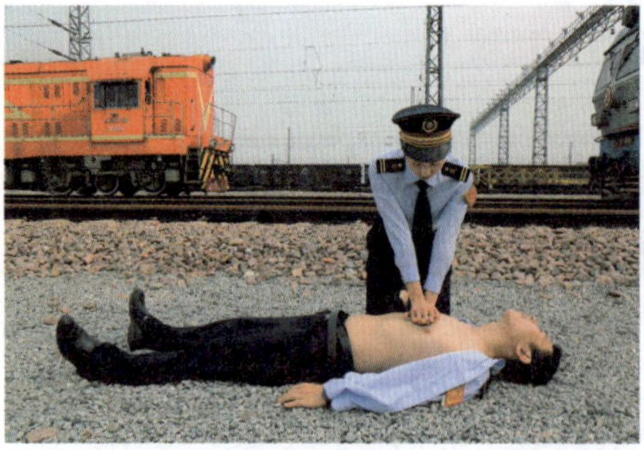

2. 清理口鼻

将患者头部偏向一侧，清除口鼻异物，保持气道通畅。

3. 打开气道

使患者仰卧位，一手按压额头使头后仰，另一手托起颈部或下颏，必须使患者下颌骨和耳垂连线与地面垂直。

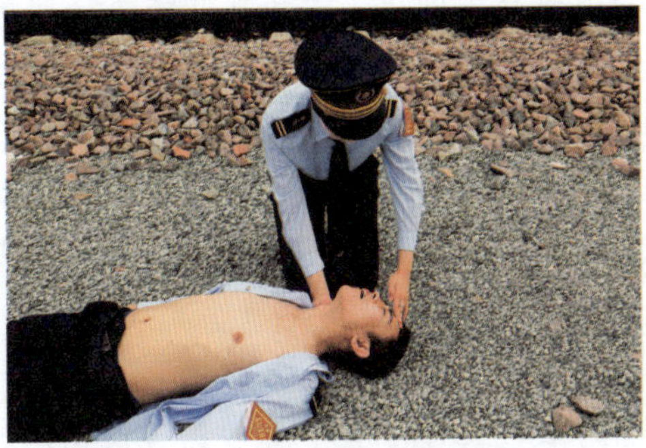

4. 人工呼吸

捏住患者鼻子，大口吸气，用嘴包住患者嘴，快速将气体吹入。吹完气后，松开患者鼻子，让气体呼出。

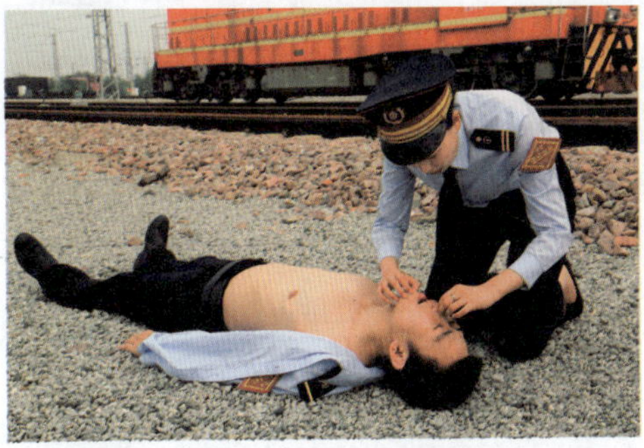

5. 循环往复

心脏按压 30 次，人工呼吸 2 次，循环往复，直至心搏、呼吸恢复。

四、紧急呼救

我国常用急救电话为：报警电话“110”；火警电话“119”；医疗急救电话“120”或“999”；交通事故电话“122”。人们在灾害或事故后，急于抢救伤者，感觉拨打急救电话会耽误时间。另外，在情绪异常紧张的情况下，即使拨通电话也往往语速过快，语无伦次，导致对方听不清楚，甚至找不到事故的发生地点，延误医疗急救时机。

紧急呼救要点：

1. 拨打急救电话应争分夺秒，语言清楚、精练、准确。

2. 通话中，应确认对方问完情况，方可挂断电话。

3. 拨打急救电话应说清以下内容。

（1）详细准确的事故发生地点，告知附近标志性建筑物或容易看到的标志。

（2）现场联系电话及报警人姓名，并保持电话畅通。

（3）发生意外的原因，如触电、溺水、中毒、交通事故等。

（4）伤病人数、具体情况，如伤者清醒程度、呼吸状况、脉搏情况、有无大出血等。

（5）已采取的急救措施。

4. 在拨打急救电话 15~20 分钟后，如救援人员仍未到达，可再次拨打电话。

五、急救药物

急救药物，是指劳动者遇意外伤害或急症，在未获得医疗救助前，非医务人员使用的必要的药品和医疗用品。铁路从事高风险作业、大型施工作业等现场，均应配备急救药物。

急救药物配备管理：

1. 急救药物配备应结合现场作业特点、地域环境等危害因素。

2. 现场急救药物存放处所应设置明显标志，便于救治，并告知所有劳动者。

3. 急救药物的管理人员应经正规医疗培训，掌握急救原则，熟知急救知识，并对药物定期检查、更新和补充。

4. 现场急救应配备以下药物：

（1）急救药品，如肾上腺素、多巴胺、硝酸甘油、尼可刹米等。

（2）急症药品，如卡托普利、扑尔敏、哌替啶、氟哌酸等。

（3）其他药品，如藿香正气水、云南白药、红花油、风油精、京万红等。

（4）医疗用品，如医用棉签、透气胶布、绷带、纱布、夹板、三角巾、创可贴、温度计、75%酒精、碘伏、双氧水、生理盐水等。

第二十九章
外伤急救

第一节　止血

一、判断血管种类

人体出血按血管种类可分为动脉出血、静脉出血、毛细血管出血，各自特点如下：

1. 动脉出血。从伤口喷射出搏动性鲜红色血液。

2. 静脉出血。从伤口溢流出暗红色血液。

3. 毛细血管出血。从伤口渗出鲜红色血液。

二、确认出血部位

人体出血按出血部位可分为外出血、内出血、皮下出血，各自特点如下：

1. 外出血。身体表面受伤引起的出血，血液从伤口流出。

2. 内出血。体内脏器和组织受损而引起的出血，血液流入体腔内，外表看不见，如肝破裂等。

3. 皮下出血。皮肤未破，只在皮下软组织内出血，如挫伤、瘀斑等。

三、指压止血法

血液是在心脏和血管内循环流动的一种组织。成人血液占体重的6%～8%，出血量超过 1 000 mL 就会危及生命。紧急止血的一般原则是：用手指紧紧压住伤口上方近心端部位，随即再采用其他止血方法。

指压止血方法：

1. 直接指压止血。伤口较小时，用手指直接压迫在伤口上止血。

2. 间接压迫止血。伤口出血过快时，用手指压迫伤口近心端动脉，阻断动脉出血。

常见部位压迫止血方法如下。

（1）面部出血。食指压迫下颌角与颏结节之间的部位。

（2）前头部出血。压迫耳前下颌关节上方的颞动脉。

（3）后头部出血。压迫耳后突起下方稍外侧的耳后动脉。

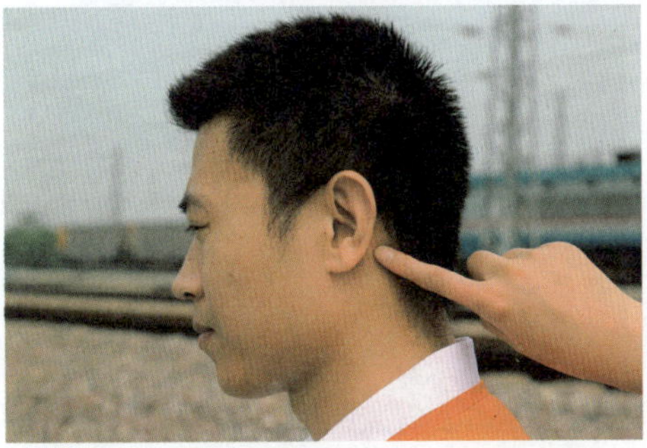

（4）腋窝和肩部出血。在锁骨上凹，胸锁乳突肌外缘向下内后方，对准第一肋骨，压迫锁骨下动脉。

（5）前臂出血。在上臂肱二头肌内侧沟处，施以压力，将肱动脉压于肱骨上。

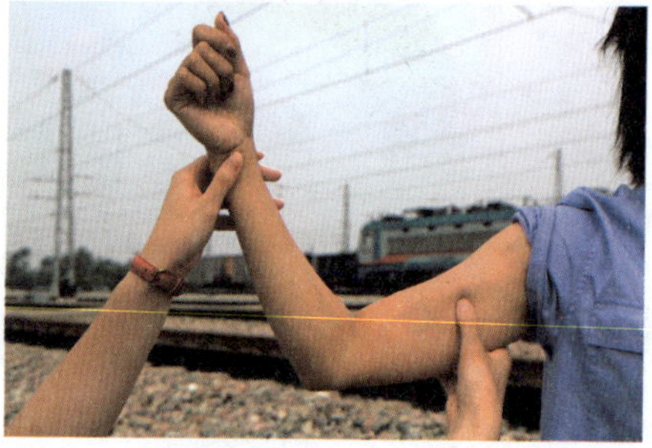

（6）手掌和手背出血。压迫腕关节处，即我们通常中医脉诊的地方。

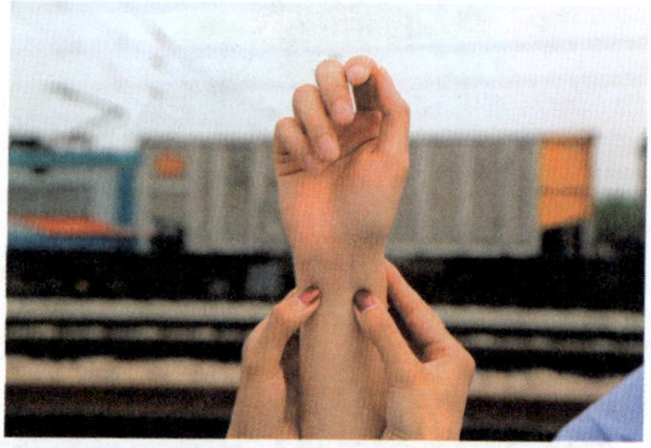

（7）手指出血。捏住手指根部。

（8）大腿出血。屈起大腿，拇指压住大腿根部腹股沟中点的股动脉。

（9）足部出血。压迫踝关节下的足背动脉。

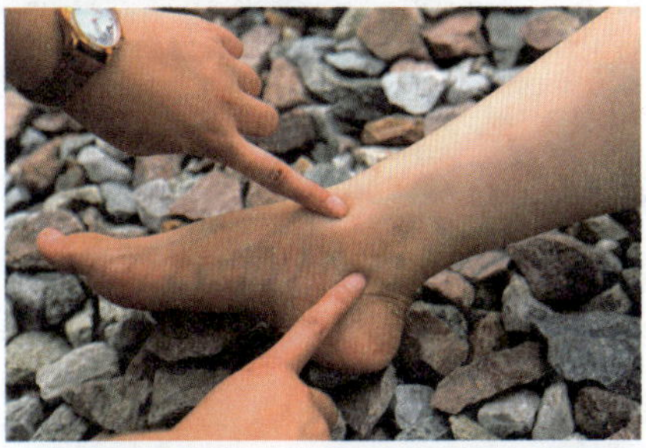

3. 加压包扎止血法。伤口较大时，用敷料或其他洁净的毛巾、手绢、三角巾等覆盖伤口，采用加压包扎止血。

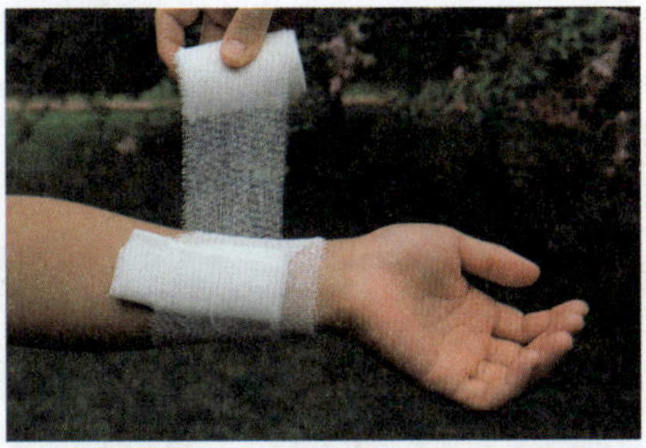

4. 填塞止血法。组织缺失时，用消毒纱布或干净布料填塞在伤口内，再用加压包扎法包扎。

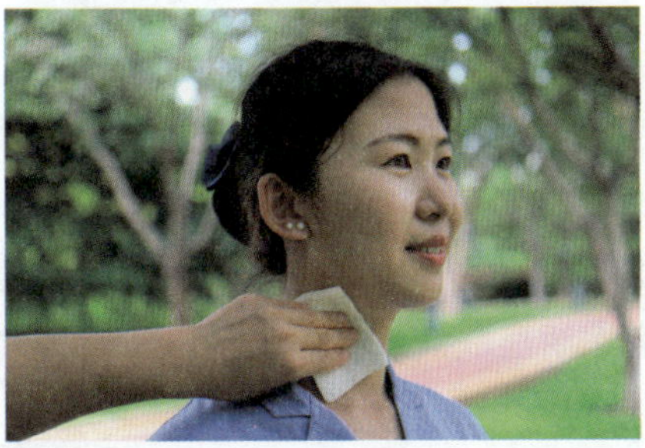

5. 加垫屈肢止血法。伤口出血较大，且肢体无骨折时，用加垫屈肢止血法。注意需保证肢体远端的血液循环，间断松开，防止肢体缺氧坏死。

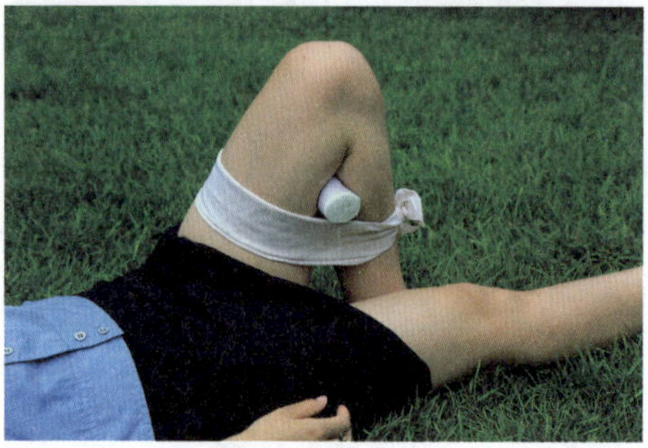

四、止血带止血法

遇四肢较大血管出血时，应用止血带在出血部位的近心端，用力绑扎肢体，阻断血流，达到止血目的。生产现场止血带可用宽布条、毛巾、绷带等替代。

止血带止血方法：

1. 抬高患肢使静脉血回流。
2. 绑扎部位应衬垫布或纱布。
3. 在上臂上 1/3 处或大腿上中 1/3 处，用止血带缠绕一周后打死结。
4. 用木棒插入死结旋转施压，直至出血停止，并固定木棒。

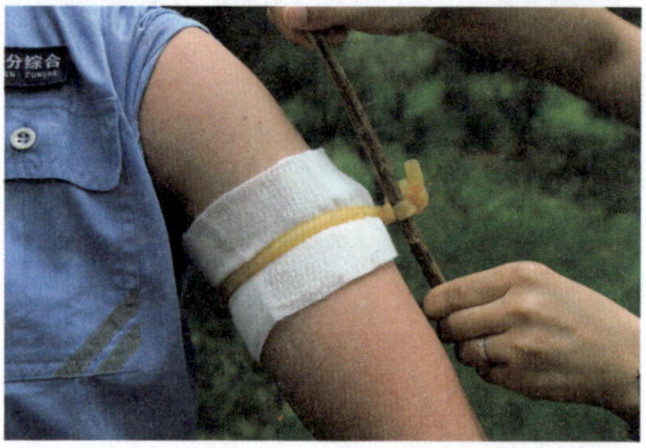

5. 注意事项：

（1）时间。至少每 1 小时应将止血带放松 1~2 分钟。

（2）放松。放松后如出血严重，可先指压止血，后再用止血带止血；如不出血，应维持松开状态，继续观察。

（3）保暖。肢体阻断血流后，抗寒能力低下，应包裹受伤肢体。

（4）禁忌。伤肢远端明显缺血或有严重挤压伤时，禁用止血带止血。

第二节　包扎

一、绷带包扎

包扎，是指利用敷料、绷带等包裹伤口、绑扎固定。现场包扎的目的是止血、保护创面、掩盖伤口和稳定患者情绪。遇手、脚及四肢等部位伤口，具备环绕固定或交叉环绕包扎条件时，应采用绷带包扎。

绷带包扎方法：

1. 先用消毒纱布覆盖创面，后用绷带包扎。

2. 绷带应由远心端向近心端缠绕绑扎。

3. 绷带不宜过紧，以免引起局部肿胀；也不宜太松，以免滑脱。

4. 为保持肢体功能位置，手臂包扎应弯着绑，腿部包扎应直着绑。

二、三角巾包扎

遇头、前胸、后背、腹、臀等部位外伤伤口，不能采用绷带包扎或绷带包扎固定不牢时，应采用三角巾包扎。

三角巾包扎方法：

1. 头顶帽式包扎。用于头部外伤。

2. 肩部包扎。用于肩部外伤。

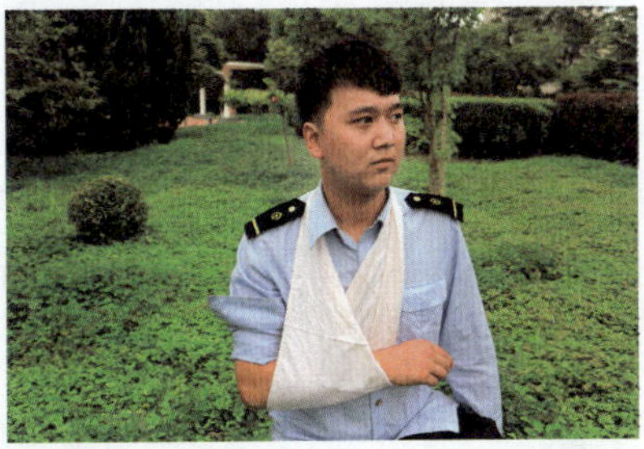

3. 胸背部包扎。用于前胸或后背外伤。
4. 腹部包扎。用于腹部或臀部外伤。
5. 手（足）部包扎。用于手或足部外伤，包扎时要将手指（脚趾）分开。

第三节　伤口处理

一、伤口处理要点

现场紧急处理伤口时，应仔细检查伤口位置、大小、深浅、污染程度及异物性质等情况，针对性采取处理措施，如果处理不当，就可能导致二次伤害或给后续治疗带来困难。如骨折后，骨骼断端外露于身体时，采用直接包扎就会使骨骼在受力后进一步错位，导致损伤加重。

伤口处理要点：

1. 现场可用敷料、干净布片、塑料袋、餐巾纸与伤者保持隔离。
2. 脱去或剪开衣物，暴露伤口，检查伤情。
3. 伤口封闭应严密，防止其被污染。
4. 不得用水冲洗伤口（化学伤除外）。
5. 不得对嵌有异物或骨折断端外露的伤口直接进行包扎。
6. 非专业人员不得在伤口表面涂撒任何药物。
7. 密切观察伤者意识、呼吸及循环体征。

二、一般伤口处理

一般伤口，是指伤者肢体完整，皮肤、组织局部损伤或缺失。

遇一般伤口时，应采取以下处理措施：

1. 有条件时，伤口先用生理盐水冲洗，后用碘伏消毒，再用无菌敷料包扎。
2. 无条件时，用洁净布料、毛巾、衣物等压迫伤口，尽快就医。

三、头部伤口处理

头部功能特殊、生理结构复杂、器官较多、血管分布密集，受伤后往往出血量大、出血速度快、包扎困难，且头部受伤组织不具备进一步截取或替换条件。

遇头部外伤时，应采取以下处理措施：

1. 头部伤口应尽快用无菌敷料或洁净布料压迫止血。

2. 有条件时，先用无菌敷料擦净耳、鼻周围血迹及污染物，然后用碘伏消毒。

3. 无条件时，可用清洁的毛巾、纸巾等擦净耳、鼻周围的污染物。

4. 遇耳、鼻漏液时，说明有颅底骨折，此时禁止堵塞耳道和鼻孔，以防颅内感染及颅内压力增高。

四、肢体离断伤处理

肢体，是指四肢和躯体。肢体离断伤处理，是指对主体残肢伤口和离断肢体的处理，这对断肢再植和后续治疗十分重要。

遇肢体离断时，应采取以下处理措施：

1. 现场首先止血，遇喷射出血时，先用指压止血法止血，无效后用止血带止血。

2. 用大量纱布压在肢体残端，用宽胶布向上提拉包扎，防止继续出血和敷料脱落。

3. 离断肢体先用布料包裹，后装入塑料袋内，再将其放入装满冰块或冰棍的塑料袋中保存。

4. 遇离断肢体尚有部分组织相连，应直接包扎；遇大骨块脱出，应同时包好，不得丢弃。

五、开放性气胸处理

开放性气胸，是指各种原因导致胸腔与外界大气直接相通，使伤侧胸腔失去负压，导致患者呼吸功能障碍。同时，伤侧肺会随健侧肺呼吸来回拉动，挤压静脉回流，导致心排量减少，血压降低。

遇开放性气胸时，应采取以下处理措施：

1. 立即用塑料袋、纱布或清洁敷料压在伤口上，将开放性气胸变为闭合性气胸。

2. 用胶布将敷料固定包扎，将伤侧手臂抬高。

3. 置伤者半卧位。

六、腹部内脏脱出处理

腹部内脏脱出体外后，人们往往紧张慌乱，急于将脱出脏器送回体内，殊不知这会把空气中悬浮的细菌和推回脏器时接触面上的细菌带入体内，导致腹腔内感染，给后续治疗带来困难。

遇腹部内脏脱出时，应采取以下处理措施：

1. 不得将脱出物送回腹腔。

2. 立即用大块敷料覆盖伤口。

3. 置伤者平卧位，双腿屈曲，固定后搬运。

七、伤口异物处理

伤口异物，是指进入伤口或组织内的外来物体。异物进入人体后，如果处理不当极易引起出血和感染；如果遇钢筋、木棍、尖石块等扎入伤口较深时，如果直接去除异物，还可能引起大出血及神经损伤。

遇伤口异物时，应采取以下处理措施：

1. 伤口表浅异物可直接去除，然后包扎伤口。

2. 遇异物扎入伤口较深，不得轻易去除，应维持异物原位，立即送医院处理。

八、伴有大血管损伤的伤口处理

大血管，是指大动脉和大静脉，属人体循环系统的主干部分。大血管出血后会直接危及患者生命。

遇有大血管损伤的伤口，应立即采取以下措施：

1. 用手指压紧伤口上方或近心端血管止血。

2. 遇伤口较大时，用纱布压迫或填塞止血。

3. 遇伤口继续出血时，用绷带加压或止血带包扎止血。

第四节　搬运

一、搬运原则

伤者搬运的方法有很多，如扶行、抱行、背负、拖行和爬行等方法。在事故和灾害发生后，现场可能会遇到遇险受伤人员脱离危险的临时搬运和经过急救处理后的就医途中搬运，具体采用哪种方法，应结合搬运环境、受伤部位、伤口处理情况和伤者体征等情况因地制宜进行。

急救搬运的原则：

1. 经必要的止血、包扎和固定后，方能搬运。

2. 疑有脊柱骨折时，必须采用“轴向”搬运。

3. 疑有肋骨骨折时，不得采取背运方式搬运。

二、搬运要点

现场搬运人员往往是事故、灾难的经历者或见证者，搬运者往往紧张恐慌、急于救人，不顾一切地设法将伤者快速送往就近医疗机构。如果搬运人员不掌握急救知识或在慌乱中忽视搬运途中对伤者的连续监护，极易导致伤者病情加重，甚至功亏一篑，造成终身遗憾。

急救搬运的要点：

1. 搬运昏迷伤者时，应使其头部偏向一侧，以便口腔异物能够流出，避免窒息。

2. 搬运途中，应全程观察伤者意识、呼吸等生命体征，必要时应立即停止搬运，就地抢救。

第三十章

中毒急救

一、急性工业中毒

急性中毒，是指毒物在短时间内经皮肤、黏膜、呼吸道、消化道等途径进入人体，使机体受损并发生器官功能障碍。急性中毒起病急骤、症状严重、病情变化迅速，若不及时治疗将危及生命。另外，铁路安全生产中还存在工业中毒风险，工业毒物常以烟、尘、雾、气体或蒸气形式存在于生产场所的空气中。工业中毒分为气体中毒、液体中毒和固体粉末中毒，一般都被国家列入法定职业病。常见的工业中毒多为慢性中毒，急性中毒往往是由于误接触毒物、误入毒气环境或意外事故引起。

急性中毒急救措施：

1. 确保自身安全后，方可进入中毒现场实施救援。

2. 使患者立即脱离中毒环境，终止毒物接触，减少毒物吸收。

3. 使患者尽力吐出体内毒物，用水反复清洗表面毒物，到新鲜空气处呼出体内毒物。

4. 患者昏迷时，应检查呼吸、脉搏，必要时进行心肺复苏。

5. 保存残留毒物，尽快启动急救医疗服务。

二、食物中毒

食物中毒，是指食用了被细菌或化学毒物污染的食物，或误食了含有毒素的食物引起的急性中毒。食物中毒时，毒素直接进入体内，扩散速度快、起病急，常伴有恶心、呕吐、头痛、头晕、全身乏力，也有腹痛、腹泻等症状。严重时会导致呼吸紊乱、脉搏极弱、四肢厥冷，甚至昏迷。

食物中毒急救措施：

1. 立即停止食用可疑食物。

2. 用手指或筷子等刺激舌根或咽后壁诱发呕吐。食物过稠时，应先饮清水或盐水，再促进呕吐。反复进行，直到吐出液体变清为止。

3. 多饮淡盐水或糖盐水，以补充体液损失。

4. 保存患者剩食、呕吐物、排泄物，以便医生确诊和救治。

5. 遇大批患者时，应立即上报卫生防疫部门，并协助做好患者及家属安慰工作。

三、一氧化碳中毒

一氧化碳中毒俗称煤气中毒。煤炭、木炭和可燃气（液体）在燃烧不彻底时，均会产生一种无色、无味、无刺激性的气体，即一氧化碳。一般人吸入一氧化碳无任何嗅觉反应。一氧化碳进入人体会使血红蛋白失去携氧作用，导致体内严重缺氧中毒，初期会出现头晕、头痛、恶心、呕吐、心悸、乏力、嗜睡，患者反应迟钝、面色潮红，口唇呈樱桃红色。严重一氧化碳中毒时导致意识不清、昏迷、大小便失禁、呼吸衰竭等，即使治疗后也会遗留智力障碍、精神障碍、瘫痪等综合征。

一氧化碳中毒急救措施：

1. 立即打开门窗或将患者转移至空气新鲜处，并注意保暖。

2. 遇患者意识不清，应使其头部偏向一侧，以防呕吐物堵塞气道引起窒息。

3. 遇患者心搏、呼吸骤停，应立即进行心肺复苏。

4. 有条件时给予吸氧或送往有高压氧的医院治疗。

四、刺激性气体中毒

化学类清洗（喷涂）、水处理或铁路运输的危险化学品泄漏等环境下，可能会遇到刺激性气体。刺激性气体根据在水中的溶解程度分为两类：一类是高水溶性刺激性气体，如氯气、氨气和二氧化硫等，这类气体在皮肤、眼和上呼吸道潮湿组织表面会很快溶解，形成酸或碱性物质，从而产生强烈的刺激感；另一类是低水溶性刺激性气体，如氮氧化物、光气、硫酸二甲酯等，因其溶解度小，上呼吸道刺激感弱，人们防御性心理降低，大量吸入后，会进入呼吸道深部，经过一定潜伏期，易导致中毒性肺炎、肺水肿。

刺激性气体中毒急救措施：

1. 立即脱离刺激性气体环境，到通风良好、空气新鲜处，并注意保暖。

2. 眼部接触刺激性气体或溶液，应立即翻开上下眼睑，用水反复冲洗。

3. 皮肤接触刺激性气体或溶液，应迅速脱掉被污染衣物，用水冲洗皮肤，防止毒物继续侵入。

4. 遇心搏、呼吸停止，应立即进行心肺复苏，并尽快就医。

五、酒精中毒

酒精（乙醇）中毒俗称醉酒，是指一次饮用大量酒类饮料后，引起中枢神经系统的兴奋及抑制状态。酒精中毒后眼部充血，面色潮红或苍白，眩晕，动作笨拙、步态蹒跚、语无伦次，严重时会出现昏迷、抽搐、大小便失禁、血压下降，甚至因循环、呼吸衰竭而死亡。

酒精中毒急救措施：

1. 轻度中毒应卧床休息，注意保暖，可大量饮水或果汁等。

2. 重度中毒患者会出现烦躁、昏睡、抽搐、呼吸微弱时，应启动急救医疗服务。

3. 清理呕吐者口腔，使其头部偏向一侧，保持呼吸道通畅，防止窒息。

4. 守护观察，遇心搏、呼吸停止，立即进行心肺复苏。

六、毒蛇咬伤

毒蛇是指能够分泌毒液的蛇。世界上毒蛇有 650 余种，其中剧毒 195 种，我国已知毒蛇近 50 种，每年被蛇咬伤者有 10 万多人次，死亡率达 5%～10%。夏季，铁路现场勘查、区间巡检、站场行走等作业都可能被毒蛇咬伤。毒蛇攻击时，腭肌收缩挤压毒腺，经毒牙注入伤口。伤口毒液在 3～5 分钟内，经淋巴和血液循环扩散至全身，造成局部或全身中毒症状，如头痛、头昏、恶心、呕吐、出汗和感觉异常等应激反应。如不尽早采取措施，防止毒液在体内循环扩散，后果不堪设想。

毒蛇咬伤急救措施：

1. 立即用橡皮带、绳子、布条、手绢等，绑扎伤指（趾）根部或伤口近心侧 5～10 cm 处，以减少静脉和淋巴液回流，阻断蛇毒扩散。绑扎争取在咬伤后

1~3 分钟内完成，绑扎后应每半小时放松 2~3 分钟，以防伤肢瘀血及组织坏死。

2. 绑扎后应用盐水、肥皂水或清水冲洗伤口。

3. 用嘴吸吮伤口，每吸一次都应清水漱口。也可用吸引器械、拔火罐等方法吸出毒液。

4. 伤口较深时，应以牙痕为中心，用小刀将伤口以“+”形切开，或在两牙痕间“一”字形切开，用嘴吸吮、用盐水冲洗。

5. 有条件时，绑扎后用冰块敷于伤肢或浸入 4~7 ℃冷水中，促使血管和淋巴管收缩，减慢蛇毒扩散。

6. 伤肢应临时制动，置于低位。走动时宜缓慢，不能奔跑，以减少毒素扩散。

第三十一章

突发伤害急救

一、中暑

中暑，是指暑热季节、高温、高湿环境下，体温调节功能障碍、汗腺功能衰竭和水电解质丢失过多而引起的中枢神经、心血管功能障碍等急性疾病。中暑可分为先兆中暑、轻症中暑、重症中暑，其中重症中暑又分为热痉挛、热衰竭和热射病。

中暑主要表现为：

1. 先兆中暑。出现大汗、口渴、无力、头晕、眼花、耳鸣、恶心、胸闷、注意力不集中及四肢发麻等症状，体温不超过 37.5 ℃。

2. 轻度中暑。除具有先兆中暑症状外，出现面色潮红或苍白、大汗、皮肤湿冷、脉搏细弱、心率加快、血压下降等症状，体温在 38 ℃以上。

3. 重度中暑。除具有先兆中暑、轻度中暑症状外，还伴有晕厥、昏迷、痉挛或高热等症状，体温可达 40 ℃。

中暑急救措施：

1. 降温。迅速把中暑者移至阴凉通风处或空调房间，使其平卧休息，头部抬高，同时松解其衣扣。

2. 饮水。饮淡盐水或淡茶水，也可服用藿香正气水、十滴水、人丹等。

3. 擦身。体温升高者，用凉水或白酒擦浴全身（胸部除外），或在头部、腋窝、大腿根部用冷水或冰袋冷敷，以加快散热。

二、淹溺

淹溺是指水或其他液体随呼吸进入呼吸道和肺内，阻碍气体交换的伤害，通常被称溺水。少数人可因寒冷、惊吓或水的刺激而引起喉部反射性痉挛，造成缺氧窒息，淹溺 4~6 分钟后，导致心博、呼吸停止而死亡。因此，争分夺秒抢救十分重要！

淹溺岸上急救措施：

1. 使溺水者头偏向一侧，清除口鼻内异物，保持呼吸道通畅。

2. 施救者立即取半跪姿势，将溺水者腹部放在大腿上，使其头部下垂，轻压背部控水。如果控水效果不佳，应立即检查呼吸、脉搏。

3. 若患者呼吸停止、意识丧失，应迅速打开气道，人工呼吸 2 次。患者胸部若无起伏，应置其仰卧，头偏向一侧，双掌根部对准患者两乳头连线中点位置，连续用力向内、向上按压控水。

4. 如患者心搏、呼吸骤停，应立即进行心肺复苏。

5. 不要轻易放弃抢救，特别是在低体温情况下，应延长抢救时间，直至专业医务人员到达现场。

6. 注意为患者保暖，否则会再次出现心搏停止。

淹溺水中急救措施：

1. 施救者有能力时，可跳入水中施救；无能力时，不得入水，可利用漂浮物施救，或立即高声呼救，并拨打“120”急救电话求救。

2. 施救者入水后，迅速从后面靠近并托住落水者，防止被慌乱挣扎中的落水者抓住手脚。

3. 施救者从后面双手托住落水者头部（两人均采用仰泳姿势），将其带至安全处。

三、电击

电击，是指电流通过人体而引起的病理、生理效应。人类心脏窦房结自动有规律地发出微弱电流，刺激心肌收缩，维持心脏跳动，触电会直接影响窦房结的心理功能，导致心肌持续收缩或颤动。人体能够承受的安全电压为 36 V，安全电流为 10 mA。一般情况，1 mA 电流通过人体即有发麻、刺、痛感觉，25 mA 以上就会导致心脏和肺部纤维性颤动，呼吸失控，肌肉痉挛，很难摆脱。50 mA 以上产生呼吸麻痹，心脏停搏。人体接触带电的设备金属外壳或裸露的电线、漏电的手持电动工具，接近高压线或遭到雷击等，都会发生电击伤害。

电击急救措施：

1. 迅速切断电源或用干木棍、竹竿等不导电物体将电线挑开。

2. 遇电源不明时，施救者应穿绝缘鞋、戴橡胶手套，或站在干燥的木板上。禁止直接接触触电者。

3. 触电者心搏、呼吸停止，应立即进行心肺复苏，不得轻易放弃，一般应进行 30 分钟以上。

四、冻伤和冻僵

冻伤，是指在寒冷环境中停留和工作时间较长时，体表血管发生痉挛，造成血液流量减少，导致组织缺血缺氧引起的人体局部或全身损伤，尤其是肢体远端血液循环较差的部位，如手、足、指、趾、耳等。冻伤轻时可造成皮肤一过性损伤，重时可致永久性功能障碍。

冻僵，是指在寒冷环境中停留和工作时间过久，御寒措施不足，身体能量消耗增加以至耗竭，从而使体温不断下降，全身新陈代谢机能受到抑制，严重时可危及生命。

冻伤和冻僵急救措施：

1. 使患者迅速脱离寒冷环境，搬动冻僵患者时应小心、轻放，避免碰撞引起骨折。

2. 抓紧时间快速复温，遇冻僵患者应先脱去湿冷衣服，用热风或用 44 ℃热水袋温暖全身。必要时将患者浸泡于 40~44 ℃或稍低温度的水浴中，使其缓慢复温。

3. 遇呼吸、心搏停止时，应立即进行心肺复苏。

4. 内服活血化瘀等药物，防止血液浓缩形成血栓。

5. 局部冻伤时，可局部加温改善微循环，涂敷冻伤膏。

五、强酸、强碱伤害

常见的强酸有硫酸、盐酸等，皮肤接触后会造成烧伤，常见的强碱有氢氧化钠、氢氧化钾等。强碱对人体皮肤组织的损伤性比强酸更重，因为强碱能渗透到组织深层，使组织蛋白发生溶解。

强酸、强碱伤害急救措施：

1. 少量强酸、强碱损伤，应立即用纸巾、毛巾等蘸吸，并用大量流动清水

冲洗损伤局部。冲洗时间应在 15 分钟以上。

2. 大量强酸、强碱损伤，立即用大量流动清水冲洗损伤局部，冲洗时间应在 20 分钟以上。

3. 误服强酸、强碱患者，可服用蛋清、牛奶、豆浆、面糊、稠米粥，以保护口腔、食道、胃黏膜。

4. 酸、碱灼伤眼部，应在送医院途中持续冲洗受伤眼部。

六、烧烫伤

烧烫伤是生活中常见的意外事故，由火焰、沸水、热油、热蒸汽、热辐射等引起。烧烫伤会造成人体局部组织损伤，轻者皮肤出现肿胀、水疱、疼痛，重者皮肤烧焦，甚至血管、神经、肌腱等同时受损。烧伤引起的剧痛和皮肤渗出等，易导致休克。

烧烫伤急救措施：

1. 用冷清水长时间冲洗伤处，降低表面温度。

2. 剪开并取下伤口处的衣裤、袜类，不得直接剥脱。

3. 用干净清洁的敷料或毛巾、床单等覆盖伤部，保护创面，防止污染。

4. 不得刺破表皮水疱，不得在创面上涂任何油脂或药膏。

第三十二章

常见急症急救

一、呕吐

呕吐是指胃、食管、口腔、膈肌和腹肌等部位协同作用，通过胃的反射性强力收缩，迫使胃内容物经口腔急速排出体外。

呕吐现场急救措施：

1. 禁食、禁饮水，以防食物或水误入气管。

2. 昏迷患者置其头部偏向一侧，及时清理口腔呕吐物，防止呕吐物呛入气管。

3. 禁止用毛巾等堵塞口鼻。

二、腹泻

腹泻是指肠黏膜的分泌旺盛与吸收障碍、肠蠕动过快，导致排便频率增加，粪质稀薄。排便时常伴有急迫感、肛门不适、失禁以及腹鸣、肠绞痛或里急后重等症状，俗称“拉肚子”。

腹泻现场急救措施：

仅腹泻无呕吐时，可按量服用氟哌酸等止泻药物。

三、晕厥

晕厥是一过性脑供血不足引起的短时意识障碍。晕厥时会突然感到头昏、恍惚、视物模糊或两眼发黑、四肢无力，随之短暂意识丧失，身体发软倒地或不能维持原体位摔倒，但数秒至数分钟即能自行恢复正常。引起晕厥的原因有自主神经调节失常、血管舒缩障碍、心源性脑缺血、突然发生的脑干供血不足等。悲哀、恐惧、焦虑、疲劳、剧痛、闷热等刺激易引起晕厥，另外由卧位快速转为立位，也常导致直立性低血压晕厥。晕厥的特点是突发性、一过性意识障碍。

晕厥现场急救措施：

1. 立即置患者平卧位，略抬高双下肢，促使静脉血回流，保持相对较多的脑供血。

2. 立即确认气道是否通畅，并检查呼吸和脉搏等。

3. 解开较紧的衣领、裤带。

4. 低血糖造成的晕厥，意识清醒后可给予糖水、食物。

5. 遇急性出血、心率过快或过慢、反复晕厥或一次晕厥超过 10 分钟，应立即拨打急救电话。

四、昏迷

昏迷是脑功能被严重、广泛抑制，引起的完全持续的意识丧失、随意运动消失，对外界刺激反应迟钝或丧失，但患者有呼吸和心搏。昏迷多因脑部和全身性疾患引起，脑部疾患如急性脑血管疾病（包括脑出血、脑梗死）、颅脑损伤等；全身性疾患如急性酒精中毒、急性一氧化碳中毒、糖尿病昏迷等。遇突然晕倒，意识丧失、呼之不应、推之不醒，但呼吸、心搏依然存在，可判断为昏迷。晕厥时间较长时会转为昏迷，昏迷是脑功能衰竭的主要表现之一，往往是严重疾病表现，甚至危及生命。昏迷的特点是完全的、持续的意识丧失。

昏迷现场急救措施：

1. 保持安静，平卧床，禁止高枕。禁止搬动和头部震动。

2. 立即置其侧卧位，清除口腔异物，确保气道通畅。

3. 有活动假牙，应立即取出。禁止喂水、喂食、喂药。

4. 伴有躁动不安或抽搐时，应采取防止坠床、摔伤措施。

5. 遇心搏、呼吸停止，应立即进行心肺复苏。

五、休克

休克是身体有效循环血量急剧减少，导致全身微循环灌注不足引起的组织细胞缺氧与代谢异常、重要生命器官功能严重障碍等为特征的临床综合征。有效循环血量依赖于充足的血容量、有效的心搏出量和完善的周围血管张力，其中任何一个因素突变，均可导致循环血量急剧下降。引起休克的主要原因是急性大出血、急性心梗、严重感染、药物过敏等。休克早期患者意识尚清、烦躁焦虑、精神紧张、面色苍白、呼吸加快、脉搏细速；中期患者烦躁、表情淡漠、反应迟钝、意识不清、四肢湿冷、呼吸表浅、脉搏细弱；晚期患者器官衰竭、呼吸急促、皮肤发青紫色或广泛出血，摸不到脉搏。休克是病情危重、凶险信号之一，如不及时抢救可迅速危及生命。休克的特点是早期无意识障碍，身体循环衰竭明显和持续。

休克现场急救措施：

1. 出血原因导致休克，应立即止血。

2. 立即置患者平卧位，略抬高双下肢，促使静脉血回流，保证相对较多的脑供血。呼吸困难时，将头部和躯干略抬高，以利于呼吸。

3. 垫高颈部、托起下颌，使头部后仰并偏向一侧，防止异物堵塞气道，造成窒息。

4. 休克病人体温降低、怕冷，应注意保暖。但感染性休克常伴有高热，应立即采取降温措施。

5. 有条件时应给予吸氧，并尽快启用医疗急救服务体系。

六、心理疾病

人类精神意识对外界事物的反应，主要有喜、怒、忧、思、悲、恐、惊“七情”。《内经》认为：人由形和神两部分组成。形是指形体，包括皮肉、筋脉、脏腑、气血等；神是指人的神志，包括感觉、知觉、记忆、思维、想象和情感等。形为神之体，即心藏神、肝藏魂、肺藏魄、脾藏意、肾藏志；神为形之主，故喜伤心、怒伤肝、忧伤肺、思伤脾、恐伤肾。又曰：怒则气上、喜则气缓、悲则气消、恐则气下、惊则气乱、思则气结等。不同的情志变化，对脏腑、气机的影响不同；反之不同的脏腑、气机疾患，也会导致不同的情志变化。当外界精神刺激过于强烈或持久，人体不能调节适应，易导致神气失常，脏腑、气血功能紊乱，对外表现为心理疾病，如抑郁症、焦虑症、恐惧症等。《内经》倡导情志相胜治疗，即恐胜喜、悲胜怒、喜胜忧、怒胜思、思胜恐。

心理疾病预防及应对措施：

1. 倾诉心理，发泄痛苦。
2. 规律生活，有汗锻炼。
3. 劝说开导，顺情从欲。
4. 自信交流，移精变气。
5. 情志相胜，平衡阴阳。

附件1

铁路列车车型缩写字母对照表

序号	缩写字母	中文名称
1	SS	机车车型（读“韶山”）
2	DF	机车车型（读“东风”）
3	QJ	机车车型（读“前进”）
4	HXD	机车车型（读“和谐电”）
5	N	内燃机车（读“内”）
6	CX 字头列车	超限货物列车（读“超限”）
7	X 字头列车	行包列车（读“行”）
8	K 字头列车	快速列车（读“快”）
9	G 字头列车	高速动车组（读“高”）
10	Z 字头列车	直达特快列车（读“直”）
11	D 字头列车	动车组列车（读“动”）
12	T 字头列车	特快列车（读“特”）
13	L 字头列车	临时列车（读“临”）

附件2

智慧教育平台功能简介

智慧教育平台是学习考试、规章查询和教育培训管理的智能化服务平台。该平台采用移动互联网和云服务等信息技术，实现智能移动终端与核心服务器之间数据直连交互，打破了时空上的信息束缚限制，跳出了传统教育方式的固化窠臼，开启了智慧教育的新模式。《铁路职业劳动安全（第二版）》搭载智慧教育平台，实现了规章查询、任务查询、创建题库、发布通知等功能，配合智慧记忆、模拟考试、在线考试和自动归档等题库功能，解决了铁路点多线长、人员分散、集中学习和培训考试难度大的行业难题。主要功能如下：

一、正版使用

智慧教育平台分体验版和正式版，体验版图标为灰色，可试用平台全部功能；正版用户图标为彩色，可使用平台相应功能。扫描《铁路职业劳动安全（第二版）》或《铁路职业劳动安全智慧题库》封底注册二维码以及自建单位题库等方式可注册成为正版用户。

二、创建单位

1. 平台冠名

用手机端平台软件扫描网页（http://www.songyew.com）上的登陆二维码，在平台网页上填写本单位名称和平台冠名，本单位员工网页和手机端页面将同步显示平台冠名。

2. 创建通讯录

平台提供两种创建通讯录方式。一种是在手机端创建单位组织架构，员工通过扫描组织架构二维码，按所在部门或单位加入并填写个人信息快速形成通讯录；第二种是通过平台网页直接导入通讯录。单位平台管理员可指定各部门和下级单位管理员，各级管理员负责通讯录中的人员调动、个人信息变更等审核工作。另外，平台提供创建共享区功能，方便信息收集、办班培训、试卷发布、通知发布和工作交流等。

3. 信息采集

单位平台管理员可结合本单位需求编辑员工信息采集项，采集项在单位员工手机端个人信息中同步显示，员工可按要求填写。员工个人信息发生变化，需经本部门或单位管理员审核确认。

三、任务查询

任务查询用于在《铁路职业劳动安全（第二版）》中查询某项任务、工序或特定名称（以下简称“任务”）所要求的相关规章、风险控制措施，即由任务查询规章。输入任务名称关键字，可查询相应任务的相关规章和风险控制措施。

四、规章查询

规章查询用于在《铁路职业劳动安全（第二版）》中由规章关键字查询所属任务中的规章和风险控制措施完整条款，即由规章查询任务。输入规章或风险控制措施关键字，可查询相应任务所要求的规章和风险控制措施对应条款。点击任务名称可查看相应任务全部规章和风险控制措施。

五、发布通知

提供法律法规、文件通知等学习培训发布通道，可通过平台编辑发布和上传附件，平台根据发布人所选部门、单位或人员范围，实时推送至每个待阅人员手机端和网页端，同时可查看已阅和待阅人员。

六、创建题库

平台提供两种方式创建本单位题库，一种是在平台通用题库或行业共享题库中选择进入本单位题库，另一种是按平台模板直接导入试题。平台管理员可将本单位规章制度、技术标准、技能鉴定、知识竞赛和培训教材等试题导入平台实现智慧教育。

七、智慧记忆

使用平台智慧记忆模块时，平台根据答错试题的答题用时、错误概率、重复次数、习惯选项等分析答题者的记忆状态，为其建立大脑记忆数学模型，并根据记忆状态实时修正记忆参数，自动推送答错试题，同时将备选答案随机排序，避开习惯选项，最终确保答题者记住正确答案。

八、模拟考试

选择模拟考试范围后，平台随机生成模拟试卷，答题结束后自动显示成绩，并可查阅答卷。针对答错试题，平台除显示答题选项外，还提示正确答案。

九、命题发布

1. 试卷命题

选择命题范围、填写试卷名称、命题数量、答题时间后，平台自动生成试卷。通过预览试卷，可查看正确答案以及更换或删除试题。

2. 分值设计

平台试卷满分设计为 100 分，其中单选、多选、判断题基准分值分别为 1 分、2 分、1 分，依据命题人设计的题型、题量，按比例自动计算每道试题实际分值。平台判卷标准为单选、判断题选错不得分，多选题选错或多选不得分，选择了正确的选项后按“多选题基准评分表”计算得分。

多选题基准评分表

类 别	备选1	备选2	备选3	备选4	备选5
正确选项/备选答案	1/5	2/5	3/5	4/5	5/5
得分	0	0.5	1	1.5	2
正确选项/备选答案	1/4	2/4	3/4	4/4	
得分	0.5	1	1.5	2	
正确选项/备选答案	1/3	2/3	3/3		
得分	0.5	1	2		
正确选项/备选答案	1/2	2/2			
得分	0.5	2			

3. 试卷发布

在通讯录中勾选答题单位或指定答题人后，可进行试卷发布，试卷发布后平台将考试信息自动推送至答题人；采用集中考试形式，答题人可通过扫描试卷二维码直接获取试卷。

十、在线考试

1. 答题准备

平台提供定期和定时两种考试形式，定期考试是指在命题人设定的时间范围内，答题人可随时打开试卷答题；定时考试是指答题开始时间倒计时为零时，平台为所有答题人同时自动打开试卷。两种考试形式平台均按试卷规定的答题时间自动收卷，答题人也可选择提前交卷。

2. 在线答题

在线考试时，平台将命题试卷的试题顺序和备选答案随机排序，为每个应试人员生成一套个体试卷，实现同一试卷应试人员不同，试题排序不同；同一试题应试人员不同，答案选项不同，考试结束平台智能判卷并按个体试卷为每人存档记录。另外，在线考试中因特殊原因或误操作退出答卷，可再次进入答卷继续答题，但退出期间计算为答题时间，答题结束答题人可检查答卷，发现错误能及时修改。

3. 平台监考

在线考试过程中平台自动抓拍和识别考试人员身份，发现非本人参加考试，平台自动记录，经命题人审核确认后可重置成绩。

4. 断网自律

平台设计了断网自愈合功能，在线考试中遇手机网络中断，平台自动转入终端自律运行模式，为维持考试秩序，平台不提示断网信息和运行模式，答题人可继续答题，考试时间结束，平台自动终止答题或答卷检查并提示网络中断，答题人可等待网络正常后自动提交答卷或下次登录后由平台自动提交。

十一、试卷档案

平台为命题人和答题人所属单位设置了安全独立的考试档案，实现“一考一档”和“一人一档”，并永久保存。命题人可查询历史命题试卷、成绩排序和统计分析等信息，并提供导出存储及打印功能；答题人可查询历次考试答卷和成绩，在外单位或本单位参加临时培训考试，平台能智能识别考试人员身份，并将答卷和考试成绩等信息自动归入单位档。

平台运行环境：支持 Android 6.0 及以上版本系统的安卓手机和 IOS12.1 及以上版本系统的苹果手机，网页端支持 IE11，Edge，Chrome，Firefox 等主流浏览器。

附件3

本书相关法律、法规和标准目录

1.《中华人民共和国安全生产法》，2002 年 6 月 29 日经第九届全国人民代表大会常务委员会第二十八次会议通过，自 2002 年 11 月 1 日起实施。

2.《中华人民共和国劳动法》，1994 年 7 月 5 日经中华人民共和国第八届全国人民代表大会常务委员会第八次会议通过，自 1995 年 1 月 1 日起实施。

3.《中华人民共和国职业病防治法》，2001 年 10 月 27 日经第九届全国人大常委会第二十四次会议通过，自 2002 年 5 月 1 日起实施。

4.《中华人民共和国特种设备安全法》，2013 年 6 月 29 日经第十二届全国人民代表大会常务委员会第三次会议通过，自 2014 年 1 月 1 日起实施。

5.《中华人民共和国突发事件应对法》，2007 年 8 月 30 日经第十届全国人民代表大会常务委员会第二十九次会议通过，自 2007 年 11 月 1 日起实施。

6.《中华人民共和国消防法》，1998 年 4 月 29 日经第九届全国人民代表大会常务委员会第二次会议通过，自 1998 年 9 月 1 日起实施。

7.《中华人民共和国食品安全法》，2009 年 2 月 28 日经第十一届全国人民代表大会常务委员会第七次会议通过，自 2009 年 6 月 1 日起实施。

8.《中华人民共和国道路交通安全法》，2003 年 10 月 28 日经第十届全国人民代表大会常务委员会第五次会议通过，自 2004 年 5 月 1 日起施行。

9.《生产安全事故应急条例》，中华人民共和国国务院令第 708 号公布，自 2019 年 4 月 1 日起施行。

10.《特种设备安全监察条例》，中华人民共和国国务院令第 373 号公布，自 2003 年 6 月 1 日起施行。

11.《建设工程安全生产管理条例》，中华人民共和国国务院令第 393 号公布，自 2004 年 2 月 1 日起施行。

12.《女职工劳动保护特别规定》，中华人民共和国国务院令第 619 号公布，自 2012 年 4 月 28 日起施行。

13.《危险化学品安全管理条例》，中华人民共和国国务院令第 591 号公布，自 2011 年 12 月 1 日起施行。

14.《铁路安全管理条例》，中华人民共和国国务院令第 639 号公布，自 2014 年 1 月 1 日起施行。

15.《道路交通安全法实施条例》，中华人民共和国国务院令第 405 号公布，自 2004 年 5 月 1 日起施行。

16.《铁路交通事故应急救援和调查处理条例》，中华人民共和国国务院令第 501 号公布，自 2007 年 9 月 1 日起施行。

17.《国务院关于加强道路交通安全工作的意见》，中华人民共和国国务院，国发〔2012〕30 号。

18.《劳动防护用品配备标准（试行）》，国家经贸委，国经贸安全〔2000〕189 号。

19.《用人单位劳动防护用品管理规范》，国家安全生产监督管理总局办公厅，安监总厅安健〔2018〕3 号修改。

20.《企业安全生产标准化基本规范》（GB/T 33000—2016），国家质量监督检验检疫总局和国家标准化管理委员会 2016 年 12 月 13 日发布，自 2017 年 4 月 1 日起实施。

21.《生产过程危险和有害因素分类与代码》（GB/T 13861—2009），国家质量监督检验检疫总局和国家标准化管理委员会 2009 年 10 月 15 日发布，自 2009 年 12 月 1 日起实施。

22.《安全色》（GB 2893—2008），国家质量监督检疫总局和国家标准化管理委员会 2008 年 12 月 11 日发布，自 2009 年 10 月 1 日起实施。

23.《安全标志及其使用导则》（GB 2894—2008），国家质量监督检验检疫总局和国家标准化管理委员会 2008 年 12 月 11 日发布，自 2009 年 10 月 1 日起实施。

24.《人员密集场所地震避险》（GB/T 30353—2013），国家质量监督检验检疫总局和国家标准化管理委员会2013年12月31日发布，自2014年7月1日起实施。

25.《职业安全卫生术语》（GB/T 15236—2008），国家质量监督检验检疫总局和国家标准化管理委员会2008年12月15日发布，自2009年10月1日起实施。

26.《个体防护装备选用规范》（GB/T 11651—2008），国家质量监督检验检疫总局和国家标准化管理委员会2008年12月11日发布，自2009年10月1日起实施。

27.《职业健康安全管理体系要求》（GB/T 28001—2011），国家质量监督检验检疫总局和国家标准化管理委员会2011年12月30日发布，自2012年2月1日起实施。

28.《工贸企业有限空间作业安全管理与监督暂行规定》，国家安全生产监督管理总局令第59号发布，自2013年7月1日起实施。根据2015年5月29日国家安全生产监督管理总局令第80号修正。

29.《特种设备作业人员监督管理办法》，国家质量监督检验检疫总局令第140号，自2011年7月1日起实施。

30.《特种作业人员安全技术培训考核管理规定》，国家安全生产监督管理总局令第30号，自2010年7月1日起实施。

31.《厂内机动车辆安全管理规定》，中华人民共和国劳动部，劳部发〔1995〕161号。

32.《餐饮服务食品安全监督管理办法》，中华人民共和国卫生部令第71号，自2010年5月1日起实施。

33.《安全生产培训管理办法》，国家安全生产监督管理总局令第44号，自2012年3月1日起实施。

34.《消防监督检查规定》，中华人民共和国公安部令第120号，自2012年11月1日起实施。

35.《生活饮用水集中式供水单位卫生规范》，中华人民共和国卫生部，卫法监发〔2001〕161号，自2001年9月1日起实施。

36.《铁路旅客运输安全检查管理办法》，中华人民共和国交通运输部令2014年第21号，自2015年1月1日起实施。

37.《牵引变电所安全工作规程》《牵引变电所运行检修规程》，中华人民共和国铁道部，铁运〔1999〕101号。

38.《接触网作业车管理规则》，中国铁路总公司，铁总运〔2016〕28号。

39.《电气化铁路接触网故障抢修规则》，中华人民共和国铁道部，铁运〔2009〕39号。

40.《铁路机车操作规则》，中华人民共和国铁道部，铁运〔2012〕281号。

41.《铁路电力管理规则》《铁路电力安全工作规程》，中华人民共和国铁道部，铁运〔1999〕103号。

42.《电气化铁路有关人员电气安全规则》，中华人民共和国铁道部，铁运〔2013〕60号。

43.《铁路劳动防护用品配备标准》，中华人民共和国铁道部安全监察司。

44.《铁路旅客列车消防安全管理规定》，中华人民共和国铁道部，铁公安〔2010〕89号。

45.《铁路劳动防护用品监督管理办法》，中华人民共和国铁道部，铁安监函〔2001〕430号。

46.《铁路装卸作业安全技术管理规则》，中华人民共和国铁道部，〔83〕铁运字1668号。

47.《铁路给水管理规程》，中华人民共和国铁道部，铁运〔1999〕104号。

48.《铁路旅客运输管理规则》，中华人民共和国铁道部，铁运〔1994〕117号。

49.《铁路救援列车管理办法》，中华人民共和国铁道部，运装机运〔2008〕82号。

50.《消防控制室通用技术要求》（GB 25506—2010），国家质量监督检验检疫总局和国家标准化管理委员会，自2011年7月1日实施。

51.《消防安全标志　第1部分：标志》（GB 13495.1—2015），国家质量监督检验检疫总局和国家标准化管理委员会，自2015年8月1日实施。

52.《化学品生产单位特殊作业安全规范》（GB 30871—2014），国家质量监督检验检疫总局和国家标准化管理委员会，自2015年6月1日实施。

53.《溶解乙炔气瓶定期检验与评定》（GB 13076—2009），国家质量监督检验检疫总局和国家标准化管理委员会，自2010年4月1日起实施。

54.《钢质无缝气瓶定期检验与评定》（GB 13004—2016），国家质量监督检验检疫总局和国家标准化管理委员会，自2016年9月1日起实施。

55.《气瓶安全技术监察规程》（TSG R0006—2014），国家质量监督检验检疫总局和国家标准化管理委员会，自2015年1月1日实施。

56.《安全帽》（GB 2811—2007），国家质量监督检验检疫总局和国家标准化管理委员会，自 2007 年 12 月 1 日起实施。

57.《安全带》（GB 6095—2009），国家质量监督检验检疫总局和国家标准化管理委员会，自 2009 年 12 月 1 日起实施。

58.《常用化学危险品贮存通则》（GB 15603—1995），国家质量技术监督局和国家标准化管理委员会，自 1996 年 2 月 1 日起实施。

59.《建设工程施工现场供用电安全规范》（GB 50194—2014），国家质量监督检验检疫总局和国家标准化管理委员会，自 2015 年 1 月 1 日起实施。

60.《便携式木梯安全要求》（GB 7059—2007），国家质量监督检验检疫总局和国家标准化管理委员会，自 2008 年 2 月 1 日起实施。

61.《便携式金属梯安全要求》（GB 12142—2007），国家质量监督检验检疫总局和国家标准化管理委员会，自 2008 年 2 月 1 日起实施。

62.《电梯使用管理与维护保养规则》（TSG T5001—2009），国家质量监督检验检疫总局和国家标准化管理委员会，自 2009 年 5 月 8 日起实施。

63.《起重机械安全规程》（GB 6067. 1—2010），国家质量监督检验检疫总局和国家标准化管理委员会，自 2010 年 9 月 26 日起实施。

64.《起重机械定期检验规则》（TSG Q7015—2016），国家质量监督检验检疫总局和国家标准化管理委员会，自 2016 年 7 月 1 日起实施。

65.《起重机械安装改造重大修理监督检验规则》（TSG Q7016—2016），国家质量监督检验检疫总局和国家标准化管理委员会，自 2016 年 7 月 1 日起实施。

66.《缺氧危险作业安全规程》（GB 8958—2006），国家质量监督检验检疫总局和国家标准化管理委员会，自 2006 年 12 月 1 日起实施。

67.《化学品生产单位受限空间作业安全规范》（AQ 3028—2008），国家安全生产监督管理总局，自 2009 年 1 月 1 日起实施。

68.《手持式电动工具的管理、使用、检查和维修安全技术规程》（GB/T 3787—2017），国家质量监督检验检疫总局和国家标准化管理委员会，自 2018 年 2 月 1 日起实施。

69.《凿岩机械与气动工具安全要求》（GB 17957—2005），国家质量监督检验检疫总局和国家标准化管理委员会，自 2006 年 8 月 1 日起实施。

70.《金属切削机床安全防护通用技术条件》（GB 15760—2004），国家质量监督检验检疫总局和国家标准化管理委员会，自 2005 年 7 月 1 日起实施。

71.《建筑施工高处作业安全技术规范》（JGJ 80—2016），中华人民共和国住房和城乡建设部发布，自2016年12月1日起实施。

72.《城镇排水管道维护安全技术规程》（CJJ 6—2009），中华人民共和国住房和城乡建设部，自2010年7月1日起实施。

73.《工业企业厂内铁路、道路运输安全规程》（GB 4387—2008），国家质量监督检验检疫总局和国家标准化管理委员会，自2009年10月1日起实施。

74.《高处作业分级》（GB/T 3608—2008），国家质量监督检验检疫总局和国家标准化管理委员会，自2009年6月1日起实施。

75.《压缩空气用织物增强橡胶软管规范》（GB 1186—2016），国家质量监督检验检疫总局和国家标准化管理委员会，自2017年7月1日起实施。

76.《建筑灭火器配置设计规范》（GB 50140—2005），国家质量监督检验检疫总局和国家标准化管理委员会，自2005年10月1日起实施。

77.《灭火器维修与报废规程》（GA 95—2007），中华人民共和国公安部，自2007年10月1日起实施。

78.《建筑设计防火规范》（GB 50016—2014），国家质量监督检验检疫总局和国家标准化管理委员会，自2015年5月1日起实施。

79.《建筑物防雷设计规范》（GB 50057—2010），国家质量监督检验检疫总局和国家标准化管理委员会，自2011年10月1日起实施。

80.《焊接与切割安全》（GB 9448—1999），国家质量技术监督局和国家标准化管理委员会，自2000年5月1日起实施。

81.《国家电气设备安全技术规范》（GB 19517—2009），国家质量监督检验检疫总局和国家标准化管理委员会，自2010年10月1日起实施。

82.《生活饮用水卫生标准》（GB 5749—2006），国家质量监督检验检疫总局和国家标准化管理委员会，自2007年7月1日起实施。

83.《锅炉安全技术监察规程》（TSG G0001—2012），国家质量监督检验检疫总局和国家标准化管理委员会，自2013年6月1日起实施。

84.《弹性元件式一般压力表、压力真空表和真空表检定规程》（JJG 52—2013），国家质量监督检验检疫总局和国家标准化管理委员会，自2013年12月24日起实施。

85.《电力设备带电水冲洗导则》（GB/T 13395—2008），国家质量监督检验检疫总局和国家标准化管理委员会，自2009年8月1日起实施。

86.《食品安全国家标准消毒餐（饮）具》（GB 14934—2016），国家质量监督检验检疫总局和国家标准化管理委员会，自 2017 年 4 月 19 日起实施。

87.《铁路建设项目现场管理规范》（Q/CR 9202—2015），中国铁路总公司，自 2015 年 6 月 1 日起实施。

88.《25t 电动架车机技术条件》（TB/T 1686—2000），中华人民共和国铁道部，自 2001 年 5 月 1 日起实施。

89.《铁道客车塞拉门》（TB/T 3108—2011），中华人民共和国铁道部，自 2011 年 10 月 1 日起实施。

90.《铁路车站行车作业人身安全标准》（TB 1699—85），中华人民共和国铁道部，自 1986 年 7 月 1 日实施。

91.《铁路工程基本作业施工安全技术规程》（TB 10301—2020），国家铁路局。

92.《铁路通信、信号、信息工程施工安全技术规程》（TB 10307—2020），国家铁路局。